安徽省高等学校"十一五"省级规划教材

# 思想政治教育学原理

## 第 ② 版

陈义平　王建文　主编

北京师范大学出版集团
BEIJING NORMAL UNIVERSITY PUBLISHING GROUP
安徽大学出版社

图书在版编目(CIP)数据

思想政治教育学原理/陈义平,王建文主编. —2版. —合肥:安徽大学出版社,2019.12
ISBN 978-7-5664-2004-6

Ⅰ. ①思… Ⅱ. ①陈… ②王… Ⅲ. ①思想政治教育－教育学－高等学校－教材 Ⅳ. ①D64

中国版本图书馆 CIP 数据核字(2020)第 026851 号

## 思想政治教育学原理(第 2 版)  陈义平  王建文 主编

| | |
|---|---|
| 出版发行： | 北京师范大学出版集团<br>安 徽 大 学 出 版 社<br>(安徽省合肥市肥西路 3 号 邮编 230039)<br>www.bnupg.com.cn<br>www.ahupress.com.cn |
| 印　　刷： | 合肥远东印务有限责任公司 |
| 经　　销： | 全国新华书店 |
| 开　　本： | 170mm×240mm |
| 印　　张： | 17 |
| 字　　数： | 270 千字 |
| 版　　次： | 2019 年 12 月第 2 版 |
| 印　　次： | 2019 年 12 月第 1 次印刷 |
| 定　　价： | 48.00 元 |

ISBN 978-7-5664-2004-6

| | | | |
|---|---|---|---|
| 策划编辑：李晨霞 | | 装帧设计：李　军　孟献辉 | |
| 责任编辑：李晨霞　马晓波 | | 美术编辑：李　军 | |
| 责任校对：高婷婷　胡　颖 | | 责任印制：陈　如　孟献辉 | |

**版权所有　侵权必究**

反盗版、侵权举报电话：0551—65106311
外埠邮购电话：0551—65107716
本书如有印装质量问题，请与印制管理部联系调换。
印制管理部电话：0551—65106311

## 《思想政治教育学原理(第2版)》
## 编写委员会

**主　　　编** 陈义平　王建文

**副 主 编** 丁慧民　卢少求　许　华　李瑞瑞

**编委会成员**（以姓氏笔画为序）

　　　　　　丁慧民　王建文　卢少求　刘庆炬
　　　　　　许　华　朱庆跃　陈义平　李瑞瑞
　　　　　　严仍昱　武　峥　周　琴　钱宝平
　　　　　　顾友仁

# 目录 CONTENTS

绪　论　建构新时代思想政治教育学原理理论体系 …………… 1

第一章　思想政治教育学范畴 …………………………………… 16

　第一节　思想政治教育学范畴概述 …………………………… 16
　　一、思想政治教育学范畴的基本含义 ………………………… 16
　　二、思想政治教育学范畴的特征 ……………………………… 19
　　三、思想政治教育学范畴研究的意义 ………………………… 22

　第二节　思想政治教育学范畴构建原则、类型及功能 ……… 24
　　一、思想政治教育学范畴构建原则 …………………………… 25
　　二、思想政治教育学范畴类型 ………………………………… 28
　　三、思想政治教育学范畴的主要功能 ………………………… 31

　第三节　思想政治教育学基本范畴 …………………………… 33
　　一、起因范畴：个人与社会 …………………………………… 34
　　二、主体范畴：教育主体与对象主体 ………………………… 36
　　三、功能范畴：型塑与构建 …………………………………… 38
　　四、过程范畴：内化与外化 …………………………………… 44
　　五、终点范畴：思想与行为 …………………………………… 46
　　思考题 …………………………………………………………… 50

## 第二章 思想政治教育学规律 ·············· 51

### 第一节 思想政治教育学规律概述 ·············· 51
一、思想政治教育学规律的界定 ·············· 51
二、思想政治教育学规律的特征 ·············· 53
三、研究思想政治教育学规律的意义 ·············· 55

### 第二节 思想政治教育学规律体系 ·············· 56
一、思想政治教育学本质规律 ·············· 56
二、思想政治教育学基本规律 ·············· 60
三、思想政治教育学具体规律 ·············· 62

思考题 ·············· 73

## 第三章 思想政治教育主体 ·············· 74

### 第一节 思想政治教育主体概述 ·············· 74
一、思想政治教育主体观简述 ·············· 74
二、思想政治教育主体的含义 ·············· 78
三、思想政治教育主体的特点 ·············· 79
四、思想政治教育主体的分类 ·············· 80

### 第二节 思想政治教育主导主体 ·············· 82
一、思想政治教育主导主体的含义 ·············· 83
二、思想政治教育主导主体的特点 ·············· 83
三、思想政治教育主导主体的职能 ·············· 84
四、思想政治教育主导主体的素质要求 ·············· 87

### 第三节 思想政治教育能动主体 ·············· 91
一、思想政治教育能动主体的含义和特点 ·············· 91
二、思想政治教育能动主体的分类 ·············· 94
三、思想政治教育能动主体的活动分析 ·············· 96

### 第四节　思想政治教育主导主体与能动主体之间的关系 …………… 103
　　一、思想政治教育者与教育对象之间关系的重要意义 …………… 104
　　二、思想政治教育者与教育对象之间关系的特征 ………………… 105
　　三、建立思想政治教育者与教育对象之间的良好关系 …………… 106
　　思考题 ……………………………………………………………………… 108

## 第四章　思想政治教育内容 ……………………………………………… 109

### 第一节　思想政治教育内容概述 …………………………………… 109
　　一、思想政治教育内容的界定 ……………………………………… 109
　　二、思想政治教育内容体系的沿革与优化 ………………………… 114
　　三、构建思想政治教育内容的依据 ………………………………… 116
　　四、构建思想政治教育内容的原则 ………………………………… 118

### 第二节　思想政治教育的主要内容 ………………………………… 122
　　一、社会主义核心价值观教育 ……………………………………… 122
　　二、世界观、人生观、价值观教育 ………………………………… 124
　　三、爱国主义教育 …………………………………………………… 127
　　四、政治观教育 ……………………………………………………… 127
　　五、民族观教育 ……………………………………………………… 129
　　六、道德观教育 ……………………………………………………… 130
　　七、法治观教育 ……………………………………………………… 132
　　八、心理健康教育 …………………………………………………… 133
　　思考题 ……………………………………………………………………… 134

## 第五章　思想政治教育载体 ……………………………………………… 135

### 第一节　思想政治教育载体概述 …………………………………… 135
　　一、思想政治教育载体的含义 ……………………………………… 136
　　二、思想政治教育载体的价值 ……………………………………… 136

### 第二节　思想政治教育载体的形态 ………………………………… 137
　　一、人文环境载体 …………………………………………………… 138
　　二、自然环境载体 …………………………………………………… 142

### 第三节　思想政治教育新载体的选择与开发 …………………… 143
一、网络新媒体 ………………………………………………… 144
二、大数据技术 ………………………………………………… 150
三、人工智能 …………………………………………………… 152

### 第四节　思想政治教育载体建设 …………………………………… 153
一、思想政治教育载体建设的原则 …………………………… 154
二、思想政治教育载体建设的流程 …………………………… 156
三、思想政治教育载体建设的构想 …………………………… 158

思考题 ……………………………………………………………… 163

## 第六章　思想政治教育行为 …………………………………………… 164

### 第一节　思想政治教育行为概述 …………………………………… 164
一、思想政治教育行为的含义 ………………………………… 164
二、思想政治教育行为的形式 ………………………………… 167

### 第二节　思想政治教育领导 ………………………………………… 170
一、思想政治教育领导的含义 ………………………………… 170
二、思想政治教育领导的路径 ………………………………… 170
三、思想政治教育领导的贯彻 ………………………………… 171

### 第三节　思想政治教育管理 ………………………………………… 173
一、思想政治教育管理的作用 ………………………………… 173
二、思想政治教育管理的原则 ………………………………… 174
三、思想政治教育管理的流程 ………………………………… 176
四、思想政治教育管理的方法 ………………………………… 177
五、思想政治教育管理的范式 ………………………………… 178

### 第四节　思想政治教育评估 ………………………………………… 179
一、思想政治教育评估的作用 ………………………………… 179
二、思想政治教育评估的特征 ………………………………… 180
三、思想政治教育评估的要素 ………………………………… 181

四、思想政治教育评估的标准 …………………………………… 182
　　五、思想政治教育评估的原则 …………………………………… 182
　　六、思想政治教育评估的指标 …………………………………… 184
　　七、思想政治教育评估的方法 …………………………………… 185
　思考题 ………………………………………………………………… 186

## 第七章　思想政治教育过程 ……………………………………… 187

### 第一节　思想政治教育过程概述 ………………………………… 187
　　一、思想政治教育过程的含义 …………………………………… 187
　　二、思想政治教育过程的特征 …………………………………… 188
　　三、思想政治教育过程的阶段 …………………………………… 191

### 第二节　思想政治教育过程结构 ………………………………… 194
　　一、思想政治教育过程结构概述 ………………………………… 195
　　二、思想政治教育过程结构功能 ………………………………… 200
　　三、思想政治教育过程结构优化 ………………………………… 205

### 第三节　思想政治教育过程机制 ………………………………… 210
　　一、思想政治教育过程机制概述 ………………………………… 211
　　二、思想政治教育过程的基本机制 ……………………………… 214
　思考题 ………………………………………………………………… 224

## 第八章　思想政治教育发展 ……………………………………… 225

### 第一节　思想政治教育发展概述 ………………………………… 225
　　一、思想政治教育发展的含义 …………………………………… 225
　　二、思想政治教育发展的特征 …………………………………… 227
　　三、思想政治教育发展的意义 …………………………………… 230

### 第二节　思想政治教育发展目标 ………………………………… 232
　　一、根本目标：立德树人 ………………………………………… 232
　　二、直接目标：为中国特色社会主义建设实践服务 …………… 236
　　三、最终目标：实现人的全面发展 ……………………………… 240

### 第三节 思想政治教育发展路径 ·············· 243
一、坚持时代化 ·············· 243
二、坚持创新化 ·············· 245
三、坚持学科化 ·············· 247
四、坚持科学化 ·············· 249
五、坚持社会化 ·············· 252
思考题 ·············· 254

## 参考文献 ·············· 255

## 第1版后记 ·············· 259

## 第2版后记 ·············· 261

# 绪论
# 建构新时代思想政治教育学原理理论体系

自20世纪80年代初在我国部分高校创办思想政治教育专业以来,特别是自1995年将思想政治教育学科明确列为一门分支学科以来,国内学界对于思想政治教育学原理理论体系的探讨取得了明显成果。但仔细研究发现,在研究成果的精彩纷呈中却存在体系结构有差异、基本观点有分歧,一些概念、范畴甚至有些混乱等问题。思想政治教育学原理理论体系的建构和研究依然面临着范式转换、观点整合和体系创新的问题。在中国特色社会主义进入新时代的宏阔背景下,随着思想政治教育所面临的内外环境和条件的历史性变化,我们对于思想政治教育学基本原理的研究,也要顺应新时代的要求、新环境的期待以及新实践的呼唤,深入分析社会发展进程中所出现的新情况和新问题,在着力解决新矛盾和突破发展新瓶颈的过程中,积极实现理论创新,为新时代我国思想政治教育事业的繁荣发展和党的思想政治工作的与时俱进做出应有贡献。

### 一、思想政治教育学的含义

通常理解,思想政治教育学是一门研究对人的思想政治品德及其行为进行教育的规律以及人的思想政治品德及其行为形成发展规律的科学。按照这一理解,思想政治教育学的研究对象有两个:一个是对人的思想政治品德及其行为进行教育的规律,另一个是人的思想政治品德及其行为形成发展的规律。关于这两个规律之间的关系,多数研究者认为二者是平行、并列的关系。

我们认为,这两个规律之间不是并行不悖的关系,而是基础与本质、手段与目的的关系,对人的思想政治品德及其行为进行教育的规律是人的思想政治品德及其行为形成发展规律的基础和前提,研究和掌握人的思想政治品德及其行为形成发展规律是思想政治教育学的最终目的。使人们形成适应社会发展和人的全面发展需要的思想政治品德及其行为,既是思想政治教育学研究的最终目的,也是其研究的逻辑起点。对人的思想政治品德及其行为进行教育是实现这一最终目的的基本手段和基本途径之一。除此之外,人在形成自己的思想政治品德及其行为过程中的主体自身努力,也是实现这一最终目的的另一个基本手段和基本途径。

作为一门科学的思想政治教育学,其要解决的特殊矛盾只有一个,因而其研究对象也只应是一个。由思想政治教育学研究的逻辑起点可以推出,人的优良思想政治品德及其行为的形成和发展,离不开人这一主体自身的创造性、能动性和自觉性,也离不开特定社会历史条件下的外在影响和教育,往往表现为这两个方面的互动和交融,其中,人自身的主体性发挥起着决定性作用。因而,思想政治教育学的本质规律是人的思想政治品德及其行为的形成发展规律。围绕这一本质规律的展开,则形成三个基本规律:人这一主体模塑自身思想政治品德及其行为的规律,社会(包括政治体系在内)这一主体模铸个体或特定群体的思想政治品德及其行为的规律,社会这一主体与个人这一主体在人的思想政治品德及其行为形成发展过程中的互动规律。这三个基本规律的实现,又派生出多个具体规律:人格的生成发展变化规律,思想与行为相互转化规律,主体接受规律,主体自我同一规律,人的思想政治品德及其行为形成发展过程中的双向互动规律、协调控制规律、适应超越规律等。由此,我们可以得出思想政治教育学的研究对象具有三个层次:本质规律、基本规律和具体规律,其中,人的思想政治品德及其行为的形成发展规律作为本质规律,构成了思想政治教育学的主要研究对象。

思想政治教育学从本质来讲,是研究人适应特定社会需要的思想政治品德及其行为形成发展规律的科学。形成和发展人的思想政治品德,需要社会和个人的共同努力。但仅仅研究人的思想政治品德的形成和发展是不够的,思想政治教育学还要研究如何促使人们的思想转化为合乎社会发展需要的行为。关于人的思想政治品德行为,通常划分为思想行为、政治行为、道德行为、法治行为、心理行为、思想道德行为、思想政治行为等。目前国内对从思想到行为转化过程规律的研究还不够,即在对人的社会化表现(包括政治社会化、道德社会化、法律社会化等)方面,还没有将其放到思想政治教育学原理中的一个专门领域来研究。

在对思想政治教育学的基本内容研究上,一般认为其基本内容包括思想教育、道德教育、政治教育、心理健康教育、法治教育等。世界各国在思想政治教育中都强调意识形态教育,同样,我国特别强调的意识形态教育即马克思主义理论教育,我们可以将其归入思想教育模块之中。这五块基本内容中,我们认为思想教育、道德教育是基础,政治教育是核心,心理健康教育和法治教育则是不可或缺的组成部分,且随着社会文明进步越来越显现出重要地位。同时,各块基本内容之间存在着相互交叉的关系,产生了诸如政治伦理教育、法律伦理教育、政治心理教育、道德心理教育、政治思想教育、思想道德教育等分支模块,目前国内对这些分支模块的研究还有待深入。

## 二、思想政治教育学原理理论体系的逻辑起点问题

众所周知,一门科学的成立,需要解决某一个特殊的矛盾,以及找到解决这一特殊矛盾的一条特有的规律,而这一特有的规律在解决这一特殊矛盾的各个具体表现领域中都具有普遍性和必然性。只有具备上述几个条件,一门科学才能得以形成。思想政治教育学有其自身特殊的矛盾,即人们现实的思想政治品德及其行为状况与社会发展所要求的人们的思想政治品德及其行为之间的矛盾。这一矛盾表现为差异中的同一、对立中的统一。为解决这一矛盾,需要人们做出两方面的努力:一方面要挖掘主体自身的作用,探索人们从对社会发展要求与自身发展现状这一矛盾的积极适应到能动转化再到创造性地超越这一过程的规律性,从而促进人的全面发展和社会的全面发展;另一方面要求社会对人们的思想政治品德及其行为的形成与发展承担教育职能。我们通常把这一"社会"理解为一国之内的各种政治社会化机构,包括政党、政府、家庭、社区、同辈群体、大众传媒、社会组织等,往往特指适应一国政治统治需要的各种机构。但在人类走向经济全球化、文化多元化的时代,在思想政治教育学作为一门科学不断增进其开放性的今天,这一"社会"也应包括全球化时代的"人类社会""国际社会",各国的思想政治教育工作者除了要认真研究适应本国政治统治需要的思想政治教育本质职能之外,还应努力探寻现代人类在形成思想政治品德素养与思想政治品德行为方面的共性要

求和普遍发展规律。

从国内对上述两个方面研究的努力现状，可看出目前思想政治教育学研究的不足之处有以下几方面。

第一，对"人"（一般意义上的人，即作为"类"的人）的思想政治品德及其行为的一般性要求、共性要求、普遍性规律研究得不够，过于强调各国政治统治的特殊色彩。比如，前些年不少教材喜欢把党政干部、青年学生作为重点教育对象加以专门研究。这方面的确应该研究，强调思想政治教育的政治统治性也确实十分必要，但由于上述几个重点教育对象不足以成为"思想政治教育学"的普遍适用的重点教育对象，而只是具有自己国家的特殊性（比如，有的国家把公民教育作为重点，有的国家把公民组织的教育管理作为重点），因而可以作为特殊例子来研究、列举，但在"思想政治教育学原理"教材中不必这么单列加以专门研究。

第二，对"人"的思想政治品德及其行为中所要追求的共同价值研究得不够。通常我们讲思想政治教育的价值目标是实现人的自由而全面的发展，但对"人"本身研究不够。"人"本身的内涵是十分丰富的：从人性的角度来看，包括人的自然需要和社会需要，人对利益的追求，如何处理公共利益与个人利益的关系等内容；从人的内心世界来看，包括人的认知、情感、价值取向，人的理想和信仰，人的心理世界，人的经验世界，人的文化世界等内容；从人权的角度来看，包括人格尊严、人的自由和平等权利等内容；从人与外在世界的关系来看，包括人与社会、人与环境的关系等内容。由于对"人"本身研究不够，也导致对思想政治教育的价值目标即实现人的自由而全面的发展的研究不够深入。思想政治教育学要研究人类共同的人性价值、心理世界与理想价值追求；要研究人类共同的人权理想，进而探讨不同国家不同历史阶段的人权发展的同与异；要研究人类共同面对的人与自然、人与社会的和谐关系，等等。通过揭示人类所共同面临的这些价值追求领域及其实现途径，为研究人的自由而全面发展打下坚实的基础。

如前所述，我们知道，思想政治教育学这门科学的逻辑起点是人们对优良的思想政治品德及其行为的追求。那么，如何理解这一问题呢？要搞清楚这一问题，首先我们需要澄清两个不同的概念及两种偏解。

第一，思想政治教育学原理不等于思想政治教育原理。我们认为，思想政治教育学是"研究一定社会历史条件中人的优良的思想政治品德及其行为形成发展规律的科学",思想政治教育学原理的理论体系应围绕这一定义展开。而思想政治教育原理是有关"社会政治体系如何对其社会成员开展思想政治教育"的理论。这是两个不同的概念,有着各自不同的理论体系。由于对这两个原理理论体系的区别认识不清,容易导致以下两种片面甚至错误的认识。

偏解之一:"思想政治教育学是研究对人的思想政治品德及其行为进行教育的规律以及人的思想政治品德及其行为形成发展规律的科学。"关于这两个规律之间的关系,多数研究者认为二者是平行、并列的关系,因而缺一不可。我们认为,这两个规律之间并不是并行不悖的关系,而是基础与本质、手段与目的的关系。对人的思想政治品德及其行为进行教育的规律是人的思想政治品德及其行为形成发展规律的基础和前提之一,研究和掌握人的思想政治品德及其行为形成发展规律是思想政治教育学的最终目的。因而,思想政治教育学的本质规律(同样地,也是其根本研究对象)只有一个,这就是一定社会历史条件中人的思想政治品德及其行为的形成发展规律。

偏解之二:"思想政治教育学着重研究的是人的优良思想政治品德的形成发展规律,注重的是对人的内在思想政治素质的塑造。"我们认为,这一观点仅偏重对人的内在思想政治素质的塑造,对人的外在思想政治行为的分析研究重视不够,也较为轻视对人的思想政治行为的教导和培育。其实,思想政治教育学仅仅研究人的思想政治品德的形成和发展是不够的,还要研究如何促使人们的思想转化为合乎社会发展需要的行为。只有思想政治品德和思想政治行为的完成,才能全面说明一个人的思想政治教育全过程的完成。

据不完全统计,虽然国内目前出版有关思想政治教育学原理的教材专著有几十种之多,但实际上有相当一部分教材专著的知识体系是站在社会政治体系如何对社会成员进行思想政治教育的角度展开论述的,更多的是"思想政治教育原理"的研究,而对"思想政治教育学原理"本身论述的不够,即便是涉及"思想政治教育学原理"的研究,其中对"人的思想政治行为的形成发展规律"的研究也显得尤为薄弱。

"思想政治教育"和"思想政治教育学",两者既是不同的概念,又代表不同的现象和领域。前者是实践应用领域和学科专业领域,后者则是科学分类的领域。"思想政治教育"是思想政治教育学的核心范畴,但对"思想政治教育学原理理论体系"的研究不应仅仅包含"思想政治教育原理理论体系"的内容,后者只是前者的一部分内容。思想政治教育学有着自己独特的一套原理理论体系,这首先表现在它的逻辑起点方面。

第二,思想政治教育学原理理论体系的逻辑起点是"特定社会历史条件中人们对优良的思想政治品德及其行为的追求"。一门科学原理体系的逻辑起点与这门科学要解决的特殊矛盾紧密相关,在逻辑起点中应能蕴含着这一特殊矛盾的所有因子和两个对立统一的方面。

思想政治教育学有其自身特殊的矛盾,即人们现实的思想政治品德及其行为状况与特定社会政治体系所要求的人们应具有优良的思想政治品德及其行为之间的矛盾。为解决这一矛盾,一方面要发掘社会成员自身的主体作用,探索人们从对社会政治体系要求与自身发展现状这一矛盾的积极适应到能动转化再到创造性的超越这一过程的规律性,从而促进人的优良的思想政治品德及其行为的形成,进而促进人的全面发展和社会和谐发展;另一方面要求社会政治体系对人们的思想政治品德及其行为的形成与发展承担教育职能。在这两方面的努力中,前者是内因,后者是外因,二者共同作用,以期达至人们形成优良的思想政治品德及其行为的目标。

由此可以得出,思想政治教育学原理理论体系的逻辑起点是"特定社会历史条件中人们对优良的思想政治品德及其行为的追求"。在这一逻辑起点中就包含了思想政治教育学这门科学所要解决的特殊矛盾的两个对立统一的方面,即人们现实的思想政治品德及其行为状况存在不足,特定社会政治体系对人们的思想政治品德及其行为有更高的要求。与此同时,我们可以看到,思想政治教育原理理论体系的逻辑起点则是"特定社会政治体系对人们优良的思想政治品德及其行为的要求",它只是思想政治教育学原理理论体系的逻辑起点中所包含矛盾的两个方面之一。

### 三、思想政治教育学原理理论体系中的范畴体系问题

明确了思想政治教育学这门科学的逻辑起点之后,思想政治教育学原理理论体系即由此展开。

首先，由这个逻辑起点可以推演出思想政治教育学的诸多范畴。作为一门科学的范畴，它不同于那种能应用于任何事物的、最普遍的哲学概念，而是指能够反映这门科学特有研究对象的本质属性和普遍联系的基本概念，是人们解释和把握这门科学所特有的客观世界辩证运动的重要思维形式，是认识和掌握这门科学所研究的现象之网的网上纽结。它具有高度的抽象性、普遍的概括性，在这门科学体系的各个环节、各个层面均能得到体现。

作为一门科学的范畴，它是一个有着内在逻辑联系和发展转化规律的体系，包括内在的结构、不同的层级，这就为范畴的分类提供了可能。思想政治教育学的范畴类型很多，有多种分类方法，既可以包括实体范畴、价值范畴、关系范畴，也可以分为本质范畴、基本范畴和具体范畴，还可以由这两类分法交叉组合成另一类分法。

限于篇幅，这里仅按照本质范畴、基本范畴和具体范畴这一分类法对思想政治教育学的范畴体系做一简要梳理，进而针对目前学界流行的分类法提出一些更为完善的看法。

思想政治教育学的本质范畴是思想政治教育。由这一本质范畴，可从两个方面推演出基本范畴。基本范畴包括基本实体范畴、基本价值范畴、基本关系范畴。比如，基本实体范畴，从个体的角度来说，包括思想政治品德、思想政治行为、思想政治素养等，而从社会政治体系角度来说，包括思想政治教育管理、思想政治教化、思想政治教育组织等。

由基本范畴进一步展开、推演，可产生更多的具体范畴。具体范畴可分为两类。一类是内核型的具体范畴，它们与本质范畴、基本范畴一样，仍然是思想政治教育学独特的范畴。比如，道德品质、政治品德、政治教化、思想政治状况评价方法、思想政治行为分析，等等。另一类是外部性的具体范畴，是指与思想政治教育学密切联系的，且别的学科也可能会交叉研究的，有更广适用范围的范畴。这些范畴对思想政治教育学有重要的理论支撑作用，也是思想政治教育学应该关注的一些范畴，比如，人格、精神、思想、意识形态、价值、文化、社会化，等等。

目前国内对于思想政治教育学范畴研究存在的问题主要有以下几方面。

一是研究尚不够系统，对于范畴的分类方法以及各种具体类型的研究有些零散，对范畴之间的内在逻辑联系和发展转化规律的探讨较少。有的教材所重点研究的一些范畴其实仅仅属于基本关系范畴。比如，有几个是目前大家较为公认的基本关系范畴，即个人与社会、教育主体与对象主体、思想与行为、内化与外化等，它们仅仅是思想政治教育学范畴体系的一小部分。

二是即便是对基本关系范畴的已有研究，也存在着一些不足。比如，基本关系范畴中还缺少最能体现解决思想政治教育学自身特殊矛盾的一对基本关系范畴，即型塑与构建。型塑指的是社会政治体系按照一定的标准和规格对人们的思想政治品德及其行为的形成与发展承担教育模塑职能；构建指的是人们按照主体自身所要求的优良的思想政治品德及其行为的结构模型积极发挥主体能动作用，从而主动学习实践的过程。前一范畴意指教育主体在发挥着外因作用，后一范畴则意味着对象主体（或称能动主体）在发挥着内因作用，二者的共同作用贯穿于解决思想政治教育学自身特殊矛盾的全过程。这一对基本关系范畴中的"型""构"二字还形象地体现了贯穿于思想政治教育全部过程中存在着的"外力模塑""自我建构"这两种既相区别、又内在统一的范式，这是其他基本关系范畴所无法表达的。

再比如，有学者对这些基本关系范畴继续深入研究，认为思想与行为是起因范畴，主体与客体是中心范畴，疏通与引导、言教与身教、物质鼓励与精神鼓励、教育与管理是中介范畴，个人与社会是终点范畴。笔者认为这一观点值得商榷。这是因为，由"人们对优良的思想政治品德及其行为的追求"这一逻辑起点可以产生多个起因。我们完全可以把个人与社会作为起因范畴，也可以把其他的基本关系范畴，诸如教育主体与对象主体、内化与外化、型塑与构建等作为起因范畴来推演。实际上，我们上述列举的几个基本关系范畴在思想政治教育学原理理论体系的逻辑起点开始就已存在，也都具有贯穿思想政治教育全部过程的特性，任意选择一个基本关系范畴都可以作为思想政治教育学的起因范畴，或过程范畴，或终点范畴。可见，要把这些能够统摄思想政治教育全过程的基本关系范畴人为地划分为哪些是起因范畴、中心范畴、中介范畴或终点范畴，结论是很难立得住脚的。

## 四、思想政治教育学原理理论体系中的规律体系问题

思想政治教育学的范畴与思想政治教育学的规律是紧密相连的。因为规律反映的是事物之间的本质联系,而范畴恰是反映事物普遍本质联系的思维形式。由思想政治教育学的本质范畴、基本范畴和具体范畴可以推演出其本质规律、基本规律和具体规律,进而通过这些不同层次规律的实现和展开以确定思想政治教育学研究的内容框架体系。

如前所述,思想政治教育学作为一门科学,所要解决的一个特殊的矛盾,是人们现实的思想政治品德及其行为状况与特定社会政治体系所要求的人们应具有优良的思想政治品德及其行为之间的矛盾,为解决这一特殊矛盾(也可以说是这一科学领域的根本矛盾),只会产生一条特有的本质规律,这就是特定社会政治体系中人的思想政治品德及其行为的形成发展规律。围绕这一本质规律的展开,则形成三个基本规律:个体这一主体模塑自身思想政治品德及其行为的规律,社会政治体系这一主体模铸个体或特定群体的思想政治品德及其行为的规律,社会政治体系与个体在人的思想政治品德及其行为形成发展过程中的互动规律。

目前对于思想政治教育学规律的研究存在的问题主要有以下几个方面。一是有学者认为,思想政治教育学的研究对象有两个:一个是对人的思想政治品德及其行为进行教育的规律,另一个是人的思想政治品德及其行为形成发展的规律。二者是平行、并列的关系。这直接导致了把思想政治教育学原本只研究一个根本规律变成了研究两个并行的根本规律,导致了对原理理论体系的研究缺少一个明晰的内在逻辑。特别是有学者把"对人的思想政治品德及其行为进行教育的规律"(即社会政治体系对社会成员的思想政治教育规律)当作思想政治教育学的根本规律,进而把一部"思想政治教育学原理"实际写成了"思想政治教育原理"。

二是没能看到思想政治教育学所要研究的一个根本规律之下,存在着三个并列的、缺一不可的基本规律。这三个基本规律的并存,实际上意味着思想政治教育学存在着三个并列的、缺一不可的基本研究领域。大多数研究者把精力放在研究"社会政治体系这一主体模铸个体或特定群体的思想政治品德及其行为的规律"这个基本规律上面,而相对忽视了对其他两个基本规律,

即"个体模塑自身思想政治品德及其行为的规律"和"社会政治体系与个体在人的思想政治品德及其行为形成发展过程中的互动规律"的研究,使得一些自称是研究思想政治教育学原理的著述更多地有着"思想政治教育原理理论体系"的味道。对这其他两个基本规律,进而对应着的两个基本研究领域研究的相对薄弱,从根本上导致了目前思想政治教育学原理理论体系尚未能真正丰满地搭建起来。

### 五、思想政治教育学原理理论体系的框架设计和内容体系问题

由上述可知,思想政治教育学的科学体系由逻辑起点出发,已推演出一套范畴体系、规律体系。接下来,就要根据这一套范畴规律体系的生成演变,展示出这一科学理论体系的框架和内容了。目前,学界对思想政治教育学原理理论体系的内容框架设计,有一些共性的东西,但差异仍较大,可以归纳出多个不同的框架体系。总体不足表现为:一是有的框架体系只能称作"思想政治教育原理理论体系";二是有的框架体系虽试图涉及对上述三个基本规律、三个基本研究领域的研究,但由于逻辑起点的不清晰,致使整个体系的内在逻辑性不强,导致了体系的结构混杂、内容丰瘦不一,一个成熟的理论体系框架尚未搭建起来。

基于此,我们应该尝试按照思想政治教育学科学理论体系的逻辑演绎过程,搭建起由思想政治教育关系论、体系论、行为论、过程论、发展论构成的框架内容,并在这一搭建过程中,指出在今后深入研究中需要关注的主要问题。

第一,思想政治教育关系。思想政治教育学的科学体系不是一个固定不变、封闭、仅由范畴规律组成的内循环演绎的体系,而是一个能动、变化发展、开放的体系,是随着人们思想政治教育的实践而使这一内循环演绎体系不断外化、扩展实现的体系。因此,当思想政治教育学的范畴规律体系在社会实践中生动地展开和实现的时候,我们看到了一幅思想政治教育学的内在逻辑演绎的外化过程以及这一过程不断变化发展的生动图景。这是一幅静态与动态相互交织的画面。从静态方面看,表现为思想政治教育实践中的各种关系结构和各种体系结构;从动态方面看,表现为思想政治教育行为所促动的各种思想政治教育过程的展开。思想政治教育关系分为内在关系和关系的外部表现。思想政治教育关系的外部表现是指思想政治教育关系主体在现

实社会中实际发生的关系，表现为个人、群体、学校、集团、组织、政党、国家等思想政治教育关系主体之间的各种关系。思想政治教育的内在关系结构由主导主体、对象主体与中介（或称载体）三个要素组成，它们之间相互作用，构成了人们在现实社会生活中基于对优良的思想政治品德及其行为的追求而形成的思想政治教育关系。在思想政治教育关系研究方面，有几点需要特别关注：

一是对思想政治教育关系结构的三要素的理解。个人、群体、学校、集团、组织、政党、政府、国家既可以作为思想政治教育的主导主体，同时也是思想政治教育的对象主体。这里说的中介即环境，它包括社会环境（如大众传媒环境、社会思潮）、单位环境（如校园文化环境、企业文化环境等）、家庭环境、同辈群体与社交环境。通常，我们在对"思想政治教育关系结构的三要素"进行研究时，习惯于只把教育者当作主体而把受教育者当作客体来看待，习惯于从主导主体角度来静态地分析各个要素，对这几个要素自身的主体能动性、动态变迁性、社会发展性关注不够。

二是有关主体研究，应充分吸收"主体性""主体间性"这两个概念及其相关理论中的合理思想。这两个理论都是思想政治教育学主体理论的重要组成部分。它们一方面强调思想政治教育学中的主体的多元性、平等性；另一方面强调"我的对象性"和"对象中的我"，即主体间的互动性、交融性，强调的是思想政治教育的成功与否更多地取决于教育主体与对象主体之间的重叠共识的程度大小。目前我们这方面研究的局限性表现在：往往把思想政治教育理解为政治统治体系动用公共资源来对社会成员进行带有单向强制性、灌输性的正规化、有组织、有目的的教育。这样，由于过于强调思想政治教育的主导性，反而容易忽视一个人思想政治品德及其行为形成的一个决定性因素——即个体的自我学习、自我训练、真心内化、真诚外化，也忽视了教育对象在思想政治教育中的主体性，进而忽视了对受教育者的主体性的尊重，忽视了一个人良好的思想政治品德与行为形成发展过程中所需要的平等对话、互动交流。

第二，思想政治教育体系。它是思想政治教育关系结构的三要素之间相互作用而形成的一种静态结构体系。包括以下四个部分。

思想政治教育的组织体系。如政府、政党、学校、家庭、同辈群体、社会组织、社会团体等。它们在一个人的思想政治品德及其行为形成发展过程中承担者各自不同的职责和功能。

思想政治教育的制度体系。通常这一制度体系包括三个层面:国家的立法制度层面,比如,有关思想政治教育的国家立法和政府法规;地方和行业的基本制度层面,比如,地方和行业有关思想政治教育的法规、规章、制度;基层和单位的具体制度层面,涉及针对不同人群、不同情况的具体规范设计和实施措施。

思想政治教育的内容体系。通常我们把这一内容体系分为五个部分:世界观、人生观、价值观教育,道德观教育,政治观教育,法治观教育和心理健康教育。

思想政治教育的外部软环境体系。虽然组织体系、制度体系在某种意义上已经构成了思想政治教育的一个大环境,一个属于外部硬环境,一个属于内环境,但还需要重视对带有隐蔽性、间接性、非刚性、非显性的外部软环境的关注。如文化环境、网络环境、宣传舆论环境等。

第三,思想政治教育行为。它是思想政治教育关系结构的三要素之间在思想政治教育体系中相互作用而形成的一种动态行为方式。包括两大类行为。

一是由思想政治教育的主导者(教育主体)产生的行为,分为思想政治教育管理和思想政治教育评估两种形式。思想政治教育管理包括思想政治教育的规划、领导、实施、队伍建设;思想政治教育评估包括评估的意义、目标、原则、体系(指标体系、组织体系)、途径、方法。

二是由思想政治教育的能动者(对象主体)产生的行为,统称为"思想政治行为"。"思想政治行为"指的是形成一定思想政治品德的人们在现实社会环境中产生的有关思想政治方面的行为。人的思想政治行为,通常细分为思想行为、政治行为、道德行为、心理行为等。比如,在个体身上有时表现出来的理论反思、道德评价、道德自律、政治学习、政治训练、心理调适等行为。现实中的大多数思想政治行为是由这几类细分行为中的多种行为综合作用而成。

目前,学界对思想政治教育主导者(教育主体)产生的思想政治教育管理、思想政治教育评估等行为研究较为重视,但对人的思想政治行为本身的研究重视不够,对如何促使人们的思想转化为合乎社会发展需要的行为研究得不够,大多数的原理理论体系都没有将"对人的思想到行为转化过程规律(即人的思想政治行为的发生发展规律)的研究"作为一块专门的理论领域来研究。

第四,思想政治教育过程。思想政治教育关系、思想政治教育体系和思想政治教育行为三方面在一定的思想政治教育实践中共同作用,就表现为思想政治教育的一个个过程。

思想政治教育过程是一个由多种要素构成,由其内在矛盾推动,并按其内在规律辩证发展的过程,有其自身的特点和发展规律。研究、掌握思想政治教育过程及其规律、任务、内容、方针、原则、方法,有助于为思想政治教育过程的开展提供科学的理论依据。

对于思想政治教育过程的研究,有多个视角。从一个思想政治教育过程的横切面来抽象分析,思想政治教育过程由过程结构、过程机制、过程规律与过程目标四个要素构成,它们是思想政治教育关系的直接动态表现。这一过程具有特定的方向和目标,通过过程的推进,人们不断地模塑着适应社会发展需要和自身全面发展要求的思想政治品德及其行为。目前学界多从这个角度开展研究。思想政治教育过程结构包括教育主体、对象主体、介体等基本要素。思想政治教育过程机制包括接受机制、动力机制、沟通机制等。思想政治教育过程规律包括教育主体与对象主体双向互动规律、内化外化统一规律、协调控制与适应超越互动规律等。

还可以依照思想政治教育学研究的一个根本规律和三个基本规律所展示的思想政治教育总过程和三个基本过程,对思想政治教育过程进行具体分析。思想政治教育的总过程是特定社会政治体系中人的思想政治品德及其行为的形成发展过程,这一总过程由三个基本过程合成:个体这一主体模塑自身思想政治品德及其行为的过程、社会政治体系这一主体模铸个体或特定群体的思想政治品德及其行为的过程、社会政治体系这一主体与个体这一主体在人的思想政治品德及其行为形成发展中的互动过程。对这一总过程的研究,可以具体生动地展示出思想政治教育的过程结构、过程机制、过程规律与过程目标。

通过对这一总过程的研究,我们可以更加清楚地发现现有的一些研究成果的不足。比如,在分析思想政治教育过程结构的要素时,有学者将三要素理解为主体、客体、中介,其中把受教育者理解为客体。这是错误的观点。因为,在一个完整的思想政治教育过程中,主体有教育者和受教育者,或称教育主体和对象主体,或称主导主体和能动主体。这两类主体所指向的客体是什么?只能是主体间相互作用过程中所指向的内容、方式,近似于三要素中所谓的"中介"。主体与客体本来只是近代哲学主客二分思维中的一对范畴,随着现代哲学尤其是主体性哲学、主体间性哲学的兴起,原来"把人指称为主客体关系中的客体"的思维早已遭到摒弃。现代思想政治教育学应积极吸收现代哲学的研究成果,摒弃"把教育过程中的受教育者当做被动的容器、消极的客体"这一传统思维,而应把受教育者理解为能动的主体、能够平等交流互动交流的主体。

再比如,通过对这一总过程的研究,在过程规律方面,我们能够更加清楚地区分出两种不同层次的过程规律:一种是思想政治教育学原理理论体系要研究的思想政治教育过程规律,一种是思想政治教育原理理论体系要研究的思想政治教育过程规律。如协调控制规律、社会适应规律等是后者要研究的基本规律,目前不少教材把它们也当作前者要研究的基本规律。但事实上,协调控制规律、社会适应规律只能算作思想政治教育学原理理论体系中要研究的两条具体过程规律,不能称得上是其要研究的基本过程规律,当上升到基本规律层次时,与之相关的应称作"协调控制与适应超越互动规律"。同样,内化规律、外化规律是思想政治教育原理理论体系要研究的两条基本规律,只能算作思想政治教育学原理理论体系中要研究的两条具体过程规律,在上升到思想政治教育学原理理论体系中的基本规律层次时,应称作"内化外化统一规律"。

第五,思想政治教育发展。在由思想政治教育关系、思想政治教育体系、思想政治教育行为与思想政治教育过程所共同编织的思想政治教育实践图式中,思想政治教育实践会按照自身的逻辑为自己设定一个理想的目标和前进的方向,并朝着这一目标不断推进。这就是思想政治教育学原理理论体系逻辑演绎的最后一个环节,即目标与发展。在这一环节中会形成一套目标与发展理论。如使教育对象成为合格政治人理论、使教育对象成为合格公民理论、人的自由全面发展理论、社会认同与社会和谐发展理论,以及思想政治教育的学科化、科学化和社会化发展理论等。

终点即是起点,在终点这里我们看到了对思想政治教育学原理理论体系的逻辑起点"人们对优良的思想政治品德及其行为的追求"的回归,但这不是一种简单的回归,而是一种承载了思想政治教育学内在逻辑演绎体系和使思想政治教育实践的各个环节得到丰富发展的回归。只有多层面、立体地和动态地不断挖掘和揭示思想政治教育学的内在逻辑演绎特征、生成演化规律和实践图式的内容体系,才能勾画出思想政治教育学的全部轮廓和日渐清晰的面貌,从而进一步深化我国思想政治教育学原理理论体系的研究。

1. 简述思想政治教育学的含义。
2. 简述思想政治教育原理研究的逻辑起点。
3. 简述思想政治教育学原理理论的基本框架。
4. 简述思想政治教育学原理理论的内容体系。

# 第一章
# 思想政治教育学范畴

思想政治教育学范畴,是反映和概括思想政治教育学研究领域中普遍的本质联系的思维形式,是思想政治教育学科理论体系中的基本概念,是人们在思想政治教育实践的基础上形成的带有规律性的认识成果,也是认识和把握思想政治教育理论和实践的手段和工具。思想政治教育学范畴体系由其特有的一系列概念、范畴为骨架的知识体系构成。范畴体系是思想政治教育的理论基础,也是思想政治教育学科成熟的标志。

## 第一节 思想政治教育学范畴概述

思想政治教育学范畴在思想政治教育学学科体系中占据中心地位,反映着该学科发展与成熟的程度。"现代思想政治教育学作为一门学科走向成熟的标志之一,就是已经初步建构了自己的范畴体系"。[1] 构建合理的范畴,是衡量思想政治教育学理论科学性的重要标志。

### 一、思想政治教育学范畴的基本含义

范畴是思想政治教育学基本概念。范畴是概括和反映客观事物的普遍的本质联系的思维形式,是各种理论体系中的基本概念。范畴是人们在社会实践的基础上产生和完善起来的对客观事物的本质联系的概括,是人们认识不断发展、深化的成果,又是指导人的认识和实践的工具,是人的思维对客观事物的普遍本质的概括和反映。

---

[1] 徐志远:《现代思想政治教育学范畴研究》,北京:人民出版社,2009年,第29页。

(一)范畴的含义

范畴是人类认识活动的重要结晶。范畴最早源于希腊文 kategoria,古希腊哲学家认为,范畴是对客观事物的不同方面进行分析归类而得出的基本概念。从哲学意义上看,范畴是指反映客观事物本质联系的思维方式,是各个知识领域的基本概念。人的认识成果凝聚在范畴之中,离开范畴,人的认识便无法进行。范畴在内容上是客观的,但在形式上是主观的。科学范畴是主观辩证法与客观辩证法的相统一。列宁指出:"自然界在人的认识中的反映形式,这种形式就是概念、规律、范畴等等。"[1]各门具体科学都有自己特有的范畴,如经济学中的商品、价值、货币等。哲学中的范畴,如物质和意识、时间和空间、现象和本质、具体和抽象等。范畴则是对客观最普遍的本质联系的反映,它适用于一切科学领域。

最早研究范畴的是亚里士多德,他提出"每一个不是复合的用语,或者表示实体,或者表示数量、性质、关系、地点、时间、姿态、状况、活动、遭受"[2]等十大范畴。他是通过"范畴"对整个世界的表象进行最基本理性的分类。黑格尔在《逻辑学》中认为,范畴"贯穿于我们的一切表象",它们是"一般的东西"。[3] 一定的范畴标志着人类对客观世界认识的一个阶段。列宁曾经形象地比喻道:"在人面前是自然现象之网。本能的人,即野蛮人没有把自己同自然界区分开来,自觉的人则区分开来了。范畴是区分过程中的一些小阶段,即认识世界的过程中的一些小阶段,是帮助我们认识和掌握自然现象之网的网上纽结。"[4]海德格尔也认为,"任何一门科学都依赖于范畴来划分和界定它的对象领域,都在工具上把范畴理解为操作假设"。[5] 范畴是理论思维的一种普遍的逻辑思维形式。恩格斯指出:"要思维就必须有逻辑范畴。"[6]任何科学离开了其逻辑范畴,就无法从事理论思维,甚至难以描述其领域的存

---

[1] 《列宁全集》(第38卷),北京:人民出版社,1959年,第194页。
[2] [古希腊]亚里士多德:《范畴篇 解释篇》,方书春译,北京:商务印书馆,1986年,第15页。
[3] [德国]黑格尔:《逻辑学》(上卷),杨一之译,北京:商务印书馆,1966年,第12页。
[4] 《列宁全集》(第38卷),北京:人民出版社,1959年,第90页。
[5] 《海德格尔选集》下,上海:上海三联书店,1996年,第1245页。
[6] 《马克思恩格斯全集》(第20卷),北京:人民出版社,1971年,第551页。

在、经验、观念或思想。

可见,范畴是反映事物本质联系的思维形式,是人类认识世界的思维"工具"。范畴是"认识世界的过程中的一些小阶梯,是帮助我们认识和掌握自然现象之网的网上的纽结"。[1] 范畴是人们对客观事物的本质和关系的概括,是人的思维对物质世界的反映,是客观事物的普遍本质在人们思维中的反映。范畴是人们在社会实践中对外部世界不断认识和改造过程中逐步形成的,体现了人类的基本认识成果。范畴是各门学科知识形成的标志和理论体系的支撑点,是各学科知识领域中的重要的基础性概念。每门科学的研究都是通过许多个范畴把认识的成果凝结起来,映衬出事物现象的根本特征;每个范畴都体现着不断发展的认识过程,它既是之前的认识的成果,又是之后认识的起点。一个范畴向另一个范畴演变,标志着人们对客观世界认识的逐步延伸与提高。

(二)思想政治教育学范畴的含义

思想政治教育学范畴,是反映和概括思想政治教育学研究领域中最普遍的本质联系的思维形式,是思想政治教育学科理论体系中最基本概念,是人们在思想政治教育实践的基础上形成的且带有规律性的认识成果,也是认识和把握思想政治教育理论和实践的手段和工具。思想政治教育学范畴有广义和狭义之分。

从广义上来说,思想政治教育学范畴是指反映和概括思想政治教育学所研究的特殊领域的各种现象及其特性、关系、方面等的本质的基本概念,包括:"论证、论述和探讨思想政治教育学的研究对象、理论基础和实践历史、理论渊源的所有基本概念,揭示、论证与论述思想政治教育学的过程和规律、地位与作用和环境、对象的所有基本概念,确立、确定与研究思想政治教育学的目标与内容、方针、原则、方法及机制、载体的所有基本概念,以及研究和探讨思想政治教育学的效果评估、队伍建设和领导管理的所有基本概念"。[2]

---

[1] 《列宁全集》(第55卷),北京:人民出版社,1959年,第90页。
[2] 徐志远:《思想政治教育学范畴:涵义、特征及功能》,载《武汉大学学报(社会科学版)》,2002年第2期,第227～228页。

从狭义上来说,思想政治教育学范畴是指思想政治教育学的基本范畴,是反映和概括思想政治教育学所研究的特殊领域中各种现象之间最本质、最重要、最稳定、最普遍的特性和关系的基本概念,如思想与行为、教育主体与教育对象、内化与外化等范畴。在一些思想政治教育学的教材和专著中,一般就是在这种意义上,特别提出并系统研究思想政治教育学范畴。因此,思想政治教育学范畴是指反映和概括思想政治教育学研究领域中普遍的本质联系的思维形式,是思想政治教育学科理论体系中的基本概念,是人们在思想政治教育实践的基础上形成的带有规律性的认识成果,是认识和把握思想政治教育理论和实践的手段和工具。

**二、思想政治教育学范畴的特征**

马克思指出:"哪怕是抽象的范畴,虽然正是由于它们的抽象而适用于一切时代,但是就这个抽象的规定性本身来说,同样是历史条件的产物。"[①]思想政治教育学的基本范畴,是在思想政治教育实践中形成发展的,反映了思想政治教育活动的本质与特性。思想政治教育学范畴的特征主要表现为以下几点。

（一）鲜明的意识形态性

思想政治教育学范畴鲜明的意识形态性表明它的阶级性,其理论内容具有鲜明的无产阶级党性和思想性。在阶级社会里,各个阶级的思想政治教育理论都反映了本阶级的利益和要求,具有鲜明的意识形态性。这是马克思主义思想政治教育的一个显著特点,就是承认思想政治教育的阶级性。它公开声明为无产阶级和广大人民群众的利益服务,为实现党的奋斗目标服务,为党的路线、方针、政策服务,为社会主义物质文明和精神文明建设服务,为构建社会主义和谐社会服务,为社会主义现代化建设服务。它旗帜鲜明地坚持马克思主义真理,坚持唯物辩证法,反对唯心论和形而上学,坚持以习近平新时代中国特色社会主义思想武装人们头脑,致力于培养中国特色社会主义"四有"新人,坚持立德树人,促进人的全面发展。因此,作为思想政治教育学

---

① 《马克思恩格斯全集》(第30卷),北京:人民出版社,1995年,第46页。

基本单元和骨架的思想政治教育学范畴,也必然具有鲜明的意识形态性。

(二)内容上的客观性

思想政治教育学范畴的客观实在性,指它的内容是客观的,即反映思想政治教育现象的本质是实在的,它自身趋向于客观,指导人们认识客观世界。正如列宁所说:"人的概念就其抽象性、分隔性来说是主观的,可是就整体、过程、总和、趋势、来源来说却是客观的。"[1]即思想政治教育学范畴客观实在性的内容来自思想政治教育学所研究的特殊领域,反映着思想政治教育固有的本质和规律,具有不以人的主观意志为转移的客观实在性。思想政治教育学范畴就其形式看,它具有主观性;而就其内容看,它却具有客观实在性,也就是说,思想政治教育学范畴的整体、过程、总和、趋势、源泉都是客观的。因为它的内容不依赖于人,不依赖于人类,不依赖于主体的意志,是独立于人们意识之外的客观实在。如思想与行为、内化与外化等都是思想政治教育学的范畴,它们虽然都是头脑中精神性的东西,但是,它们却不是凭空产生的,也不是思辨的产物,而是逻辑推理的结果,是建立在对大量的思想政治教育经验材料的科学分析研究的基础之上的研究成果,是思想政治教育实践的理论概括。人们在思想政治教育过程中,通过研究思想政治教育学范畴实现主客观的统一。

思想政治教育学范畴的客观实在性,深刻地反映和概括了思想政治教育学所研究的特殊领域中各种现象之间最本质的特性和关系,反映了思想政治教育领域各种现象的普遍联系和全面发展的不同侧面,有着各自的特殊内容。同时,它们在基本方面又有着本质上的联系和共同性:作为辩证思维的逻辑形式,它们都是思想政治教育学所研究的特殊领域中各种现象之间辩证联系和运动发展的普遍本质的反映;但是,一切唯心论者都否认范畴的客观性,只强调范畴的主观性,这样就把范畴的客观内容和主观形式割裂开来了,从而使范畴变成了抽象的图式。

---

[1] 《列宁全集》(第55卷),北京:人民出版社,1990年,第178页。

## (三)特征上的抽象性

思想政治教育学范畴的抽象性,是指它在形成过程中,需要从感性的具体上升到科学的抽象,即人们通过分析认识思想政治教育领域矛盾运动的性质、属性和特征,得出最简单、浓缩的基本概念或规定。因而,思想政治教育学范畴是理论抽象的产物。正如马克思指出的:"如果我从人口入手,那么,这就是关于整体的一个混沌的表象,并且通过更切近的规定我就会在分析中达到越来越简单的概念;从表象中的具体达到越来越稀薄的抽象,直到我达到一些最简单的规定。"人们在认识思想政治教育学的研究客体时,在实践基础上,反映该客体的表面现象,也就是通过人们的眼、耳、鼻、舌等直接反映该客体的具体形象,我们称之为感性具体。在反映感性具体的基础上,人们运用分析的方法,把事物分解成为各个部分,从整体中抽象出来,避开偶然的、非本质的东西,而抽取出本质的属性,抓住必然性、规律性东西,这就是对感性具体进行科学抽象的过程。如果没有思维对感性具体进行科学抽象和概括,那么就不可能形成反映客观对象普遍本质的思想政治教育学范畴。

## (四)过程中的辩证发展性

思想政治教育学范畴具有辩证发展的特性。首先,思想政治教育学范畴的内容、数量,随着思想政治教育学科的发展,将不断丰富和发展。马克思主义认为,范畴是运动、变化和发展的。同时,思想政治教育学范畴具有相对性、辩证性特点。人类思维的历史和人们使用概念的经验证明:"人的概念不是不动的,而是永恒运动的,相互过渡的,往返流动的;否则,它们就不能反映活生生的生活。"[1]这是因为范畴正是从物质世界中吸取内容,物质世界中的矛盾运动决定思维中的矛盾运动,决定着概念、范畴的运动和发展。随着思想政治教育实践的发展,人们认识水平和认识能力提高,这不仅会丰富思想政治教育学已有范畴的内容,而且会提出和增加新的范畴,丰富其范畴理论的宝库。

思想政治教育学范畴形成过程中的辩证发展性还表现为它在一定条件

---

[1]《列宁全集》(第55卷),北京:人民出版社,1990年,第213页。

下的辩证转化。在马克思主义哲学看来,唯物辩证法成对范畴之间既是对立的,又是统一的,是能够辩证转化的。思想政治教育领域的矛盾运动、转化反映到思维中,就形成了思想政治教育学范畴的运动、变化和发展。例如,内化与外化这对思想政治教育学理论形成过程中的基本范畴。一方面,它们之间是互相渗透、互相依存、互为条件的。内化是外化的前提和基础,没有内化,就没有外化;外化是内化的目的和归宿,没有外化,内化就失去了实际意义。另一方面,它们之间又不是凝固不变的、僵死的,而是在一定条件下可以变动的、相互转化的。这是因为对偶范畴之间有一条由此达彼的桥梁,可以互相贯通、辩证发展。

思想政治教育学范畴的特性,在思想政治教育学中既相互联系,又相互区别。它们揭示了思想政治教育领域矛盾本性的成对范畴,作为思想政治教育学普遍联系和全面发展之网的网上纽结,它们都是在思想政治教育实践的基础上随着认识的发展而发展,反过来又指导人们的认识和思想政治教育实践。加强思想政治教育学范畴特性的研究可以提高学术共同体的认识水平,使其在学科发展过程中相互促进、相互影响,在范畴共同发展的同时,又推动了思想政治教育学学科的发展。

### 三、思想政治教育学范畴研究的意义

思想政治教育学范畴作为人们在思想政治教育实践的基础上形成的带有规律性的认识成果和基本概念,对其进行系统、深入的理论研究,有助于促进思想政治教育学科的系统化、规范化、科学化,加速完善思想政治教育学的学科建设。

第一,有助于揭示思想政治教育学的规律。思想政治教育学范畴作为人们辩证思维的逻辑形式,它反映、揭示了思想政治教育学研究领域中各种现象的普遍本质和辩证矛盾。思想政治教育学是通过对人们的思想政治行为及思想政治教育实践等的研究,揭示和反映社会思想政治矛盾,从而进一步揭示思想政治教育学的本质和规律。要科学地揭示和认识人们各种思想政治行为,就要进一步对思想政治教育学自身固有的范畴体系进行研究。思想政治教育学的范畴所反映的是党的思想政治教育的本质特征,依靠这些范畴去认识党的思想政治教育的固有的规律和性质,从而把思想政治教育学与其

他学科区别开来。因此,可以肯定地说,包括一般范畴在内的思想政治教育学范畴同思想政治教育规律应是浑然一体的,思想政治教育学要揭示思想政治教育规律,就必须有合乎客观逻辑和主观逻辑的基本范畴以及一般范畴。因而,思想政治教育学一般范畴研究的重要意义不仅在于促进现代思想政治教育学自身科学化,而且还有助于科学地揭示思想政治教育规律。

第二,有助于构建思想政治教育学科理论体系。每门科学都要用一定的范畴去概括其研究对象的本质、特性和规律。因此,各门科学都应不断地探讨、辨析、筛选和审核自己的逻辑范畴,建立合理的逻辑范畴体系。[①] 整个思想政治教育学是由一系列不同层次的思想政治教育学范畴所构成的,而思想政治教育学范畴及基本范畴则是思想政治教育学理论独特的思维形式,是思想政治教育学理论的网上纽结和基本框架。思想政治教育学范畴及基本范畴之间的内在逻辑关系,体现了思想政治教育学的学科性质和理论体系。思想政治教育内容是一个开放系统,它必须同外界交换物质、能量和信息,才能保证其自身的良性运行,才能维持其生命力。从一定意义上讲,思想政治教育系统的基本范畴随着思想政治教育实践的发展,将不断丰富和发展,即思想政治教育内容的各个部分、各个要素、各个层次的活力是否都被充分激发起来,各个层次之间是否建立起了一种相互促进、彼此制约、协调统一的关系。因此,我们要用系统论观点来研究思想政治教育学范畴要素的构成、诸要素之间的内在联系和层次关系,以揭示和描述思想政治教育内容的内在逻辑关系和逻辑结构。研究思想政治教育学范畴的结构,是为了勾勒和再现思想政治教育复杂的过程,从而为我们更好地认识和把握思想政治教育这一特定对象提供一个客观的基础。事实表明,将思想政治教育学范畴视为一个有着一定结构功能并处在运动变化之中的开放系统,系统、深入地研究其逻辑结构,是从一个重要方面拓展思想政治教育学基本理论研究和深化思想政治教育内容,这在思想政治教育学的理论研究中占有十分重要的地位。

第三,有助于促进思想政治教育学的学科化进程。新时代研究和建构逻辑完备、表达明晰的现代思想政治教育学范畴体系及基本范畴系统,有助于

---

① 徐志远、杨成文:《现代思想政治教育学一般范畴的科学内涵及研究意义》,载《学校党建与思想教育》,2015年第12期,第7~9页。

促进现代思想政治教育学的科学化进程。"现代思想政治教育的科学化,是指在现代思想政治教育理论中贯穿和体现的真理性、规律性……现代思想政治教育学作为一门新兴的学科,其科学化的重要标志是在理论形态上要求有一个各个范畴和原理之间具有必然的内在联系的极其严密的科学体系"。① 为此,对思想政治教育学范畴进行系统、深入的理论研究,对于加快思想政治教育学科化发展,加速建设高水平的学科体系,推动思想政治教育学科理论建构和学科独立性都具有重要的理论意义。人们依赖范畴逻辑框架,捕捉、吸取外界信息,阐释、转换原有范畴,建构、再生新的范畴,显现、创造新的现代思想政治教育学科理论体系。② 思想政治教育学的范畴体系,不是包罗万象的、最终完成的、固定的理论框架形式,也不是亘古不变的"绝对真理",而是一个动态的、开放的、需要不断加以丰富和发展的科学体系,以推进思想政治教育学的学科化进程。深入研究现代思想政治教育学范畴,整理和完善现代思想政治教育学理论体系,研究和建构系统化、规范化的现代思想政治教育学范畴体系,是加速现代思想政治教育学的学科建设科学化的迫切需要和推进其科学发展的必然要求。

## 第二节 思想政治教育学范畴构建原则、类型及功能

现代思想政治教育学科理论体系,是由一系列适用于思想政治教育学研究领域的规律和范畴所构成的。遵循方法论原则,建构思想政治教育学的范畴体系,研究和探讨思想政治教育学的范畴的基本类型与功能,对于加快思想政治教育学科发展,加速建设高水平的学科内涵体系,推动思想政治教育学科理论建构和学科独立都具有重要的理论意义,也是该学科领域问题深入研究进入理性阶段的重要标志。

---

① 徐志远:《现代思想政治教育学范畴研究》,北京:人民出版社,2009年,第243页。
② 徐志远、杨成文:《现代思想政治教育学一般范畴的科学内涵及研究意义》,载《学校党建与思想教育》,2015年第12期,第7~9页。

### 一、思想政治教育学范畴构建原则

思想政治教育发展的历史,在无数的偶然、曲折发展中展现了思想政治教育的内在必然性和规律性。思想政治教育学范畴构建原则的过程,是由简单到复杂的辩证发展的过程,这个过程具体而生动地体现了逻辑与历史相一致的原则。作为对思想政治教育领域矛盾运动的反映,思想政治教育学范畴又具有运动发展和辩证转化的双重特性,它不仅是思想政治教育实践和认识活动的产物,而且也是思想政治教育实践和认识活动的思维工具。因此,在思想政治教育学范畴的原则构建实践中接受检验并在实践中得到丰富和发展。现代思想政治教育学的范畴及其系统,必须坚持话语体系原则、发展性原则、创新性原则、实践性原则、整体性原则与综合性原则等。

(1)话语体系原则。构建思想政治教育学范畴及其体系时应该从话语体系着手,话语体系的拓展能保证思想政治教育学范畴研究视野的开阔与学科化的要求。思想政治教育学范畴的话语体系是随着社会实践发展而不断丰富和发展的科学体系,而不是空洞、僵硬、刻板的封闭体系。丰富鲜活的思想政治教育实践,始终是思想政治教育学范畴的话语体系产生的源泉、发展的依据和检验评估的标准。与此相适应,依据思想政治教育实践发展构建思想政治教育学范畴的话语体系,关键是要坚持中国共产党实事求是的思想路线,坚持求真务实的科学精神与坚持以习近平新时代中国特色社会主义思想为指导。因此,思想政治教育学范畴体系构建从理论层面上升到实践层面指导,是一个重要的突破,使思想政治教育学的学科建设和思想政治教育学的范畴创新始终与时代发展同步伐。

(2)发展性原则。指在研究和构建思想政治教育学范畴及其体系时,必须把它看成一个不断变化、发展的过程。因而需要人们加以动态把握,并不断地吸收反馈信息、调节思维程序。构建思想政治教育学范畴及其体系之所以是一个发展过程,一方面是因为思想政治教育学所研究的特殊领域是一个永无止境的动态过程;另一方面是因为它作为发展过程,要随着思想政治教育实践的深入而深入,随着思想政治教育实践的发展而发展,并不断接受思想政治教育实践的检验。思想政治教育学范畴的发展性最根本之处在于,认识与客体的相符,亦即主观与客观的相符是一个运动、发展的过程,范畴的形成发展就表现在这一运动、发展过程中。

思想政治教育学范畴的发展,既指某对范畴的内容越来越精确、越来越完善,也指整个思想政治教育学范畴体系的变化,即新的范畴不断创建,旧的范畴有所淘汰。任何范畴体系都是历史的产物,是和一定历史时期的科学和思维认识的发展水平相联系的。因而,一定时代的人受一定时代历史条件的限制,不可能把握绝对正确、绝对完善、最终完成的逻辑范畴体系。对于我们来说,既要深入研究已经揭示的、构建的思想政治教育学范畴及其体系,也要不断揭示、创建新的现代思想政治教育学范畴,以适应思想政治教育实践的发展需要,推动现代思想政治教育学科发展的进程。

(3)创新性原则。创新是一个国家发展的源泉和动力,是人们的创新潜能的价值体现。创新性原则是指在研究和构建思想政治教育学范畴及其体系时,必须具有敢于破旧立新、推陈出新,具有独创性、新颖性、开拓性的现代思维方式。创新性原则也是由思想政治教育学范畴的相对性特征决定的。

随着互联网的发展,新科技的兴起、新方法论的运用、新学科的诞生,人们已经远离对客体的感性直观,在今天,人们只靠感性直觉来上升为概念已经远远不够了,思维触角必须扩展到直觉范围之外;人们只靠已往的经验材料来产生理论范畴也远远不够了,还必须依靠理论思维创造出新的理论范畴。当今的很多新理论、新概念、新模式、新假设,都证明了这种创新性思维的普适性和重大功能,为人类的认识和实践开拓了新知识、新途径、新领域。当今,以信息网络技术为核心的新技术革命正在以一种深入持久的方式改变着世界的面貌。网络既是一种新的信息传播媒介,也是一种新的文化传播和整合载体,正悄然改变着人们的思想观念和行为方式。网络中人们精神生活的各个侧面都可以显现出来,各种价值判断、意识形态、话语系统、审美倾向等在这个环境内不断冲撞。因此思想政治教育学范畴的构建,要遵循创新性原则,必须在现有范畴中及时地充实网络时代思想政治教育新鲜的、活生生的具体内容,使思想政治教育学科更加科学、更加完善。

(4)实践性原则。实践性原则是由思想政治教育学范畴的实践性特征决定的,在研究和构建思想政治教育学范畴及其体系时,必须将它的完善和发展建立在思想政治教育实践的基础上。[①] 思想政治教育实践是现代思想政

---

① 孙其昂主编:《思想政治教育学基本原理》,南京:河海大学出版社,2004年,第67页。

治教育学范畴的源泉,是形成思想政治教育学范畴的决定性条件。根据马克思主义的观点,思想政治教育学范畴,并不是先验地存在于主体之中,而是"自然界在人的认识中的反映形式",这种反映形式之所以具有公理的意义,能够成为我们把握思想政治教育规律之网的"网上纽结",恰恰是在于它们是人们通过思想政治教育实践从客观实际中抽象出来,并经受思想政治教育实践反复检验证明是正确的;同时,还在于它们是历史关系的产物,是一定的社会的经济关系、生产关系赋予这些范畴以历史的、具体的内容,从而使它们在人们的思维活动中具有了确切的具体的性质、作用和地位。它们的有效性和非有效性,完全取决于其所反映的规律的深度、全面性程度和相符性程度。而这些程度的确定,只有以思想政治教育学范畴作为标准才是可靠的。在科学抽象思想政治教育过程实践中,具体既是认识的起点,又是认识的终点,这个具体,就可以得到更高级的抽象,这些抽象的综合提供更深刻和更全面的关于对象的具体认识,认识就是这样无限的、螺旋式的上升过程。人们对思想政治教育学范畴的认识,总是在实践基础上不断发展的。

(5)整体性原则。整体性原则是指在研究和构建思想政治教育学范畴及其体系时,必须从时空整体上全面地考察其运动发展和辩证联系,即对其作多方面、多角度、多侧面、多方位的考察。全面地认识对象,这是思维的本质所在。"要真正地认识事物,就必须把握住、研究清楚它的一切方面、一切联系和'中介'。我们永远也不会完全做到这一点,但是,全面性这一要求可以使我们防止犯错误和防止僵化"。① "从简单范畴的辩证运动中产生群一样,从群的辩证运动中产生出系列,从系列的辩证运动中又产生出整个体系"。② 列宁在此指出了整体性的具体内容,即从总体上研究和把握思想政治教育学范畴的所有方面、所有联系和环节。因为思想政治教育学诸对范畴反映了思想政治教育领域各种现象的普遍联系和全面发展的不同侧面。因此,不能把思想政治教育学诸对范畴看成孤立的、互不联系的、僵死不动的东西,形而上学地割裂每对范畴之间的辩证关系。而思想政治教育学范畴的整体性原则揭示出各对范畴之间的联系、转化和运动的过程,每对范畴都是相互辩证联

---

① 《列宁选集》(第4卷),北京:人民出版社,1995年,第419页。
② 《马克思恩格斯选集》(第1卷),北京:人民出版社,1995年,第140~141页。

系、动态发展的有机整体。

（6）综合性原则。综合性原则是指在研究和构建思想政治教育学范畴及其体系时，从学科发展的角度，对它作综合考察，即通过揭示范畴各种关系的总和来认识它的本质。坚持综合性原则也是由思想政治教育学范畴体系的整体性特征决定的。综合性思维是适应和反映现代科学、现代社会发展的高度综合化和整体化趋势而产生出来的。综合性思维不同于古代把直观的、思辨的玄想和猜测掺杂在一起的自发性综合思维，它是在继承近代综合思维辩证本性的基础上，改造和深化了传统的综合思维，打破其先对部分进行分析，然后再对部分进行综合的先分析后综合而形成的思维程序。所以，综合性思维是把握思想政治教育学范畴系统整体的根本思维原则和重要思维方法。[1]

将综合作为思维活动的出发点和归宿，使分析和综合在综合的统摄下统一起来。要把握思想政治教育学范畴这样复杂的系统综合体，思维必须始终以综合为出发点和前提，对其要素、层次、结构、功能、相互联系、相互作用、历史发展及其规律等方面进行综合分析考察。思维演进的过程，就是综合分析逻辑运演的过程。此种思维过程的终结，也就达到了对范畴体系整体的全面把握。同时，把综合和分析贯穿于思想政治教育学范畴思维过程的始终，使综合与分析在同一思维过程中同步进行。依据系统理论来构建思想政治教育学范畴体系，其思维程序是从综合到分析再到综合。即首先进行综合，形成可能的系统方案；然后进行系统分析，分析系统中的各要素及其相互关系；再进一步综合分析的结果，形成观念形态的范畴体系的逻辑整体。

## 二、思想政治教育学范畴类型

思想政治教育学范畴是构成思想政治教育学的基本单元和骨架。思想政治教育学科的范畴应当与思想政治教育学科研究对象相统一，与思想政治教育学原理的理论体系相符合，与思想政治教育过程基本要素相一致，可在此基础上对思想政治教育学范畴进行划分。思想政治教育学范畴，按照不同的标准，可以划分成不同的类型。

---

[1] 徐志远、周政龙：《论现代思想政治教育学基本范畴及其体系的构建原则》，载《学校党建与思想教育》，2018年第15期，第19页。

(一)按照思想政治教育学范畴存在的性质和状态划分

可划分为实体范畴、属性范畴和关系范畴。

思想政治教育学的实体范畴是指反映思想政治教育的客观内容、实在基础以及各种环节的那些范畴。主要范畴有思想、政治、政治思想、政治工作、思想工作、思想政治工作、社区思想政治工作、思想政治教育、思想政治教育学的理论基础等。[①]

思想政治教育学的属性范畴是指反映思想政治教育的内部、本质的联系所规定的特性、属性和功能的那些范畴。主要范畴有思想政治教育学的历史性与阶级性、思想政治教育学的科学性与价值性等。思想政治教育学属性范畴,反映思想政治教育内在的本质联系所规定的特点、属性和功能性的基本概念等。

思想政治教育学的关系范畴是指反映思想政治教育各种现象之间的对应联系、联结联系和综合联系等普遍关系的那些范畴。关系范畴主要有教育主体与对象主体等。对象主体是思想政治教育研究对象。研究对象是人的思想政治品德形成和发展的规律以及对人们进行思想政治教育的规律,对这一规律的研究必然要从教育者和受教育者、教育目标和教育内容、教育原则和教育方法等方面入手,以达到思想政治教育学科范畴与思想政治教育学科研究对象相统一的目标。

(二)按照思想政治教育学范畴的作用和功能划分

可划分为基本范畴、重要范畴、一般范畴和具体范畴。

思想政治教育学的基本范畴,是指在范畴体系中处于继承和根本地位,对其他范畴起支持作用的范畴。基本范畴是反映和概括思想政治教育学所研究的特殊领域中各种现象之间最本质的特性和关系的范畴,是反映和概括思想政治教育学研究领域中各种现象之间最本质、最重要、最稳定、最普遍的特性和关系的基本概念,如个人与社会、教育主体与教育对象、疏通与引导、言教与身教、物质鼓励与精神鼓励、教育与管理、内化与外化、思想与行为等。

---

① 徐志远:《现代思想政治教育学范畴研究》,北京:人民出版社,2009年,第52页。

思想政治教育学的重要范畴，是指在思想政治教育学实践中起着重大作用、能够揭示某些规律、又能为完备思想政治教育学科理论体系创造一定条件的范畴。思想政治教育学的重要范畴主要有：思想政治教育、思想政治教育的价值、思想政治教育机制、思想政治教育载体、说服教育与严格法纪、以理服人与以情感人、教育与自我教育、手段与内容等。

思想政治教育学的具体范畴，是指思想政治教育中可以直接用来分析和解决思想政治教育的具体问题，并直接反映思想政治教育这一具体现象的本质的范畴。思想政治教育学的具体范畴主要有：引导、灌输、塑造、个性与共性、积极因素与消极因素等。

思想政治教育学的一般范畴，是指在思想政治教育过程中起着一定作用的、并能揭示思想政治教育学中某些规律的、而又能为完备思想政治教育学科理论体系创造一定条件的那些范畴。思想政治教育学的一般范畴主要有政治、思想、政治工作、思想工作等。

思想政治教育学科理论是由一系列范畴包括一般范畴构成的整体，若干整体中一个环节起了变化，则常会引起其他环节的变化。思想政治教育学的核心范畴处于支配地位，一般范畴是思想政治教育学的一般概念，数量较多。基本范畴揭示思想政治教育学科中最重要、最本质、最普遍的关系，数量较少，主要包括思想政治教育者和思想政治教育对象、思想政治教育目标和思想政治教育内容、思想政治教育原则和思想政治教育方法等。思想政治教育具体范畴是反映思想政治教育许多具体现象的内在本质联系的基本范畴。现代思想政治教育学科理论知识的宝库，正是由于科学而精确的范畴和一般范畴的累积、飞跃而不断得以丰富、充实和完善。[①] 因此，思想政治教育学基本范畴、重要范畴、具体范畴与一般范畴在不同的逻辑层次上反映了思想政治教育发展的同一逻辑进程，在不同层次的同一逻辑结点上呈对应关联的关系。

(三)按照思想政治教育学范畴的逻辑结构划分

可划分为起因范畴、主体范畴、功能范畴、过程范畴、终点范畴等。

---

① 徐志远、周政龙：《论现代思想政治教育学基本范畴及其体系的构建原则》，载《学校党建与思想教育》，2018年第15期，第14~19页。

逻辑起因范畴主要有个人与社会;主体范畴主要有教育主体与对象主体;功能范畴主要有疏通引导与灌输互动、言教与身教、教育与管理、物质鼓励与精神鼓励;过程范畴主要有内化与外化;逻辑终点范畴主要有思想与行为。[1] 它们之间是一个相互联系、相互依存、相互作用的,从简单到复杂、从抽象到具体的立体动态发展的逻辑结构体系。

以上思想政治教育学范畴的类型及其划分标准是相对的,不是绝对的、凝固不变的,有的范畴还是交叉的。例如思想与行为、教育主体与教育对象、内化与外化三对范畴,既是关系范畴,又是基本范畴;形式与内容、内因与外因、理论与实际、教育与自我教育、言教与身教等范畴,既是关系范畴,又是一般范畴;理想与现实、继承与创新、个性与共性、积极因素与消极因素、动机与效果、疏导与禁堵、爱与严、虚与实等范畴,它们既是关系范畴,又是具体范畴等。可见,思想政治教育学的同一范畴,从不同的视角、按不同的划分标准,就可以同时属于不同类型的范畴等。

思想政治教育学范畴是其思维从作为逻辑起点的范畴,即从个人与社会的抽象概念出发,由中介范畴经过过程,形成了思维中的具体,进而上升到思想与行为的逻辑终点范畴。如果说逻辑起点范畴是以完整的表象为逻辑起因的规定,那么,逻辑终点范畴则是通过辩证综合,复制出事物总体的多样统一,即思想内化到行为外化反应。思想政治教育学范畴体系是从基本范畴出发到达高层次的具体范畴而结束,终点又回到了出发点,使最初规定和最后规定重新拍合,这就形成了范畴形态的整个范畴层次运动的全部过程。

### 三、思想政治教育学范畴的主要功能

思想政治教育学范畴是建立理论体系的基本条件,理论体系是范畴的集合体。研究和建构思想政治教育学的范畴及其体系,是构建思想政治教育学科理论体系的基本条件。因此,思想政治教育学范畴的水平,直接制约科学理论体系的水平,是其科学理论发展程度的显示剂。思想政治教育学要有所突破有所创新,要跻身于当代科学之林,就必须加强对范畴及其体系的研究,

---

[1] 孙文营:《思想政治教育学基本范畴体系划分的新视角》,载《思想教育研究》,2005年第4期,第10~12页。

发达的科学必然促进发达、成熟的范畴及其体系的发展。其范畴的功能主要有以下几方面。

## (一)具有认识引导功能

思想政治教育学范畴的认识引导功能,是指认识和揭示思想政治教育现象及其本质和规律的功能。人们通过科学的抽象和概括,揭示了思想政治教育各种现象的本质联系,在思想政治教育学中形成了相应的范畴。这样,思想政治教育学科研究的成果就通过范畴的形式而固定下来,如同在思想政治教育现象之网上打了一个个的纽结。这种纽结凝结着思想政治教育现象的本质规定,反映了把这种现象联结成现象之网的规律性,从而在事实上成为人们对思想政治教育认识过程的阶段和环节。思想政治教育学范畴不但是以往思想政治教育学科研究成果的结晶,更是人们认识进一步深化的新基点。在人们的认识不断深化的过程中,思维的条理因范畴而走向逻辑;对思想政治教育学科研究对象的反映因规律而变得深刻。人们可能从思想政治教育学范畴的推演、概念的移植等过程认识思想政治教育领域的新特性、新关系,以至于形成新的范畴网。更重要的是,科学范畴对理论的形成和发展起着基石的引导作用。思想政治教育学新范畴的产生往往是思想政治教育新理论框架形成的起点,思想政治教育学逻辑范畴构架的转换会带来思想政治教育学科理论的全新变化和发展。

## (二)具有方法导向功能

思想政治教育学范畴的方法导向功能,是指思想政治教育学范畴作为方法在认识思想政治教育现象中的作用。"人们在认识和分析思想政治教育领域的矛盾运动时,必须运用思想政治教育学范畴。作为方法运用的思想政治教育学范畴,主要是通过范畴的矛盾运动,不断趋向于正确把握思想政治教育领域的运动规律。思想政治教育学范畴自身具有主观与客观对立统一的内在矛盾,这一矛盾的展开必然联系着主观与客观的双方"。[①] 思想政治教育学范畴的主观性,指它是主观思维形式,它是离开了具体对象的抽象,而思

---

① 孙其昂主编:《思想政治教育学基本原理》,南京:河海大学出版社,2004年,第66页。

想政治教育学的研究对象,具有相对独立的客观性。正是思想政治教育学范畴这一内在矛盾,使范畴具有联结主观与客观的作用。掌握思想政治教育学范畴的辩证法,就是要剖析思想政治教育学范畴的内在矛盾,把握矛盾的推移、演化、冲突与解决,形成思想政治教育学范畴的逻辑运动。人们的认识通过思想政治教育学范畴的流动和运行,反映思想政治教育领域的矛盾运动,而思想政治教育领域的矛盾运动以思想政治教育学范畴为中介、桥梁,转化为人们头脑中的观念。人们在思想政治教育实践中,正是这样通过思想政治教育学范畴的桥梁转化作用而实现了主客观的统一。因而,运用思想政治教育学范畴能为思想政治教育学的发展提供理论依据和方法论的导向。

(三)具有构建学科规范功能

思想政治教育学科范畴应当与思想政治教育学科研究对象相统一,与思想政治教育学原理的理论体系相符合,与思想政治教育过程基本要素相一致。思想政治教育学科的研究对象是人的思想政治品德和行为形成发展的规律,对这一规律的研究必然要从教育者和受教育者、教育目标和教育内容、教育原则和教育方法等概念入手,以达到思想政治教育学科范畴与思想政治教育学科研究对象相统一。思想政治教育学范畴的构建学科规范功能,具有指导规范构建思想政治教育学科理论体系的作用。人们需要以科学知识的方式概括思维活动的成果,而科学知识往往是以理论体系的方式存在和发展的。在思想政治教育学科理论体系中,人们总要遵循一定的思维形式阐述有关思想政治教育学科知识的研究对象的各种规定、产生和发展过程、内外关系等。思想政治教育学范畴为思想政治教育的学科理论体系提供了思维形式,对于构建思想政治教育的学科理论体系,具有普遍的指导意义。

## 第三节　思想政治教育学基本范畴

思想政治教育学基本范畴是思想政治教育学范畴体系的重要组成部分,反映和概括了思想政治教育学所研究的特殊领域中各种现象之间最普遍的特性和关系。科学研究的区分来源于科学对象所具有的特殊矛盾性,对于某一种矛盾的研究,就构成某一门科学的对象。思想政治教育学基本范畴的逻辑结构,是由起因范畴:个人与社会;主体范畴:教育主体与对象主体;功能范畴或中介范畴:型塑与建构,包括疏通引导与灌输互动、言教与身教、教育与管理、物质鼓励与精神鼓励五对范畴;过程范畴:内化与外化;终点范畴:思想与行为等构成。思想政治教育学基本范畴从逻辑起点,经过逻辑中项,最后到达逻辑终点。它又成为认识的新起点,思维又开始了新的行程从而形成了思想政治教育学基本范畴体系。① 而这样的每一次循环,都给思想政治教育学科理论体系和范畴体系提供新的内容。它们之间不是孤立存在的,它们之间是相互联系、相互制约、不断运动变化发展的有机整体。思想政治教育学的基本范畴终点又是下一个范畴运动的新出发点,从而形成了范畴体系中整个范畴逻辑运动的全过程。(如图1-1)

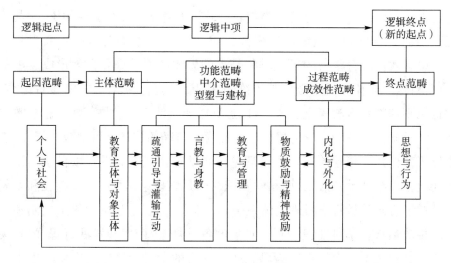

图 1-1 思想政治教育学基本范畴逻辑结构体系示意图

## 一、起因范畴:个人与社会

思想政治教育的特殊矛盾决定了个人与社会必然成为思想政治教育学的基本范畴。个人与社会的依存关系决定着思想政治教育的基本价值定位,

---

① 徐志远、范慧玲:《论现代思想政治教育学基本范畴的内在逻辑联系》,载《学校党建与思想教育》,2019年第5期,第23～27页。

即促进个体价值与社会价值并重。个体与社会的矛盾关系决定着思想政治教育的基本目标:促进个体社会化。解决这一矛盾,便成为思想政治教育的任务。这一根本任务是思想政治教育活动的起点,全部思想政治教育都必须围绕这一根本任务开展活动,而这一根本任务的完成,标志着一次具体思想政治教育过程的终结。个人与社会是思想政治教育活动逻辑起点,也正是从这个角度出发把个人与社会定位为思想政治教育学的起因范畴。

(一)个人与社会的含义

个人与社会是揭示人的本质和思想政治教育本质的重要范畴。个人是历史的具有社会性的个体;社会则是以共同的物质生产活动为基础而相互联系和运动发展的人类生活共同体。人总是生活在一定社会关系中,每个人都不能离开社会而生存。社会由无数个个体所组成,离开了人,社会也就不复存在。马克思指出,个人是一个特殊的个体,并且正是他的特殊性使他成为一个个体,成为一个现实、单个的社会存在物,然而"人的本质不是单个人所固有的抽象物,在其现实性上,它是一切社会关系的总和"。① 这也说明了个人与社会是紧密相连的共同体,两者密不可分。个人是具体的历史的社会个体,个人是社会中的个人,社会是由每一个个人组成的社会。可见,个人与社会这一对范畴规定着思想政治教育的任务。个人与社会是揭示人的本质和思想政治教育本质的重要范畴。因而,思想政治教育遵循的两大规律,一个是遵循个人思想政治品德形成发展的规律,另一个是遵循服从于和服务于社会发展的规律。立足于个人发展和社会发展的需要,这也是思想政治教育的出发点与归宿。

(二)个人与社会的辩证统一关系

任何思想政治教育活动,都要面向具体的、现实的、个体的人,提高人的思想政治素质;同时要面向社会,从一定的社会存在出发,面向社会求发展。思想政治教育的发展,植根于社会发展和人的发展之中,并随着人类社会实践水平的发展而不断发展变化。思想政治教育必须适应时代发展要求,向现

---

① 《马克思恩格斯选集》(第1卷),北京:人民出版社,1995年,第60页。

代化、社会化、规范化和国际化发展。从思想政治教育的目标结构和思想政治教育的规律来看,思想政治教育目标确立的依据,适应社会发展的需要,适应个人发展的需要,其基本层次也分为个人目标和社会目标。

要形成和谐而有秩序的社会生活及良好的社会关系,就必须重视个人的社会化,坚持以习近平新时代中国特色社会主义思想武装头脑,努力培养有理想、有道德、有文化、有纪律的一代新人。最终落脚点还是要满足于人的全面发展和社会发展进步的需要,实现人的发展与社会发展。个人与社会这对范畴是推动思想政治教育不断发展的动力,正是由于人们现有的思想政治品德水准与社会发展要求之间存在着差距,这个差距的不断产生、不断解决,循环往复,从而推动着思想政治教育学科的不断向前发展。

### 二、主体范畴:教育主体与对象主体

思想政治教育学的主体范畴是教育主体和对象主体这对范畴,它们反映了思想政治教育本质特征,它们是思想政治教育基本矛盾的载体,在思想政治教育学的范畴体系中居于中心地位。由于在解决个人与社会矛盾的思想政治教育过程中,教育者发挥着主导作用,受教育者的积极参与是这项双向性的活动取得良好效果的保证,两者一并发挥着主体作用,因此,教育者和受教育者都属于主体范畴。

#### (一)教育主体与对象主体的基本含义

"范畴可以作进一步规定并发现对象关系之用"。思想政治教育的主体,是指有目的、有意识地从事思想政治教育的人员、组织和机构。思想政治教育的主体是人,但主体和人不是等同的,不是任何人都是思想政治教育的主体,只有具备了一定的实践技能、经验和科学文化知识,并实际地从事思想政治教育实践或活动,才是真正的主体。思想政治教育的主体是人,但人的存在是有多种形式或类型的。因此,思想政治教育的主体也存在多种形式或类型。主体可以是人,称为个人主体;主体可以是一个集团,称为集团主体;主体也可以指社会,称为社会主体。

教育主体是指依据一定社会和阶级的要求,对思想教育对象的思想政治

品德施加教育影响的个体或群体,即教育者。教育客体是指接受教育影响的受教育者。教育者既是主体又是对象,受教育者既是对象又是主体。受教育者在受到教育影响时,是对象;教育者在内化教育时,是自我教育的主体。教育主体与教育对象这对范畴,规定着思想政治教育的诸多原则。要正确处理这两者之间的相互关系,就必须贯彻疏导原则,教育与自我教育相结合的原则,表扬与批评相结合、以表扬为主的原则等。

思想政治教育的对象主体是相对于思想政治教育的主体而言的,是指思想政治教育的接受者,即思想政治教育的对象。思想政治教育的对象主体,具有客观性、对象性和规律性的特点。所谓客观性,是指作为思想政治教育的对象主体,是不以人的主观意志为转移的外在存在,即在空间上离开主体而独立存在的外在性。所谓对象性,是指思想政治教育的对象主体,是思想政治教育主体本质力量所能达到的外在世界,是思想政治教育主体活动所设置的对象。也就是说,并不是所有的外在世界都是思想政治教育主体的对象性客体,只有和思想政治教育主体的本质力量相适应的外在世界才能成为对象性的主体。思想政治教育对象主体的性质状态和思想政治教育主体的本质力量状态具有一致性。所谓规律性,是指思想政治教育主体通过活动作用于对象主体的过程,必须遵循客观规律,按客观规律办事。思想政治教育主体性的发挥并不是随心所欲的,而是要以思想政治对象主体的规律性为基础和条件的,思想政治教育主体的能动性、创造性和自主性,实质上是和思想政治对象主体的变动性、接受性和自为性联系在一起的。

思想政治教育主体和对象主体相互作用、相互制约。这种相互作用,一方面表现为思想政治教育主体对对象主体的能动引导、灌输、转变、激励等;另一方面表现为思想政治教育对象主体对主体的制约、促进、评估等。

(二)教育主体与对象主体的相互关系

一方面,教育对象能动性作用的发挥,离不开教育主体的激发和引导。另一方面,教育主体主导作用的实现,也离不开教育对象能动性作用的发挥。在不同的思想政治教育活动系统中,思想政治教育主体可以直接转化为对象主体,思想政治教育对象主体也可以直接转化为教育主体。教育者和受教育者互为主客体属性:教育者既是教育主体又是对象主体,体现一般关系,受教

育者既是教育对象又是能动主体,体现特殊关系。(如图1-2)

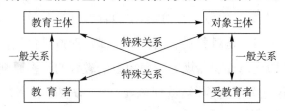

图1-2　思想政治教育学基本范畴逻辑结构体系示意图

总之,思想政治教育过程是教育主体的主导作用和教育对象的能动性作用辩证统一的过程,只有充分发挥这二者的作用,使二者相辅相成、相得益彰,才能使思想政治教育过程顺利进行并取得成效。研究教育主体和对象主体之间的关系,有助于认识和把握思想政治教育过程中的双向互动规律,有助于教育者充分认识受教育者,有助于充分调动对象主体的主动性、积极性、创造性,不断提高思想政治教育过程的有效性。

### 三、功能范畴:型塑与构建

功能范畴也是中介范畴。列宁曾指出,要真正地认识事物,必须把握一切"中介"。这个"中介"在逻辑上就是联结逻辑起点和逻辑终点这两个范畴的中间项,即逻辑中项。思想政治教育学中介范畴是思想政治教育主体和对象联系的环节,是思想政治教育主客体之间信息交换传输的环节,也是思想政治教育对象从"现有"向"应有"转变的环节。思想政治教育学中介范畴在思想政治教育学理论体系中,体现为教育的方针、原则等方面的基本范畴。它包括疏通引导与灌输互动,言教与身教,物质鼓励与精神鼓励,教育与管理等。这四对范畴是相辅相成的,两者互为补充、密切联系、缺一不可,在思想政治教育过程中起着一种型塑与规范、协调与构建的作用。

型塑与构建作为基本功能范畴和基本关系范畴,至少包含了疏通引导与灌输互动、言教与身教、物质鼓励与精神鼓励、教育与管理这四对具体的功能范畴和关系范畴。而从这每一对具体范畴自身的两个不同范畴之间的关系来看,它们是一种主导与从属的关系。这些功能范畴、关系范畴或中介范畴自身有着严密的逻辑联系,疏通引导作为思想政治教育的基本原则,是最基本的指导原则。疏导方针高于各种原则,又寓于各种原则之中,只有通过各种原则才能体现出来。处于思想政治教育原则重要地位的基本范畴,无论是言教与身教,还是物质鼓励与精神鼓励,或是教育与管理,都要贯彻疏导的方针。疏导方针只有融会到各种原则中,才能发挥其作用,显示其效力。可见,疏通引导与灌输互动在中介范畴中处于主导地位,具有普遍的指导意义,其他基本范畴同疏通与引导相比,则处于从属地位,具有特殊的指导意义。可见,思想政治教育学中介范畴是教育主体和对象主体相互沟通的桥梁,为对象主体提供"精神食粮",是思想政治教育对象主体型塑与规范的"营养链"与"供给链",中介范畴是思想政治教育对象主体发生质变的必备条件。

(一)疏通引导与灌输互动

灌输理论是马克思主义理论的重要组成部分,也是思想政治教育的根本原则与方法。疏通引导和灌输互动是揭示思想政治教育途径、过程、内容与方法的一对特殊范畴。疏通引导与灌输互动既是思想政治教育的方针和原则,也是思想政治教育学的基本范畴之一。

**1. 疏通引导与灌输互动的基本含义**

所谓疏通引导,即在思想政治教育过程中广开言路,集思广益,让人们把各种意见和观点充分表达出来,进而循循善诱,说服教育,帮助人们实事求是地认识和分析问题,把群众的思想引导到正确的方向上来。也即在疏通的基础上,支持和弘扬正确的思想观点,反对和批评不正确的思想观点,并注意把其中一些不正确的认识引导到正确的轨道。思想政治教育过程中的疏导,就是对人们内部的思想认识问题,既不堵塞言路,又善于引导,帮助人民群众提高思想认识。

所谓灌输互动,是在思想政治教育过程中,教育者不断向教育对象灌输思想政治理论,而教育对象作出回应与教育者形成思想互动的过程。灌输的实质是理论与实践相结合的动态的实践过程。作为思想政治教育范畴的"灌输",就是强调正确、先进的思想体系不可能在头脑中自发产生,只有通过学习、教育、实践才能自觉形成。灌输互动,就是向受教育者宣传输送政治理论、思想体系与道德规范等,以实现政治教化,武装受教育者的头脑。在这基础上,教育者和教育对象通过双方思想信息与感情的相互交流、以启发引导和交流商讨的形式增强其教育的实效性。

### 2. 正确处理疏通引导与灌输互动的关系

疏通引导与灌输互动是辩证的统一，是密切相连的完整的统一。疏通引导是灌输互动的前提，灌输互动是疏通引导的继续。疏通引导是为了正确地灌输互动，灌输互动是疏通引导的目的。没有疏通引导，就无所谓灌输互动，也不能正确地灌输互动；不去疏通引导，灌输互动也就失去了实际意义。① 要在疏通引导中灌输互动，在灌输互动中疏通引导，在灌输引导中注意启发教育，真正做到思想政治教育又疏又导，提高思想政治教育有效性。

在灌输互动的过程中，既要防止"过急"，又要力免"不及"，切实把握好灌输互动的"度"。在开展理论灌输互动的实际工作中，由于缺乏或忽视辩证思维的运用，往往导致诸多问题的产生。如果灌输标准定位过高，会导致目标定位的表面虚高和实际实现度的趋低。由于受到传统思想或其他因素的影响，我们在制定灌输互动目标时往往会"就高不就低"。客观地讲，任何灌输互动行为，包括宣传教育等活动，其目标的设定都必然会高于现实的状况需求，因为，只有这样才会形成一定的宣传教育期待，增加人们参与的积极性。真正做到既不太过，又无不及，从而更好地实现既定的灌输目标，以达到"随风潜入夜""润物细无声"的灌输效果。然而，如果过分渴求目标的高标准、严要求，而对灌输对象的层次性差异性关注不够，便会出现以先进性目标要求普遍性群众的现象。

### (二)言教与身教

言教与身教相结合是思想政治教育学的基本范畴之一，也是思想政治教育的重要原则之一。

### 1. 言教与身教的含义

所谓思想政治教育言教，就是教育者通过口头或书面的语言对教育对象灌输教育内容，启发和引导他们提高思想政治觉悟。

所谓思想政治教育身教，就是教育者用自己的实际行动给教育对象做出榜样，将教育内容身体力行，以此影响和感化教育对象，引导他们按照教育者

---

① 徐志远：《论建构现代思想政治教育学基本范畴及其系统的方法论原则》，载《思想理论教育导刊》，2007年第3期，第54页。

的要求进行实践。

**2. 正确处理好言教与身教的关系**

言教与身教相结合,就是要求教育者言之有理、以身作则、言行一致,对教育对象晓之以理,又导之以行。

身教重于言教。言教与身教相结合是思想政治教育的特殊要求。邓小平指出,思想政治教育"要做得有针对性、细致深入和为群众所乐于接受。最重要的条件,就是凡是需要动员群众做的,每个党员,特别是担负领导职务的党员,必须首先从自己做起"。[①] 从这种意义上讲,思想政治教育更要重视身教,身教是有效的思想政治工作。身教重于言教,没有身教,言教就成为"说教",就不能取信于人。教育者的权威往往是建立在身体力行基础上的,教育者只有以身作则,率先垂范,才会产生示范效应。但思想政治教育同样重视言教,没有言教就不能使马克思主义的基本理论和党的路线、方针、政策传播开去,为人民群众所掌握。

言教与身教相结合是党的思想政治教育工作的优良传统。党的领导干部和思想政治教育工作者,在工作和日常生活中言传身教、以身作则,是我们党的优良传统。正如邓小平所说的:"过去我们党的威力为什么那么大?打仗的时候我们总是说,一个连队有百分之三十的党员,这个连队一定好,战斗力强。为什么?就是党员打仗冲锋在前,退却在后,生活上吃苦在先,享受在后。这样他们就成了群众的模范,群众的核心。就是这么个简单的道理。"[②] 新时期,虽然思想政治教育的环境、对象与过去相比有了很大变化,但党的思想政治教育工作者言传身教、以身作则的光荣传统仍然有着重大的现实意义,必须继承和发扬。教育者以自己的模范行动影响和教育群众,以增强思想政治教育的说服力、感染力、渗透力。

**(三)教育与管理**

思想政治教育目标的完成,一靠教育,二靠管理,教育与管理构成了思想政治教育学的基本范畴。

---

① 《邓小平文选》(第2卷),北京:人民出版社,1994年,第342页。
② 《邓小平文选》(第2卷),北京:人民出版社,1994年,第268页。

**1. 教育与管理的基本含义**

这里的教育即思想政治教育，是教育者依据一定的思想观念、政治观点、道德规范对其成员施加有目的、有计划、有组织的影响，使他们形成符合一定社会、一定阶级所需要的思想政治品德的实践活动。它主要靠说服教育，启发人们的自觉性。

这里的管理是组织运用一定的规章、规范、条例、守则等而实现的制度管理，是通过行政、纪律和法律的手段去约束人的行为的一种实践活动。管理是组织运用经济、行政、纪律、法规等手段规范人们的行为，以维护正常的工作秩序的实践活动，它主要靠规范约束，带有强制性。

**2. 正确处理教育与管理的辩证关系**

教育与管理的区别在于：思想政治教育是启发自觉，不带强制性，思想政治教育管理是行为约束，带强制性；思想政治教育重情理和说服，思想政治教育管理重制度和约束；思想政治教育有先进性要求，管理更多的是侧重于普遍性约束。教育与管理的联系在于：思想政治教育需要管理来规范、调控和保障；管理需要思想政治教育来引导、强化和支持。

两者相互渗透，互为基础，互为促进，相辅相成。一方面，思想政治教育离不开管理，有效的管理是思想政治教育顺利进行的重要基础。另一方面，管理也离不开思想政治教育。只有在科学地促进管理的同时，加强思想政治教育，使人们对管理手段产生认同感，自觉遵守它们，管理的作用才能得以实现。管理和思想政治教育的这种紧密联系，为在实践中更好地发挥管理的教育作用提供了理论指导。要把思想政治教育融入管理之中，把科学管理贯穿于思想政治教育全过程。

在思想政治教育过程中，首先，要坚持说服教育与严格管理相结合的原则，既要做深入细致的思想政治工作，启发教育对象的思想政治觉悟，又要借助法律规范和纪律规范，对他们进行具体约束。法律规范是由国家制定的、表现统治阶级意志和利益的、由国家强制执行的社会规范。处理人民内部矛盾主要采取说服教育的方法，但说服教育不是唯一的方法。在人民内部总有一些人不会接受别人的善意的批评教育，而在错误的道路上越走越远，甚至触犯刑律。当不采取法律措施就不能教育本人和保护国家、集体和人民的利益时，就应绳之以法。说服教育离不开严格管理，科学严格的管理是开展思想政治教育的基础工作。严格的管理实际上也是一种教育形式,是说服教育的辅助手段。其次,要把说服教育与严格遵守纪律规范结合起来。有些人受不良思想的影响,导致个人主义膨胀。尽管党和政府三令五申,但仍然令不行,禁不止,这些人我行我素,犯了损害党和人民利益的严重错误。对于这些人就要执行必要的纪律处分。实践证明,人们思想觉悟的提高,道德意识的深化以及品德行为习惯的养成,实际上是说服教育与严格管理共同作用的结果。我们总是用一定的政治思想、道德观念对人们进行灌输与教育,同时也要用法律规范和纪律规范对人们进行约束和引导,以此形成人们相对稳定的思想观念、政治品德和行为习惯。

(四)物质鼓励与精神鼓励

物质鼓励与精神鼓励是思想政治教育学的基本范畴之一,"这对基本范畴反映和概括了思想政治教育所研究的特殊领域中各种现象之间最本质的特性与关系"。[①]

**1. 物质鼓励与精神鼓励的含义**

思想政治教育的物质鼓励,指根据社会主义按劳分配原则,以货币或实物奖励的形式表现出来,鼓励人们积极地、创造性地、自觉地工作。这种物质鼓励区分于物质利益,物质利益指一定阶级的人们对于生产资料和消费资料的占有和支配,是人们进行社会实践的物质动因。

思想政治教育的精神鼓励,指采用表扬、嘉奖、记功和授予各种荣誉称号等办法,对先进集体和个人进行表彰。一类是形式化的精神鼓励;另一类是实质性的精神鼓励。精神鼓励要及时,"赏务速而后有效"。鼓励或奖励要将关心人的需求与鼓励行为动机相结合。关心人们的精神需求,坚持以精神鼓励为主。关心人们的物质利益,实行必要的物质鼓励。奖励既要有一定的稳定性,又要因人、因时、因地、因条件而对方式方法有所调整。

**2. 正确处理物质鼓励与精神鼓励的关系**

物质鼓励与精神鼓励是对立统一的辩证关系,两者密切联系、相辅相成、

---

① 徐志远:《物质鼓励与精神鼓励:思想政治教育学的基本范畴》,载《求实》,2002年第3期,第45页。

互为补充,又各自具有独立性。

首先,两者满足人的需求层次不同。物质鼓励虽然必不可少,但它只能满足人的低层次需求;精神鼓励却能满足人的高层次需求,能激励人们去实现自己的理想。其次,两者表现的方式不同。物质鼓励是运用具体的实物来予以奖励,其方式主要是奖金,各种具体的物品;精神鼓励则是采用精神的因素来激励人,其方式主要是授予各种称号、口头表扬、通令嘉奖、宣传先进事迹等。再次,两者所产生的激励力持续的时间不同。物质鼓励产生的激励力持续的时间较短,精神鼓励产生的激励力持续的时间较长,有的精神鼓励甚至可以影响人的一生。

我国仍是世界上最大的发展中国家,社会经济体制存在着多种所有制形式和多种分配方式,人们在物质利益问题上也存在着事实上的差别和矛盾。社会主义物质利益原则,就是社会主义物质利益关系的反映,是调节和处理人们之间物质利益关系和矛盾的基本准则。

因此,人们在认识和处理物质鼓励与精神鼓励的辩证关系时,要关心群众的精神需要,坚持以精神鼓励为主。我们实行物质利益原则,但丝毫不意味着可以忽视精神的作用。因为劳动积极性的提高,利益关系的调整,各种困难的克服,都离不开高尚的理想和道德。物质鼓励中包含着精神鼓励与道德评价的因素,在我们社会主义国家,人民群众是国家的主人翁,整个国家的财富都是人民的财产,在物质利益上,个人与国家是一致的。精神鼓励除了有满足人们的精神需要的作用外,也包含物质鼓励的成分。

### 四、过程范畴:内化与外化

内化与外化体现了思想政治教育过程的两个发展阶段,是思想政治教育过程的具体规律之一,也是思想政治教育学的基本范畴之一。可见,内化与外化是揭示人的思想、行为变化发展过程和思想政治教育过程变化发展的重要范畴。只有受教育者对教育内容进行内化与外化,思想政治教育的目的才能达到。

(一)内化与外化的含义

所谓内化即思想政治教育内化过程,是教育者传授的思想政治教育目标、内容和要求转化为受教育者个体意识的过程,是由外在的知识、理论、规范向个体内在思想领域转化的过程。① 也可以说,内化是教育者帮助和引导受教育者将一定社会的思想政治品德要求转化为自己的思想政治品德认识、情感、信念等内在意识的过程。在思想政治教育过程中基本矛盾转化的第一次飞跃,即将社会发展所需要的思想政治道德转化为受教育者的认识,是一个由外(社会发展要求)向内(个人精神世界)的发展过程。

所谓外化,就是教育者帮助和引导受教育者将已经形成的思想政治品德意识转化为自己的思想政治品德行为,并养成良好的思想政治品德行为习惯的过程。内化与外化体现了思想政治品德的形成发展规律和思想政治教育目标实现过程。在思想政治教育过程中基本矛盾转化的第二次飞跃,即将受教育者所产生的新思想政治道德认识转化为实践行为,是一个由内(思想政治道德认识)向外(行为实践)的发展过程。

(二)内化与外化的内在矛盾

内化和外化是紧密相连的思想政治教育过程的两个发展阶段。内化是外化的基础与前提,没有内化阶段就不会有外化;内化也有待于发展到外化,外化是内化的外显表现,是必然结果和归宿,只有实现了外化才标志着一次思想政治教育过程的结束。思想政治教育过程就是由内化—外化—评估反馈—再内化这样的阶梯循环过程。(如图 1-3)内化与外化既前后相继,也相互包含。它们虽然在某种意义上分别表明思想政治教育的不同阶段,但内化中有外化,外化中也有内化,也就是说在内化过程中会有相应的行为表现,而行为表现又会强化内化。

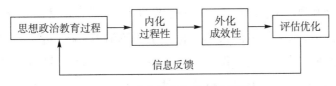

图 1-3  内化与外化范畴关系图

---

① 郑永廷主编:《思想政治教育学原理(第 2 版)》,北京:高等教育出版社,2018 年,第 21 页。

### (三）实现内化与外化的条件

思想政治教育活动实际上是教育者有目的、有计划、有组织地帮助和引导受教育者实现内化和外化，使其形成一定社会所期望的思想政治品德的过程。内化和外化正是揭示并反映思想政治教育动态发展过程的范畴，实现内化与外化，要使是非判断与价值判断相统一，理性启迪与非理性影响相统一，自我意识分化与同一过程相统一，从实际出发确定思想政治教育过程的开端（以"内化"或"外化"为开端）。第一阶段，在思想政治教育过程的内化阶段，教育者首先把社会要求的政治观点、思想体系、道德规范灌输给受教育者，受教育者则在各种因素的作用下，以自己已有的认识水平为基础，自觉地选择、消化、吸收这些社会要求，从而转化为自己的个体意识。在此阶段，存在着教育者所表达的社会思想政治道德要求和受教育者原有的思想政治品德认识水平的矛盾及其运动，这矛盾及其运动构成思想政治教育过程的第一阶段。

第二阶段，促使受教育者把个体意识和动机转化为良好行为和道德习惯，我们称为外化阶段。在思想政治教育过程的外化阶段，在教育者的帮助和促进下，受教育者把自身在内化阶段已经形成的个体意识自觉地转化为自身的外在行为，并养成相应的行为习惯。在此阶段，存在着受教育者内部思想政治品德认识和思想政治品德行为的矛盾及其运动。这一矛盾运动，推动着个体认识转化为个体的思想政治品德行为，构成思想政治教育过程。

第三阶段，教育者和受教育者相互联系，对个体行为所产生的社会效果进行评价，以便通过反馈进一步调节教育者和受教育者实施"两个转化"的行为，并在良好行为习惯的基础上，逐步形成良好的思想政治品德，从而服务社会，促进社会和谐发展。这三个阶段实际上包含了客体主体化和主体客体化，即价值创造、实现和再创造的过程。思想政治教育的价值实现过程，也就是一个不断"挖潜"的过程。正是它这种不断创造驱动力的特质，使思想政治教育价值的实现充满着无穷的魅力。可见，内化与外化这一对范畴是研究思想政治教育过程变化发展的重要范畴。

### 五、终点范畴：思想与行为

思想和行为是思想政治教育学中最常见、最简单、最抽象的范畴，是揭示思想政治教育学研究对象和基本任务的一对核心范畴,也是揭示思想政治教育学基本矛盾和基本规律的一对范畴。① 思想和行为就是揭示人的思想活动和行为表现相互关系的范畴,对思想和行为范畴的科学把握,有助于揭示人的思想政治品德及行为形成和发展的规律以及思想政治教育的规律。也可以说思想和行为是贯穿整个思想政治教育学理论体系始终的核心范畴。说它是核心范畴,实际上也就是说它为思想政治教育学的最高追求,为终点范畴也是新的起点范畴。

(一)思想与行为的含义及关系

在日常生活中,思想是一个使用频率特别高的词语。然而,对于思想的内涵,人们从不同的角度出发,做出了不同的解释。从语义学上来讲,思想是客观存在反映在人的意识中经过思维活动而产生的结果。在思想政治教育理论中,思想指思想意识,是思想意识的简称,是一种相对于感觉、印象的认识成果,属于理性认识;是主体自身的社会存在及其与周围客观世界的关系的主观反映,是人们为了适应生存、在社会实践中通过对外界输入信息自觉整合加工的产物,属于精神、意识想象的一部分,但又并非全部。思想政治教育中,思想既有理性认识,也有感性认识、情感、意志等。思想具有能动性、主体性、可塑造性等特点。

思想具有两种表现形式,即思想认识和思想意识。思想认识是指主体对客观世界包括自然界、人类社会历史,以及世间的事、物、人、己的认知水平和认知真伪程度,是对事物的是非、真伪、善恶、美丑的知觉、辨别、分析和选择,主要表现为世界观、人生观和价值观。思想意识是人们在待人处世等活动中所表现出来的观点、品质、意志、态度、情感等比较稳定的思想特性和倾向的总和,是人们的世界观,特别是处世哲学的直接表现。

行为是指为满足需要而采取的一连串行动(动作)所组成的作为,是一种物质运动,具体表现为人的机体的活动,是人在外界环境刺激下所做出的反应。思想的活动过程不可见,但行为的活动过程是可见的。行为具有起因

---

① 张耀灿、郑永廷、吴潜涛、骆郁廷等:《现代思想政治教育学》,北京:人民出版社,2006年,第17页。

性、自主性、目的性、持续性、可变性等特点。按照标准的不同,行为有不同的分类,行为是在思想支配下所产生的言论、活动等外在表现。

思想与行为两者是紧密联系、辩证统一的关系。思想是行为的先导,支配和改变行为。行为处于被支配地位,行为是思想的外在表现。行为表现思想,又通过效果检验思想。两者之间在很多时候是一致或基本一致的,因而在一般情况下,我们可以通过人的思想预知其行为,也可以通过人的行为分析其思想。然而两者之间的不一致也是经常发生的,表现为表里不一,知行脱节。

(二)思想对行为的影响

思想对行为具有支配作用,思想决定行为的方向,规定行为的计划性,思想水平的高低决定行为效果的大小,思想的好坏决定行为结果的好坏。同时,行为反映思想。行为对思想的形成具有反作用。思想与行为由于条件的限制并不能形成经常的对应关系。正确的思想对人的动机和行为产生巨大作用:引导人们产生正确的行为,避免不正确行为;引导人们完善人格,稳定地提高人格行为水平;预测人的行为。思想对行为影响是循环往复的过程。(图1-4)

图1-4 思想与行为范畴关系图

(三)思想转化为行为的制约条件

外部的环境制约、内部的动机形成、价值观制约、文化心理、行为方式选择等都可能影响转化。思想指制约人的行为的各种精神因素的总和,既包括部分理性认识,又包括感性认识、情感和意志等成分。行为则是在思想支配下所产生的言论、活动等外在表现。两者有着紧密的联系。

对思想与行为这对范畴的研究,是对人们思想政治品德形成与发展规律研究和把握的客观根据和实在基础。遵循人的思想和行为活动的基本规律,培养人们具有正确的思想,并帮助人们克服不良的行为,从而实现思想政治品德向思想政治行为的转化,这正是思想政治教育的任务。因此,对思想与行为这对范畴的科学把握,有助于揭示人们的思想政治品德及行为形成与发展的规律。

作为终点范畴的思想和行为,不再是一般意义上讲的抽象的人的思想和行为了,而指的是从受教育者个人角度来说的思想和行为,是现实生活中丰富多彩的具体的思想和行为。因为,思想政治教育实施和研究的结果,只能通过思想与行为的效果体现和检验。[①] 这样,思想政治教育学范畴体系也就实现了从思想和行为这一抽象范畴到受教育者的思想和行为这一具体范畴的推演过程。思想政治教育过程中贯穿始终的基本矛盾是教育者所传导、表达一定社会的思想政治品德及行为要求与受教育者思想政治品德及行为现状之间的矛盾。思想政治教育的全部任务是为了解决这一矛盾,这一矛盾不是一夜之间就能解决的,而是分为内化和外化两个基本阶段,所以内化和外化就成为过程范畴。受教育者将教育者的思想政治品德要求转化为自身的思想政治品德认识,并将这种认识外化为行为实践进而演化成习惯是思想政治教育的最终目的,所以,思想和行为是思想政治教育学的终点范畴。

总之,思想政治教育学的基本范畴之间存在着内在联系,相互制约,又各自具有相对独立性,对立的范畴既相互区别又相互联系和转化。思想政治教育学范畴各自的辩证运动,无不决定或影响着思想政治教育的过程、任务、内容和原则,也都统一于思想政治教育的实践之中。思想政治教育学的基本范畴是思想政治教育各种矛盾关系的概括和抽象,具有对偶性,它们从不同的侧面揭示思想政治教育的矛盾性,从而使思想政治教育具有的对立统一关系更加清晰、生动地体现出来。思想政治教育学范畴之间的地位又不是等量齐观的,无不从属和受制于思想与行为这对最重要的核心范畴。不仅每对基本范畴之间,而且诸对基本范畴之间,都是紧密联系着的,作为思想政治教育学范畴逻辑体系的重要组成部分,它们在人们的辩证思维中,同思想政治教育学的基本规律一起,相互交织、相互渗透,综合地发挥着作用。虽然思想政治教育学基本范畴是推进思想政治教育学科发展过程中必不可少的研究领域,但是就目前人们对知识的有限把握并不能穷尽对这一门新兴学科的认识。

---

① 郑永廷主编:《思想政治教育学原理(第2版)》,北京:高等教育出版社,2018年,第17页。

因此，只有不断开拓思想政治教育学基本范畴研究的新领域，才能更加有效地推进思想政治教育学的科学化发展步伐。现代思想政治教育学的范畴体系，也将随着科学技术的进步、人们认识水平和认识能力的提高以及思想政治教育实践的发展而与时俱进，不断发展和完善。

1. 什么是思想政治教育学的范畴？它在思想政治教育过程中有什么作用？
2. 什么是思想政治教育学范畴的建构原则及功能？
3. 简述思想政治教育学主要范畴的基本含义及其内在联系。
4. 简述思想与行为基本范畴在思想政治教育学范畴体系中的地位及作用。

# 第二章
# 思想政治教育学规律

思想政治教育学,在一定程度上可以说是研究思想政治教育规律和实施思想政治教育行为的科学,其实质是一门研究人的思想政治品德及其行为形成发展规律的科学。目前出现的各种教材在对思想政治教育学定义时都围绕规律二字展开,将规律作为研究对象。代表性的观点认为,思想政治教育学的研究对象是人们思想政治品德及行为形成和发展的规律以及对人们进行思想政治教育的规律。① 也有人认为,思想政治教育学以人的思想、行为形成、变化的特点、发展规律以及实施思想政治教育的规律作为自己的研究对象。多数学者对思想政治教育学的研究对象界定,抓住了本质问题,围绕着规律展开,但在对规律的具体研究中,也有分歧,主要分歧就是没有厘清思想政治教育学的研究对象,有"一对象说"和"二对象说"的分歧。研究思想政治教育学规律,首先就要解决其研究对象问题,只有这样才能进一步认识其本质规律、基本规律、具体规律。

## 第一节 思想政治教育学规律概述

### 一、思想政治教育学规律的界定

要弄清楚思想政治教育学规律,必须要澄清思想政治教育和思想政治教

---

① 陈万柏、张耀灿主编:《思想政治教育学原理(第3版)》,北京:高等教育出版社,2015年,第7页。

育学两个概念,以免造成对思想政治教育学规律的偏解,这也是研究思想政治教育学规律的逻辑起点。目前有的教材因没有把二者区分开,因此对思想政治教育学规律的研究是站在思想政治教育原理的角度展开的。我们认为,思想政治教育学原理不等于思想政治教育原理。思想政治教育学原理和思想政治教育原理是两个不同的概念,有着各自不同的理论体系。如果对这两个原理的理论体系不能区分开来,就容易导致对思想政治教育学规律的片面认识甚至错误认识。思想政治教育和思想政治教育学,两者既是不同的概念,又代表不同的现象和领域,前者是实践应用领域和学科专业领域,后者则是科学分类的领域。

思想政治教育学的范畴与思想政治教育学的规律是紧密相连的。因为规律反映的是事物之间的本质联系,而范畴恰是反映事物普遍本质联系的思维形式。由思想政治教育学的本质范畴、基本范畴和具体范畴可以推演出其本质规律、基本规律和具体规律,进而通过这些不同层次规律的实现和展开以确定思想政治教育学研究的内容框架体系。

思想政治教育学作为一门科学,所要解决的一个特殊的矛盾,是人们现实的思想政治品德及其行为状况与特定社会政治体系所要求的人们应具有优良的思想政治品德及其行为之间的矛盾,为解决这一特殊矛盾(也可以说是这一科学领域的根本矛盾),只会产生一条特有的本质规律——特定社会政治体系中人的思想政治品德及其行为的形成发展规律。围绕这一本质规律的展开,则形成基本规律,基本规律又派生出很多具体规律。由此,我们可以得出思想政治教育学规律体系具有三个层次:本质规律、基本规律、具体规律。其中,人的思想政治品德及其行为的形成发展规律作为本质规律,构成了思想政治教育学主要的、根本的研究对象。①

思想政治教育学是研究一定社会历史条件中人的优良思想政治品德及其行为形成发展规律的科学,思想政治教育原理是有关社会政治体系如何对其社会成员开展思想政治教育的理论。根据上面的界定,我们认为思想政治教育理论从属于思想政治教育学理论,并表现为思想政治教育学的核心范

---

① 陈义平:《思想政治教育学原理理论体系建构的若干问题探析》,载《思想政治教育研究》,2010年第5期,第14页。

畴。我们按照思想政治教育学科学理论体系的逻辑演绎过程,由思想政治教育关系、思想政治教育体系、思想政治行为、思想政治教育过程等组成主要问题,而思想政治教育关系、思想政治教育体系和思想政治教育行为三方面在思想政治教育实践中的共同作用,就表现为思想政治教育的一个个过程,因此思想政治教育学规律又表现为思想政治教育过程的一个个具体规律。

### 二、思想政治教育学规律的特征

思想政治教育学以人的思想政治品德及其行为的形成发展规律为研究对象。在一定意义上说,研究思想政治教育学规律,就必须探讨人的思想政治品德及其行为形成发展过程的规律以及思想政治教育过程规律。怎样才能更好地运用这两个规律、发挥其作用,一个首要前提就是要充分认识和掌握思想政治教育学规律的特点。

第一,客观性。思想政治教育学规律有其质的规定性,正是这些质的规定性,使其区别于其他活动。在人的思想政治品德及其行为的形成发展过程中,教育者与受教育者有各自的认识、观念,教育活动朝向的目标、选择的内容和方法虽具有一定的主观性,但它们并不是人们主观想象的产物,而是来源于客观存在和社会实践活动。同时,已经产生的思想、观念等主观因素,总是会同一定的客观条件相伴随而具有相对独立性,并对客观存在产生作用和影响,改变客观存在和人们的行为。因此,客观性是思想政治教育学规律的首要特征。

第二,实践性。实践是人们为实现某种主观目的而进行的能动地改造现实世界的客观物质活动,它在人的认识活动中占据重要的地位。人的思想政治品德及其行为的形成发展过程是一种有目的的实践活动过程,一定社会或阶级倡导的思想观念和道德品质等能否为社会成员所认可和接受,必须通过思想政治教育实践才能实现。当然,这一实现过程并不是自发实现的,教育者必须了解和熟悉思想政治教育过程各构成要素及其相互联系,并在具体的教育过程中,反复实践并加以巧妙地运用和发展。只有这样,才能逐渐把握人的思想政治品德及其行为的形成发展过程规律,使思想政治教育过程取得最大实效。但是,人们对客观事物规律的认识并不是一次完成的,而是一个由不认识到认识,由不全面、不深刻的认识到较全面、较深刻认识的无限发展过程。因此,实践性是思想政治教育学规律的重要特征。

第三,普遍性。在人的思想政治品德及其行为的形成发展过程中,涉及的因素多样、多变、复杂,大量的因素表现为偶然性。由此,一些人认为人的思想政治品德及其行为的形成发展过程似乎没有什么规律性,并怀疑其科学性。应当看到,在这一领域,"各个人都有自觉预期的目的,总的说来在表面上好像也是偶然性在支配着。""但是,在表面上是偶然性在起作用的地方,这种偶然性始终是受内部的隐蔽着的规律支配的,而问题只是在于发现这些规律"。① 在人的思想政治品德及其行为的形成发展过程中,大量偶然性现象背后,总是隐藏着某种必然性。我们认为人的思想政治品德及其行为的形成发展过程规律,应当从它的复杂关系中,揭示其必然的、本质的关系,不应当把人的思想政治品德及其行为的形成发展过程中的某一因素、准则、目标、任务等作为规律来研究,普遍性是思想政治教育学规律的基本特征。

第四,特殊性。矛盾具有普遍性和特殊性,思想政治教育具有普遍性,也具有特殊性,并且思想政治教育学作为一个学科也有它的特殊性。该学科的特殊性在于"它不研究人的社会属性的所有方面,只研究其中的一个重要方面,即人的思想观念、政治观点、道德品质的形成、变化和发展"。② 也就是,一定社会发展的要求同人们实际的思想政治品德及其行为水准之间的矛盾这一特殊矛盾。毛泽东指出:"不同质的矛盾,只有用不同质的方法才能解决。"③在面对不同类、群体,甚至不同时代、不同地区的同类群体所遇到的问题时,用的教育方法和技术手段应该有所区别。发现问题是前提,要把握住马克思主义"活的灵魂",针对不同问题进行具体分析和解决。比如,对大学生进行思想政治教育使用的方法应该和农民有所区别,对大学生主要倾向于用"灌输"、谈心、激励、社会实践等方法,使其树立正确的"三观",还可以充分利用互联网技术进行网上沟通、交流。如果这些方法用在农民身上,估计效果不佳。邓小平指出:"革命是在物质利益的基础上产生的,如果只讲牺牲精

---

① 《马克思恩格斯选集》(第4卷),北京:人民出版社,2012年,第254页。
② 陈万柏、张耀灿主编:《思想政治教育学原理(第3版)》,北京:高等教育出版社,2015年,第5页。
③ 《毛泽东选集》(第1卷),北京:人民出版社,1991年,第311页。

神,不讲物质利益,那就是唯心论。"①中国特色社会主义进入了新时代,我国社会主要矛盾已经转化为人民日益增长的美好生活需要和不平衡不充分的发展之间的矛盾。对农民进行思想政治教育,应该抓住农民群体的思想规律,在保障其基本的利益基础上,加大对公平正义、民主法治、美好环境和社会及自身安全的需求方面的教育。再如,通过香港"祸港乱港暴乱事件"可以看出,对香港大学生和大陆大学生进行思想政治教育使用的内容应该有所区别。对大陆大学生进行思想政治教育,应重点以立德树人为主要内容,强化理想信念教育和社会主义核心价值观的引领,培养德才兼备的中国特色社会主义合格建设者和接班人。而对香港大学生进行思想政治教育,当前主要应加强香港大学生对中华民族五千年史、中国共产党党史、中华人民共和国史及中国特色社会主义发展史等方面的教育,增强其对"一国两制"的理解和认同及对"一个中国"的高度认同,逐步培养其爱国情感,使其明确爱国是爱港的前提,并且结合爱国的教育内容,教育形式可以多样化,这更是体现出思想政治教育的特殊性。特殊性是思想政治教育学规律的独特特征。

### 三、研究思想政治教育学规律的意义

思想政治教育学规律是思想政治教育学作为一门科学的理论基础。通过我国思想政治教育的发展历程和实践经验可知,思想政治教育学是有规律可循的。遵循规律就会取得教育成效,违背规律就会使教育效果大打折扣。思想政治教育学作为一门科学,必定有内部的、本质的、必然的联系,抓住了其规律,就抓住了牛鼻子,也就抓住了思想政治教育的本质和要害。思想政治教育失去规律势必导致教育的随意性,就会造成思想政治教育的失误、偏差,影响教育目标的实现。只有正确把握和科学运用规律,才能不断提高思想政治教育的有效性,才能顺利实现思想政治教育科学理论体系的现代性转换,才能保证思想政治教育的科学品味。②

---

① 《邓小平文选》(第2卷),北京:人民出版社,1994年,第146页。
② 江晓萍:《思想政治教育基本规律研究》,北京:中国社会科学出版社,2018年,第4页。

## 第二节 思想政治教育学规律体系

思想政治教育学的规律体系由本质规律、基本规律和具体规律组成。

### 一、思想政治教育学本质规律

思想政治教育是人类特有的实践活动,作为社会有机体组成部分上层建筑的重要方面,思想政治教育的基本矛盾是思想政治教育与社会发展之间的矛盾运动的辩证统一、思想政治教育与人的发展之间的矛盾运动的辩证统一。有人形象地说思想政治教育一头挑着社会发展,另一头挑着人的发展。思想政治教育、社会与人三者共同发展,最终目的是实现社会全面进步和人的全面发展。

长期以来,由于存在着对思想政治教育学概念的偏解,对思想政治教育学本质规律的认识出现了偏差,有的认为思想政治教育学具有双重的本质规律。有的观点认为:"思想政治教育学是研究对人的思想政治品德及其行为进行教育的规律以及人的思想政治品德及其行为形成发展规律的科学。"按照这一理解,思想政治教育学的研究对象有两个,一个是对人的思想政治品德及其行为进行教育的规律,另一个是人的思想政治品德及其行为形成发展的规律。关于这两个规律之间的关系,多数研究者认为二者是平行、并列的关系,因而缺一不可。笔者认为,这两个规律之间并不是并行不悖的关系,而是基础与本质、手段与目的的关系。对人的思想政治品德及其行为进行教育的规律是人的思想政治品德及其行为形成发展的规律的基础和前提之一,研究和掌握人的思想政治品德及其行为形成发展的规律是思想政治教育学的最终目的。因而,思想政治教育学的本质规律(同样地,也是其根本研究对象)只有一个,这就是一定社会历史条件中人的思想政治品德及其行为的形成发展规律。[1]

---

[1] 陈义平:《思想政治教育学原理理论体系建构的若干问题探析》,载《思想政治教育研究》,2010年第5期,第14页。

对人的思想政治品德及其行为形成发展规律的研究,离不开对思想政治教育基本矛盾的揭示以及对思想政治教育基本矛盾转化过程的探讨,只有这样,才能更加深刻把握思想政治教育学的本质规律。

(一)思想政治教育的基本矛盾

"思想政治教育的基本矛盾所指应为贯穿于思想政治教育发展过程始终、规定思想政治教育及其过程本质、对思想政治教育的发展过程和发展方向及思想政治教育其他矛盾的发展演化具有制约作用的总源性、基础性矛盾"。[①] 早在20世纪80年代中期,学界就开始了对思想政治教育基本矛盾的研究,由于研究的视角不一,结论不尽相同,但总体来看,主要代表观点有如下几种。

第一种观点认为,思想政治教育基本矛盾表现为人们道德水平需求的应然与人们道德水平的实然之间的矛盾,即社会对人们的品德需求与人们的实际思想道德水准之间的矛盾。这是关于思想政治教育基本矛盾的主流观点,笔者也采用这一观点。借用新时代社会主要矛盾的表述,我们认为思想政治教育的基本矛盾实质就是"社会对高品德、高素质的公民需求和不平衡不充分满足之间的矛盾"。或者说是"社会发展需要的思想品德和心理素质与受教育者现有水平的矛盾"。[②] 有学者将此观点概括为"社会要求与受教育者状况的矛盾"。[③] 也有人表述为"一定社会的思想品德要求与教育对象的思想品德水平之间的矛盾"。[④] 有人认为是"一定社会的思想品德要求与受教育者的思想品德水平之间的矛盾"。[⑤] 这些观点实质表达的就是道德水平需求的应然与实然之间的矛盾,把社会客观要求和主体状况之间的矛盾当作思想政治教育基本矛盾,体现了社会需求或者统治阶级执政的需求,看到了社会需求与思想政治教育之间的关系。但也有一定的偏颇,表现为该观点将人

---

[①] 匡宁、王习胜:《思想政治教育基本矛盾与主要矛盾的差异和关联》,载《思想理论教育》,2019年第8期,第25页。

[②] 陈秉公:《思想政治教育学原理》,沈阳:辽宁人民出版社,2001年,第128页。

[③] 王莹、孙其昂:《思想政治教育基本矛盾"老问题"的新探索》,载《思想教育研究》,2018年第1期,第17页。

[④] 罗洪铁:《思想政治教育学原理》,重庆:西南师范大学出版社,2009年,第99页。

[⑤] 陈万柏、张耀灿主编:《思想政治教育学原理》,武汉:华中师范大学出版社,2009年,第116页。

当作被动的接受者,忽视了人的发展的主体性和现实性。①

第二种观点认为,思想政治教育基本矛盾是"教育者掌握的社会所要求的思想政治品德与受教育者思想政治品德发展状况之间的矛盾"。② 也有学者将思想政治教育基本矛盾表述为思想政治教育过程的矛盾,认为其就是"社会发展所需要的教育对象思想政治品德标准,与受教者思想政治品德发展现状差距的矛盾"。③ 任何社会的思想政治教育都是为了把符合社会发展需求的思想政治品德,教化为比较合乎社会要求的思想政治品德。这类观点认为思想政治教育矛盾的核心就是教育者与受教育者之间的矛盾,但教育者与受教育者之间的矛盾是思想政治教育过程的具体矛盾,因此争议较大。

其他观点认为,思想政治教育基本矛盾是人们的某种思想或精神欲求与思想政治教育工作不能满足这种需求的矛盾。这种观点主要是从人的需求出发,看到了人的需要和思想政治教育之间的矛盾,体现了思想政治教育的价值。也有观点认为,思想政治教育基本矛盾是"社会期待与个人选择的矛盾,即思想政治教育者所代表的社会期待与受教育者个人思想行为选择的矛盾"。④ 该观点既立足于社会要求又兼顾了个体选择,受教育者不再被视为被动的从属物,而是具有内在能动性的主体,不仅有接受思想政治教育的愿望和需求,而且拥有多种选择的可能性。但这种观点同样将思想政治教育视为一种"差距教育",仅从微观角度把思想政治教育过程看作提高受教育者思想觉悟水平的活动,具有一定局限性。

也有学者认为,思想政治教育基本矛盾是"政治与教育之间的矛盾、政治与思想之间的矛盾"。⑤ 这种观点将"思想""政治"和"教育"理解为既对立又统一的紧张关系。其中政治与教育的矛盾的对立性体现为:政治的人性假设是灰暗的,政治活动受现实的利益驱动,具有他律特征;而教育的人性假设相

---

① 江晓萍:《思想政治教育基本规律研究》,北京:中国社会科学出版社,2018年,第110~111页。

② 刘书林:《思想政治教育学原理专题研究纲要》,北京:人民出版社,2018年,第271~272页。

③ 刘书林:《思想政治教育学原理专题研究纲要》,北京:人民出版社,2018年,第79页。

④ 林晶、张澍军:《刍议思想政治教育的基本矛盾》,载《东北师范大学学报》(哲学社会科学版),2010年第4期,第19页。

⑤ 王莹、孙其昂:《思想政治教育基本矛盾"老问题"的新探索》,载《思想教育研究》,2018年第1期,第18页。

对较为光明,教育活动主要来自对理想自我的向往,表现为自律性。其统一性体现为:政治和教育有共同的基础——人。就政治与思想的矛盾而言,紧张关系集中体现在"意识形态",即一方面彰显人对观念进行自我审查的主体性,另一方面又无力摆脱利益和价值的偏私。这种观点把思想政治教育基本矛盾置于社会空间之中,展示了思想政治教育内部的紧张关系,完成了对思想政治教育的拆分,但没有进行重新整合。

(二)思想政治教育基本矛盾的转化过程

思想政治教育的矛盾转化过程是思想政治教育工作过程和受教育者思想政治品德形成过程的本质和内在基础。因此,要将思想政治教育的矛盾转化过程揭示清楚。思想政治教育的基本矛盾是社会对人们的思想政治品德需求与人们的实际思想道德水准之间的矛盾,该矛盾贯穿于整个思想政治教育过程的始终,可以说思想政治教育的一切措施都是为基本矛盾服务的。这个基本矛盾转化的过程从开始到解决,大体要经过转化和飞跃。转化是为了使社会发展所需要的思想政治品德和心理素质转化为受教育者的思想政治品德和心理素质,或者说是为了使受教育者由不具有符合社会发展所需要的思想政治品德和心理素质转化为适合和符合社会发展需要的思想政治品德。从转化的结果看,有两种可能性,一种是朝向社会发展所需要的方向转化,使之适应、更好;另一种是背向社会发展的方向转化,使原本不适应的情况变得更坏。受教育者的思想政治道德水平究竟向哪个方向转化,取决于对受教育者的思想政治品德实施的教育"外因"带来的"内因"改变。教育者的任务就是使思想政治教育的教育者、受教者、教育环境以及教育媒介协调运转,发挥各自的功能,使受教育者的思想政治品德和心理素质向社会所需要的方向转变,防止逆向的可能性。有学者指出,思想政治教育的基本矛盾要经历"三次转化"和"两次飞跃"。[①]

第一次转化主要是解决社会发展所需要的思想政治品德和心理素质与教育者的教育观念的矛盾,将社会发展所需要的思想政治品德和心理素质转化为教育者的教育观念。这个转化是正确进行思想政治教育的前提,如果教

---

① 陈秉公:《思想政治教育学原理》,北京:高等教育出版社,2006年,第119页。

育者不接受这个教育观念或者教育者本身不具备这样的思想品德和心理素质,教育不可能取得成功。正如马克思所说,"环境是由人来改变的,而教育者本人一定是受教育的",①道理正在于此。

第二次转化主要是解决教育者所进行的教育与受教育者思想道德认识的矛盾,推动受教育者本身自我意识的分化和统一,用正确的理想的自我去统一现实的自我,用积极因素去战胜消极因素,将社会需要的思想政治品德和心理素质转化为受教育者的思想道德认识、情感和信念。在这次转化中引导受教育者将社会发展需要的思想政治品德和心理素质内化为自己的思想道德认识,受教育者精神世界实现了第一次飞跃。

第三次转化主要是解决受教育者思想道德认识与行为实践的矛盾,将思想道德认识、情感和信念转化为行动实践,并形成习惯,变为受教育者的思想政治品德。思想政治教育的矛盾转化过程是思想政治教育所特有的基本矛盾运动。思想政治教育的矛盾转化,是思想政治教育过程的目的和本质。在第三次转化中受教育者将思想道德认识、情感和信念外化为行为实践,并形成了良好的行为习惯,受教育者养成了社会发展所需要的某种思想政治品德和心理素质,完成了具体思想政治教育矛盾统一过程的终结,这是受教育者精神世界的第二次飞跃。

由于社会实践是向前发展的,旧的思想政治教育矛盾过程终结,新的思想政治教育矛盾又会形成。这个过程循环往复,以至无穷,受教育者的思想政治品德和心理素质与社会发展的需要不断产生矛盾,又不断统一,推动受教育者的思想政治品德、心理素质螺旋式上升,不断走向新的、更高的思想境界。

## 二、思想政治教育学基本规律

思想政治教育学是研究思想政治教育的产生、发展及其本质最一般规律的科学。思想政治教育实践活动主要包括教育者、受教育者、思想政治教育内容、社会经济关系这些要素,没有这些要素就没有思想政治教育。思想政治教育学的规律,是思想政治教育实践活动中诸要素之间以及思想政治教育同社会经济关系之间的本质联系、互相作用和必然趋势,它们之间的矛盾运

---

① 《马克思恩格斯选集》(第1卷),北京:人民出版社,2012年,第134页。

动形成了思想政治教育学的基本规律。但思想政治教育学的基本规律究竟有哪些？众说纷纭，尚未完全取得共识。

有人从定义上界定思想政治教育规律，认为"思想政治教育的基本规律也叫思想政治教育的一般规律或普遍规律，它是在一切思想政治教育中普遍存在的、贯穿于思想政治教育始终的、本质的、必然的联系"。[①] 有学者认为，思想政治教育的基本规律有两个："思想品德形成和发展规律"以及"服从和服务于社会发展规律"，[②]指出思想政治教育的基本矛盾要遵循一定的规律，这个规律就是思想品德形成和发展的基本规律。思想政治教育不仅面向人，也面向社会，思想政治教育和社会各系统、社会各项工作构成了两个基本关系：一是，思想政治教育受社会政治、经济、文化所决定、制约和影响的关系，即思想政治教育必须服从一定社会政治、经济、文化发展的要求，并认为这是思想政治教育的前提和基础；二是，思想政教育必须超越社会的客观条件，服务于社会的政治、经济。这种超越和服务促进了社会发展，并且构成了思想政治教育的方向和目的。这种"既制约"又"起作用"，既"服从"又"服务"的矛盾关系决定了思想政治教育服从和服务于社会发展。

在现有观点中，多数将思想政治教育学基本规律等同于思想政治教育规律，有人把思想政治教育的特殊规律说成思想政治教育的基本规律；有人把思想政治教育的规律、思想政治教育过程的规律、思想政治教育所要遵循的规律、思想品德形成的规律等说成思想政治教育学的基本规律；有学者认为思想政治教育的基本规律包含 9 个方面；[③]有学者从思想政治教育的基本矛盾入手，提出了贯穿于思想政治教育全过程和各方面的基本规律，主要有"在矛盾冲突中定向引导的规律""迂回曲折中发展的规律""层次递进的规律"。[④] 也有学者明确指出思想政治教育学的基本规律是"思想政治教育必须同社会经济关系发展相适应的规律；教育者和被教育者互相作用的规律；

---

① 张耀灿、郑永廷、吴潜涛、骆郁廷等：《现代思想政治教育学》，北京：人民出版社，2006年，第122页。
② 张耀灿、郑永廷、吴潜涛、骆郁廷等：《现代思想政治教育学》，北京：人民出版社，2006年，第123~127页。
③ 朱学文、徐太勇：《思想政治教育学》，北京：海洋出版社，1990年，第30~56页。
④ 王礼湛主编：《思想政治教育学》，杭州：浙江大学出版社，1989年，第193~202页。

思想政治教育过程螺旋式上升的规律"。①

笔者认为,正如思想政治教育学的本质规律不等同于思想政治教育的本质规律一样,思想政治教育学的基本规律也不能混同于思想政治教育的基本规律。思想政治教育学的基本规律应从思想政治教育学的基本范畴分析,既然有基本范畴,就必然有相对应的基本规律。思想政治教育学的基本规律也从思想与行为、教育主体与对象主体、型塑与建构、内化与外化、个人与社会这些主要范畴进行把握,围绕本质规律则形成了"个体或特定群体这一主体模塑自身思想政治品德及其行为的规律,社会政治体系这一主体模铸个体或特定群体的思想政治品德及其行为的规律,社会政治体系与个体在人的思想政治品德及其行为形成发展过程中的互动规律"②这三大基本规律。这三个基本规律并行不悖、缺一不可,共同支撑着本质规律的实现。如型塑与构建这一基本关系范畴,型塑指的是社会政治体系按照一定的标准和规格对人们的思想政治品德及其行为的形成与发展承担教育模塑职能,构建指的是人们按照主体自身所要求的优良的思想政治品德及其行为的结构模型积极发挥主体能动作用,从而主动学习实践的过程。前一范畴意指教育主体在发挥着外因作用,后一范畴则意味着对象主体(或称能动主体)在发挥着内因作用,二者的共同作用贯穿于解决思想政治教育学自身特殊矛盾的全过程。这一对基本关系范畴中的"型""构"二字还形象地体现了思想政治教育全部过程中存在着"外力模塑""自我建构"这两种既相互区别、又内在统一的范式,这是其他基本关系范畴所无法表达的。这三个基本规律的实现,又派生出多个具体规律:人格的生成发展变化规律,思想与行为相互转化规律,主体接受规律,主体自我同一规律,人的思想政治品德及其行为形成发展过程中的双向互动规律、协调控制规律、适应超越规律,等等。

### 三、思想政治教育学具体规律

规律是事物发展过程中的本质联系和必然趋势。列宁指出:"规律就是

---

① 仓道来:《论思想政治教育学的基本规律》,载《中共贵州省委党校学报》,2014年第1期,第72页。
② 陈义平:《思想政治教育学原理理论体系建构的若干问题探析》,载《思想政治教育研究》,2010年第5期,第14页。

关系。……本质的关系或本质之间的关系。"①毛泽东在《实践论》和《矛盾论》中认为,事物的本质是事物的相对稳定的内部联系,这种联系是由事物本身所包含的特殊矛盾所构成的。在复杂事物的发展过程中,有许多矛盾存在,其中必有一种是主要矛盾,由于它的存在和发展规定或影响着其他矛盾的存在和发展。这些论述告诉我们,思想政治教育的主要矛盾是思想政治教育实践运行的主要动力,它决定着思想政治教育的运行阶段和发展趋势。因此,遵循思想政治教育主要矛盾的运行轨迹,把握思想政治教育各主要要素之间固有的本质的必然联系,是探求思想政治教育学主要规律的基本思路和合理选择。

最新研究表明,越来越多的专家把思想政治教育的实践发展规律视为思想政治教育学的具体规律。有学者认为思想政治教育过程的主要规律为"社会适应规律、要素协同规律、过程充足规律、人格行为规律、自我同一规律"。② 也有学者指出,思想政治教育的具体规律,是由其基本矛盾包括的各种联系决定的,包括:"思想政治教育的主客体双向互动的规律,内化与外化统一的规律,协调自觉的影响的规律,应对西方分化、西化的挑战、坚守阵地意识的规律,不断探索和综合运用方法的规律"。③ 以上理解总体上是把思想政治教育的具体规律或思想政治教育过程规律视为思想政治教育学的具体规律。这需要进一步商榷。依照前述得出的思想政治教育学要研究的一个根本规律(本质规律)和三个基本规律,我们能够展示出思想政治教育的总过程和三个基本过程,进而推导出思想政治教育学的具体规律。思想政治教育的总过程是特定社会政治体系中人的思想政治品德及其行为的形成发展过程,这一总过程由三个基本过程合成:个体或某社会群体这一主体模塑自身思想政治品德及其行为过程、社会政治体系这一主体与个体或特定群体这一主体在人的思想政治品德及其行为形成发展中的互动过程。这三个基本规律和三个基本过程的实现,又是由思想政治教育学若干个具体规律或思想政治教育若干个具体过程演进推动而成。主要包括:人格生成发展变化规

---

① 列宁:《哲学笔记》,北京:人民出版社,1993年,第128页。
② 陈秉公:《思想政治教育学原理》,北京:高等教育出版社,2006年,第144~161页。
③ 刘书林:《思想政治教育学原理专题研究纲要》,北京:人民出版社,2018年,第81~83页。

律、思想与行为转化规律、主体接受规律、协调控制规律、适应超越规律,等等。这里主要介绍以下几个具体规律。

(一)内化外化规律

内化外化规律,指内化与外化辩证统一的规律。从思想政治教育过程的阶段来看,它实际上是教育者有目的、有计划、有组织地帮助和引导受教育者实现内化和外化,使受教育者形成一定社会所期望的思想政治品德的过程,这一过程充满着极其复杂的内在的思想矛盾运动。

内化是人对外部事物通过认知转化为内部思维的过程。法国社会学家迪尔克姆最早提出这一概念。之后,很多教育家、心理学家如皮亚杰、班杜拉、维果茨、凯尔曼等,都对内化问题进行过多方面的探讨。其中,美国社会心理学家凯尔曼对内化过程三个阶段的描述,对我们研究人的思想政治素质的内化机制有重要启示。他所描述的三个阶段如下。第一,服从。人们为了获得物质与精神的报酬或避免惩罚而采取的表面的顺从行为。服从行为不是自己真心愿意的行为,而是外在压力造成的,因而在认识和情感上与他人并不一致。第二,同化。人们不是被迫而是自愿接受他人或集体的观点、意见,使自己的态度与他人和集体关于思想政治的要求相一致。第三,内化。行为主体真正从内心深处相信并接受他人与集体的观点,将这些观点纳入自己的价值体系,成为自己态度体系中的一个有机组成部分。综合上述观点,我们认为,思想政治品德的内化就是个人真正接受社会发展所要求的思想、观念、规范,并将其纳入自己的态度体系,变为自己意识体系的有机组成部分,成为支配、控制自己思想、情感、行为的内在力量的过程。内化的机理是复杂的,从总体上看是一个感受、分析、选择的过程。[①] 就感受而言,受教育者在社会实践过程中,会接触到来自各方面(包括思想政治教育)的大量有关思想、政治、道德的信息;这些信息引起人们的感官反应,形成有关表象,这就是感受阶段。在此基础上,受教育者进一步分析和理解思想观念、价值观点、道德规范的内涵及其社会价值,形成新的思想政治认识,这就是分析阶段。在已经获得的新的思想认识的基础上,受教育者将社会要求的思想观念、政

---

① 鲁洁、王逢贤主编:《德育新论》,南京:江苏教育出版社,1994年,第273页。

治观点、道德准则与自己原有的思想政治品德基础加以比较,进行判断、筛选、接纳,这就是选择阶段。选择的情况相当复杂,受教育者对符合自己原来思想政治品德结构特性的内容会予以同化、吸收,从而形成新的成分;而对不符合自己原来思想政治品德结构特性的内容,则会在产生思想矛盾运动后,或者被吸收,或者被拒斥,或者存疑。由此看来,选择是内化过程中最困难的一环。只有经过自觉的选择、消化、吸收,社会要求的思想政治品德才能在人的思想中扎下根来。

外化就是教育者帮助和引导受教育者将自己已经形成的思想政治品德认识转化为自己的思想政治行为,并养成良好的思想政治行为习惯的过程。如果说内化是变"社会要我这样做"为"我要这样做",外化则是变"我要这样做"为"我正在(已经)这样做"。进行思想政治教育,最终要使人们产生良好的思想政治行为及其习惯。实现这一转化过程,首先必须明确思想政治发展需求,引发思想动机,这是思想政治品德及其行为外化的开始。其次,在思想动机制约下,选择行为途径和形式。思想动机要转化为行为必须选择相应的行为途径和方式。动机只有找到相应的行为方式,才能转化为行为,才会在正在形成的个人特性中发挥自己的作用。如果思想动机找不到合适的实现形式,它可能会消退或放弃,或是转换成别的动机。因此,选择合适的行为方式是思想政治品德外化过程中一个不可忽视的环节。再次,在各种活动的过程中,将思想动机外化为行为,并在行为的多次反复强化中变成习惯。之所以特别强调习惯,是因为行为往往带有偶然性、情境性,一个人的个别行为,有时很难综合、真实地反映他的思想政治品德状况,只有在行为经过反复训练形成习惯后,才可以看作思想政治品德形成的标志。巴拉诺夫指出,习惯本身还不是个性,但在一定条件下它可以成为个性。一些性质相同的习惯如果结合在一起,就能实现这种转变,这种由结合而形成的习惯具有广泛的转移性,不仅在固定的、严格规定的条件下起作用,而且在受教育者多种多样、经常变化的生活中与活动情境中起作用。[①] 可见,行为习惯在很大程度上能较全面、综合、客观地反映一个人的思想政治品德状况。因此,培养受教育者良好的行为习惯是思想政治教育过程的归宿,认识、情感和意志的培养最终

---

[①] 鲁洁、王逢贤主编:《德育新论》,南京:江苏教育出版社,1994年,第275页。

都要落实到行为习惯上来。

通过以上简略而未必全面的叙述,我们可以看出,在思想政治教育过程中,内化和外化是辩证统一的。一方面,它们是相互联系的。内化是外化的前提和基础,没有内化,也就没有外化;外化是内化的目的和归宿,没有外化,内化也就失去了存在的实际意义。另一方面,它们又是相互渗透的。内化中有外化,外化中也有内化。因此,要使思想政治教育活动取得实效,教育者就必须遵循内化外化规律,努力帮助受教育者实现内化和外化的有机结合。一方面,教育者要积极推进内化过程,坚持必要的正面教育灌输,帮助受教育者形成正确的思想政治品德认识,以便为外化过程奠定坚实的基础;另一方面,教育者又要善于引导外化过程,要注重受教育者智力因素与非智力因素的均衡发展,在思想政治教育过程中除了晓之以理外,还要通过各种形式引导受教育者陶冶情感、坚定信念、磨炼意志,创造机会和条件引导受教育者投身实践,促使他们在品德认识、情感、信念、意志和行为诸心理因素保持方向上的一致并获得均衡发展,激发他们产生崇高的行为动机,从而实现从思想政治品德认识到思想政治行为的转化。

### (二)双向互动规律

双向互动规律,指教育者的主导主体作用与受教育者的能动主体作用辩证统一的规律。思想政治教育过程是教育者和受教育者之间相互影响、相互作用的双向活动过程。一方面,教育者在思想政治教育过程中发挥着主导主体作用,教育者是一定社会的思想政治品德要求的表达者,是思想政治教育过程的组织者,也是受教育者自我教育积极性的激发者。另一方面,受教育者在思想政治教育过程中又发挥着能动主体作用。受教育者是能动地认识并影响教育者及其教育影响的主体,又是自我教育的主体。

在思想政治教育过程中,教育者的主导主体作用和受教育的能动主体作用是辩证统一的。一方面,教育者的主导主体作用的实现,离不开受教育者的能动主体作用的发挥。没有受教育者的能动主体作用的发挥,教育者所传授的教育内容就不可能为受教育者所认识和接受,也就不可能实现预期的教育目标。另一方面,受教育者的能动主体作用的体现,也离不开教育者主导主体作用的发挥,离开了教育者对受教育者的思想政治品德的激发和引导,受教育者的能动主体作用就不可能得到充分的体现,也就不可能形成自觉的思想政治教育过程。因此,在思想政治教育过程中,教育者和受教育者是双向互动的,教育者的主导主体作用和受教育者的能动主体作用是相辅相成、相得益彰的。

既然思想政治教育过程是教育者的主导主体作用与受教育者的能动主体作用辩证统一的过程,那么,要增强思想政治教育的实效,教育者在实践中就必须遵循双向互动规律,将它贯穿于思想政治教育的全过程,实现教育者的主导主体作用和受教育者的能动主体作用的辩证统一。在内化阶段,在强调发挥教育者的主导主体作用的同时,必须重视发挥受教育者的能动主体作用,最大限度地调动受教育者的主动性和积极性,使受教育者主动接受,适应教育者提出的思想政治要求,自觉追求更高层次的思想政治品德目标,从而形成正确的思想政治品德认识。在外化阶段,一方面,教育者要注意发挥自己的主导主体作用,采取积极行动对受教育者施加外部控制教育,加深其认识,激励其情感,增强其信念,锻炼其意志,训练其行为,促使受教育者形成与思想政治认识相平衡、相适应的思想政治行为习惯;另一方面,教育者要注意激发受教育者的能动主体作用,引导受教育者对自己的思想政治品德认识进行自我分析、自我评价,对自己的思想政治行为进行自我训练、自我调节,自觉地进行自我教育,实现由知到行的转化。在重新教育阶段,一方面,教育者是思想政治教育过程社会效果信息反馈的收集者和处理者,又是重新调整教育活动,进行新一轮思想政治教育过程的发出者,因而应当发挥自己的主导主体作用;另一方面,受教育者是思想政治教育过程社会效果的发出者,其主观状态直接影响教育者对思想政治教育过程社会效果的掌握和新一轮思想政治教育过程的进程,因而应当发挥自己的能动主体作用。

(三)协调控制规律

协调控制规律,指协调自觉影响与控制自发影响的辩证统一的规律。思想政治教育过程是一个立体的、开放的过程,这是由它的社会性决定的。在思想政治教育过程中,受教育者不仅受到来自不同教育主体的各种自觉影响,而且受到来自不同教育环境的各种自发影响。因此,思想政治教育过程是协调各种自觉影响和控制各种自发影响交互作用的过程。

一方面,思想政治教育过程是一个立体的过程,是各种自觉影响交互作用的过程。在现实生活中,对受教育者施加自觉影响的教育主体往往不止一个,既有来自家庭的,又有来自学校的,也有来自其他社会群体的。各种不同的教育主体都会自觉地对受教育者施加各自的教育影响,这就产生了不同教育主体的各种自觉影响之间的交互作用。由于各种教育主体在思想水平和认识能力等方面存在较大的差异,对一定社会的思想政治品德要求的理解和掌握程度也存在较大的差异,因此,他们对受教育者施加的各种自觉影响也有可能出现较大的差异,有时甚至会出现对立和冲突。各种自觉影响的差异、对立和冲突必然会削弱甚至抵消教育的力量,有时甚至会使受教育者的错误思想政治品德认识得到强化。

另一方面,思想政治教育过程是一个开放的过程,是各种自发影响交互作用的过程。它总是处于纷繁复杂的社会环境之中,并同社会环境不断地发生着相互作用。社会环境的自发影响中,既有积极影响,又有消极影响;既影响受教育者的思想政治品德形成发展,又影响教育者的教育活动。因此,各种不同的教育环境都会自发地对受教育者施加各自的教育影响,这就产生了不同教育环境的各种自发影响之间的交互作用。尤其是在当今社会,随着各种大众传播媒介的飞速发展,各种社会信息纷至沓来,社会生活中的各种矛盾和现象都会迅速反映到受教育者的头脑中来,自发地对受教育者的思想政治品德产生这样或那样的影响。这些自发影响有的对受教育者的思想政治品德的形成与发展起着积极作用,有的则起着消极作用。

既然思想政治教育过程是各种自觉影响和自发影响交互作用的过程,那么,要增强思想政治教育的实效性,教育者在实践中就必须遵循协调控制规律,实现协调自觉影响与控制自发影响的辩证统一。一方面,教育者要积极协调不同教育主体的各种自觉影响,及时纠正错误的自觉影响,使各种自觉影响汇成一股合力,推动受教育者的思想政治品德沿着符合一定社会的思想政治品德要求的方向发展。另一方面,教育者要有效控制不同教育环境的各种自发影响。要及时收集各种教育环境信息,并对它们已经或可能对受教育者产生的自发影响作出科学的分析、判断和预测。要尽可能地利用各种自发影响中的积极因素,使它们与自觉影响形成合力。要及时采取有效措施,预防并帮助受教育者抵制和消除各种自发影响中的消极因素,增强受教育者的免疫能力。要积极创设良好的教育环境,把教育环境中各方面的自发影响都引导到与一定社会的思想政治品德要求相符合的方向上来。

(四)坚守意识形态阵地规律

习近平总书记指出:"意识形态工作是党的一项极端重要的工作,是为国家立心、为民族立魂的工作。"[①]历史和现实表明,一个政权的瓦解往往是从思想领域开始的。思想防线一旦被突破,其他防线就形同虚设。因此,我们必须通过思想政治教育加强理论武装,高举中国特色社会主义伟大旗帜,做好马克思主义理论宣传教育工作,把科学的理论转化为人们认识世界、改造世界的强大力量,以思想政治教育方式宣传,讲清楚社会主义现代化建设辉煌成就背后的理论逻辑、制度原因,从而凝聚民心,增强人们对中国特色社会主义的信心和底气。

当前思想政治教育面临的最大挑战就是西方敌对势力的分化、西化和异化的影响。物质生活的生产方式制约着整个社会生活的全过程,"不是人们的意识决定人们的存在,相反,是人们的社会存在决定人们的意识"。[②] 当前社会从传统走向现代、从农业走向工业、从封闭走向开放,社会转型带来多样化的社会意识,各种伪马克思主义、反马克思主义思潮纷沓而来,新自由主义、历史虚无主义、拜金主义、享乐主义不甘示弱,亨廷顿的"文明冲突论"、福山的"历史终结论"等思想潜移默化地影响着人们、影响着当代大学生。伴随着经济全球化浪潮,少数人别有用心,将社会主义核心价值观中民主、自由、平等观念抽象地等同于西方的"普世价值",甚至"以西为美""唯西是从",有的人歪曲中国革命的历史,放弃对中华民族精神的认同,形成了"历史虚无主义"思想,一些人放松了思想警惕。当前,敌对势力同我争夺阵地、争夺青年、争夺人心的斗争日趋激烈。从某种意义上说,思想政治教育就是要针对西方敌对势力的图谋,维护社会主义意识形态阵地,培养合格的社会主义事业建设者,培育未来接班人。在应对西化、分化、异化的挑战中,要保证思想政治

---

① 中共中央宣传部编:《习近平新时代中国特色社会主义思想学习纲要》,北京:学习出版社、人民出版社,2019年,第140页。

② 《马克思恩格斯文集》(第2卷),北京:人民出版社,2009年,第597页。

教育的正确方向,不断丰富思想政治教育内容,创新思想政治教育方式,使用思想政治教育新载体、新手段,聚焦社会主义核心价值观,建设全社会共同的思想道德基础。习近平总书记指出:"要使社会主义核心价值观的影响像空气一样无所不在、无时不有,成为百姓日用而不觉的行为准则。强化教育引导、实践养成、制度保障,把社会主义核心价值观融入社会发展各方面,引导全体人民自觉践行。坚持全民行动、干部带头,从家庭做起,从娃娃抓起。高度重视家风建设、学校教育,引导青少年扣好人生第一粒扣子。"①这实质上为当前思想政治教育指明了方向,思想政治教育是全民的事情,家庭、学校、社会等发挥合力,这样才能使思想政治教育获得新的生命力,这样才能牢牢占领意识形态阵地。

(五)适应超越规律

适应超越规律,在第一版教材中我们表述为社会适应规律。"适应"指思想政治教育必须服从和服务于国家和社会发展,教育者的思想政治教育活动要根据受教育者的现有的思想品德、政治素养状况开展,也就是所谓的"因材施教"。"适应"要求教育者根据受教育者现有的思想政治品德现状和未来发展状况来开展教育,达到超越或者超出受教育者的原有水平的目标。一方面,适应超越规律揭示了教育者和受教育者之间内在的、本质的和必然的联系。受教育者的思想品德、政治素养状况决定教育者采用的教育活动的性质、发展方向和形式,也决定了教育者所运用的教育介体和教育环体。另一方面,教育者的教育活动对受教育者的思想品德、政治素养的培育具有反作用。当教育者的教育活动同受教育者的思想品德、政治素养状况相适应时,会推动受教育者的思想品德、政治素养的发展;反之,教育活动与受教育者的思想品德、政治素养状况不适应时,会阻碍受教育者的思想品德、政治素养的发展,受教育者就难以形成良好的思想品德、政治素养,也达不到所期望的思想品德、政治素养的需求。

---

① 中共中央宣传部编:《习近平新时代中国特色社会主义思想学习纲要》,北京:学习出版社、人民出版社,2019年,第144～145页。

**1. 思想政治教育要服从、服务于国家和社会发展**

马克思指出:"统治阶级的思想在每一时代都是占统治地位的思想。这就是说,一个阶级是社会上占统治地位的物质力量,同时也是社会上占统治地位的精神力量。"①从一定程度上讲,思想政治教育是维护我国国家和人民利益、巩固中国共产党执政地位的需要与表达方式,这就要求思想政治教育要围绕上层建筑需求展开,即,思想政治教育必须服从并服务于国家和执政党的主流意识形态建设,这种意识形态的决定性和制约性是任何时候都不能违背和动摇的。因此,从来不存在抽象的思想政治教育,只有与统治阶级利益和需求紧密相连的、体现执政党意志的具体的思想政治教育。在当代中国,思想政治教育就是要始终沿着中国特色社会主义道路和方向,以马克思主义、列宁主义,毛泽东思想和中国特色社会主义理论体系为指导,唱响爱国主义、集体主义和中国特色社会主义教育的主旋律。同时,思想政治教育也必须遵循国家的教育制度,执行国家教育方针、服务于国家人才培养目标,按照"四有"要求,培养国家和社会需要的德、智、体、美、劳全面发展的新时代中国特色社会主义建设者和接班人。

思想政治教育服务于国家和社会发展,是将思想政治教育作为意识形态建设的重要内容和化解社会矛盾、解决社会问题的方法。思想政治教育不仅仅是外在的政治教育和灌输,更在于将思想政治教育的内容潜移默化为人们的内心自觉。从国家意识形态建构上讲,通过加强公民理想和信念教育,将党的政治路线、思想方针等贯彻到思想政治教育及思想政治理论课教学之中,引导公民坚定"四个自信",树立共产主义远大理想,做到不为任何干扰所困惑,勇担实现中华民族伟大复兴的"中国梦"的时代重任;"人无德不立",思想政治教育的一个重要功能就是立德,帮助公民形成良好的道德习惯、树立正确的人生价值观念,将培养和践行社会主义核心价值观潜移默化为社会和个人人格的较高追求,锤炼个人品德、社会公德、家庭美德,做到"品德润身、公德善心、大德铸魂",②形成见贤思齐、崇德向善、德行天下的社会氛围。思想政治工作在促进社会政治、经济、文化的发展方面起到重要作用,从而为国

---

① 《马克思恩格斯选集》(第1卷),北京:人民出版社,2012年,第178页。
② 《十九大以来重要文献选编(上)》,北京:中央文献出版社,2019年,第650页。

家和社会发展服务。思想政治教育服从并服务于政治发展的目的之一是在巩固社会政治制度、维护社会政治稳定的基础上保证良好的社会秩序,保证经济发展和国家发展的社会主义方向;思想政治教育服从并服务于文化发展,要求在教育活动中要始终坚持把中华民族世代相传、长期积淀下来的优秀传统文化加以继承和弘扬。优秀传统文化是我们立身于世界的独特法宝,对中华民族心理的形成具有不可忽略的作用。同时,我们要积极吸收人类文明发展的优秀成果,内化外来文化,学习他国先进的科学技术、管理经验和教育方法等。

**2. 思想政治教育受多方面因素影响和制约**

我国当下的思想政治教育受到政治形势、经济制度、文化差异、生态文明建设等各方面的影响和制约。一国政治制度、经济制度的建立,必须要有受制于制度并与之相适应的思想体系,经济和政治的变化也必然引起思想体系的变化。政治和经济对思想政治教育具有较强的制约作用。一方面,思想政治教育内容根据政治和经济变化进行调整。比如,当前在政治方面,国际社会处在重大发展和调整之中,各国之间联系在加强的同时,国际秩序演变的不确定性也增强,"黑天鹅事件"频现,出现了英国脱欧、美国退出一系列国际条约等事件,发达国家和发展中国家的矛盾加剧,世界面临着百年未见之大变局,我国如何抓住百年未见之机遇,加快建设和发展,这需要通过思想政治教育增强人们的信心。如,改革开放40多年来,我国取得令人瞩目的成就,说明中国的发展与中国特色社会主义紧密相连,中国特色社会主义保障了执政党的"人民至上"的理念上升为国家意志。习近平总书记指出:"40年来取得的成就不是天上掉下来的,更不是别人恩赐施舍的,而是全党全国各族人民用勤劳、智慧、勇气干出来的!"[1]当前在全社会开展思想政治教育过程中,在对外宣传中,要紧紧围绕维护中国形象,提升中国国际话语权,实施"一带一路"倡议,"构建人类命运共同体",彰显中国制度的优越性等方面来开展,"着力提出能够体现中国立场、中国智慧、中国价值的理念、主张、方案",[2]让世界不光知道"舌尖上的中国",也知道为世界做出文明贡献的中国;在对内

---

[1] 《十九大以来重要文献选编(上)》,北京:中央文献出版社,2019年,第728页。
[2] 《十八大以来重要文献选编(下)》,北京:中央文献出版社,2018年,第324页。

建设方面,积极引领社会形成积极向上的社会舆论和社会意识,引领政治、经济的健康发展,凸显中国特色社会主义制度的优越性。另一方面,科学技术的发展,挑战了思想政治教育工作的范围,社会的快速现代化带来的生态伦理、生态文明问题,也衍生出许多新的问题,给思想政治教育工作带来挑战。当前思想政治教育中,还要紧紧围绕生态文明建设,加强生态伦理、生态文明教育,帮助人们牢固树立"绿水青山就是金山银山的理念,形成绿色发展方式和生活方式。"①

习近平总书记指出:"文化是一个国家、一个民族的灵魂。"②作为一国重要的"软实力"的文化时时对思想政治教育产生着影响。一个国家或者一个民族的文化通常以观念形态植根于人们的思想意识之中,成为整个民族或者社会个体的深层心理结构。因此,文化对思想政治教育产生深层次和潜移默化的影响。从社会层面上讲,文化对于提升国家的"软实力"和民族自信心建设起关键性作用;从个体层面上讲,文化决定一个人的思想道德观念和价值取向。文化对思想政治教育产生影响在于文化内容对思想政治教育产生影响,优秀的传统文化如爱国主义、民族大团结等能构筑中国价值和中国精神,积极美好的文化教育能调整人与人之间的行为规范,引领个体走向美好生活,发挥以文化人、以文育人的作用,给予人们精神力量。同时,文化环境和文化条件也影响着教育内容、教育方式的选择和教育的效果。以互联网为主的文化传播途径的立体延伸,越来越多的非主流文化与主流文化并存,影响思想政治教育的结构和层次,思想政治教育的方式方法面临全新调整,倒逼思想政治教育工作的理论创新、方法创新。

1. 简述思想政治教育学规律与思想政治教育规律的联系与区别。
2. 简述思想政治教育学的规律体系。
3. 简述思想政治教育学规律的特征。
4. 简述思想政治教育坚守意识形态阵地规律。

---

① 《十九大以来重要文献选编(上)》,北京:中央文献出版社,2019年,第734页。
② 《十八大以来重要文献选编(下)》,北京:中央文献出版社,2018年,第474页。

# 第三章
# 思想政治教育主体

　　思想政治教育过程是一个充满着矛盾运动与矛盾转化的过程。在整个思想政治教育实践活动中,主体始终是承担者,是思想政治教育最基本的要素,离开了主体,思想政治教育就无从谈起。思想政治教育主体既是一个现实范畴,也是一个历史范畴。思想政治教育主体的生成与其主体性的生成是同步的,主体性则是主体在长期的思想政治教育实践中逐步生成的。正因为思想政治教育主体是一个历史范畴,所以人们对其认识也经历了一个历史的变化。在现代思想政治教育学和教育实践中,教育者与教育对象是思想政治教育最基本、也是最重要的主体,二者之间的关系是思想政治教育最基本的关系,也是影响思想政治教育及其成效的重要因素。研究思想政治教育者和教育对象及其二者之间的关系,具有十分重要的意义。

## 第一节　思想政治教育主体概述

　　马克思主义主体观认为,思想政治教育的主体具有广泛性。在我国,凡是有目的、有计划、自觉地对教育对象的思想政治品德及其行为施加积极影响的组织和个人都是思想政治教育主体,包括各级党的组织、政府机构、群众团体以及各级各类企事业单位、部队、社区、家庭和个人等。

### 一、思想政治教育主体观简述

**(一)教育主体观**

　　关于教师和学生在教育活动中的主体地位问题是教育史上长期争论的

话题。在西方,形成了两种具有代表性的观点,一是以德国教育家赫尔巴特为代表的"教师中心论",即认为教师在教学中处于主体地位,对教育教学活动进行绝对控制;二是以美国教育家杜威为代表的"儿童中心论",即强调在教育活动中必须以儿童为中心,儿童是主体,一切教育活动要围绕儿童展开。

总体看,我国教育界对教育主体的理解主要出现了三种观点。一是一元主体论,认为学生是教学活动的唯一活动主体。这一观点彻底颠覆了传统主体观即"教师主体—学生客体"认知模式,认为教育活动中只有学生是主体,教师只是服务于学生这个主体。"在教学过程中只有一个主体,这就是学生"。[①] 学生主体论"不只肯定学生在教育、教学过程中是主体,而且还进一步肯定学生是教育过程中的唯一主体"。[②] 二是二元主体论,认为教师和学生都是主体,在教育过程中始终存在主体客体化和客体主体化的问题,教师和学生共同承担着教育过程。教师和学生"这两个主体实际是互为主体和客体,架构成为一个方面的不同侧面,它们互相矛盾并互相转化"。[③] 三是无主体论,认为从交往和对话关系的平等性出发要抛开"主体"论调。如"对于师生双方而言,与其强调师生均为主体,不如平淡地视双方均非主体,'双主体'是平等的,'无主体'也是平等的"。[④] 以上主体论都是在教育实践中形成,并反映了教育从知识本位向人本位的回归,也是我国社会发展对人才培养的理性思考。

马克思主义从人类的特性和现实社会关系两个方面来考察主体。在《1844年经济学哲学手稿》中,马克思明确指出:"一个种的全部特性、种的类特性就在于生命活动的性质,而人的类特性恰恰就是自由的有意识的活动。"[⑤]马克思明确肯定了作为主体的人具有类本质并对其作出规定。在1846年的《关于费尔巴哈的提纲》中,马克思从社会关系的角度对人的本质作出规定:"人的本质不是单个人所固有的抽象物,在其现实性上,它是一切

---

① 顾明远:《教育:传统与变革》,北京:人民教育出版社,2004年,第17页。
② 谷建春:《教育主体论刍议》,载《求索》,2001年第3期,第66页。
③ 喻昊:《一个新的教育理念:高等教育二元主体论》,载《社会科学论坛》,2006年第7期,第96页。
④ 陆克平:《"无主体":主体论的最高境界》,载《现代教育科学》,2007年第2期,第40页。
⑤ 《马克思恩格斯选集》(第1卷),北京:人民出版社,1995年,第46页。

社会关系的总和。"①马克思主义认为,类本质是人区别于动物的内在根据,即人是一个具有自我意识的、能够从事自觉自主活动的主体。人正是在这种自觉自主的生产劳动中创造了自己的类本质,并形成了人与人之间的社会关系。人在生产劳动中创造自己的历史,并在这一历史中不断地确证自己的本质。马克思主义主体观把人的类本质归结为劳动及对人的类本质的实践理解,并在此基础上把主体的类本质和社会本质统一起来,用主体能动的实践活动架起了从人的抽象存在到人的现实存在的桥梁,把人带到现实的社会历史之中,并在现实历史发展中考察人的主体性。

根据马克思主义主体观,教育活动是主体们共同参与完成的过程。其中,教育者和教育对象是主要主体,他们各自用能动的、自主的、创造性的社会实践活动撑起了教育过程,缺少任何一方及其实践活动,教育即不存在。

(二)思想政治教育主体观

与教育主体观一致,传统思想政治教育主体观亦为一元主体观,即认为教育者是主体。改革开放以后,学术界开始对思想政治教育主体观进行反思,主要形成了单一主体观、双主体观和多元主体观。在传统意义上,思想政治教育主体就是思想政治教育者,是"具有一定教育能力并从事一定的思想政治教育的认识与实践活动的人"。② 即单一主体观。单一主体观强调教育者在教育活动中的绝对支配地位,忽视教育对象的主观能动性。在这种主体观的作用下,在思想政治教育实践中出现了教育效果不佳的问题。"过分依赖单一的强制性的外部灌输方法,使教育对象始终处于被动接受地位,不利于教育对象自主性、能动和自由性的培养"。③ 在对单一主体观反思的基础上,人们开始提出双主体观。

双主体观认为,思想政治教育过程既是教育者按照社会要求对教育对象组织实施思想政治品德教育的过程,也是教育对象根据自身的思想政治品德

---

① 《马克思恩格斯文集》(第1卷),北京:人民出版社,2009年,第501页。
② 张耀灿、郑永廷、吴潜涛、骆郁廷等:《现代思想政治教育学》,北京:人民出版社,2006年,第206页。
③ 雷骥:《现代思想政治教育的人性基础研究》,北京:人民出版社,2008年,第94页。

状况和成长发展需要,积极参与、能动选择和接受教育的过程。在思想政治教育过程中,教育者和教育对象都是主体,都需要发挥主体性,二者的主体性统一于思想政治教育实践。"当教育者必须把受教育者作为认识和实践对象时,教育者是主体,受教育者是客体;当受教育者需要把教育者作为认识和实践对象时,受教育者是主体,教育者是客体;当二者在认识和实践其它教育客体时,他们则分别在不同主客体关系中充当主体"。① 从思想政治教育实践活动看,要达成思想政治教育目标,教育者和教育对象均需要发挥主体性,教育者是组织施教主体,教育对象是选择和接受教育的主体。

有学者从思想政治教育活动的领导、组织、实施等职能出发,提出多元主体观。多元主体观将思想政治教育主体分为三类:一是导向性主体,即对思想政治教育进行战略谋划、方针制定、宏观控制、组织协调的各级党组织、政府工作部门与军队、学校、企事业单位、社会团体的领导者和组织者。二是主动性主体,即思想政治教育活动的具体实施者,他们将社会所要求的思想观念、政治意识和道德观点传输给教育对象,帮助教育对象成长为社会所需要的人。三是受动性主体,即教育对象。教育对象在整个思想政治教育中要按照主导性主体所确立的方向、方针、基本原则和预设目标,并且根据主动性主体的要求接受教育,但受动性主体在接受教育过程中具有自主选择性、能动与创造性。②

从职能和地位看,将思想政治教育主体划分为导向性主体、主动性主体和受动性主体,有助于理解不同主体在思想政治教育中发挥的不同作用。然而,在宏观层面,各级各类组织的领导者和组织者,在思想政治教育整个过程中发挥主导作用,而教育者在思想政治教育的中观层面也发挥着领导、组织和控制作用,即也起着主导作用。因此,将教育者界定在"主动性主体"上不仅过于简单,而且不利于对各级各类组织的领导者与教育者从职责和地位上作区分,还会使问题更加复杂化。

---

① 熊洁、尕峰盘山:《论思想政治教育主体的含义和特点》,载《重庆邮电学院学报(社会科学版)》,2005年第4期,第596页。
② 林伯海、周至涯:《思想政治教育主体及其主体性的要素构成新探》,载《思想教育研究》,2011年第2期,第12页。

## 二、思想政治教育主体的含义

### （一）主体的含义

界定思想政治教育主体的含义，必然要先揭示主体的内涵。从人的对象活动中去考察人与对象世界的关系，就出现了主体与客体这两个哲学范畴。何谓主体，不同哲学派别的哲学家对其作出了不同的理解。马克思主义认为，主体是生活在一定的社会关系中，从事社会实践活动的、能动的、现实的人。概括地说，主体是指具有思维能力，从事认识活动和社会实践活动的人。

主体是人，但主体和人不是等同的。不是任何人都是主体，只有具备活动目标并有了一定实践技能、经验和科学文化知识并实际地从事实践和认识活动的人才是真正的主体。主体作为一种存在物，他与客体的不同在于其具有自主性、主观性、自为性、社会性等特征。正是因为这些特征才规定了主体之所以为主体的本质。主体是一个实体范畴，是一种物质性的存在物，是自然与社会、物质与精神、感性与理性、受动与能动的统一体。

### （二）思想政治教育主体的含义

思想政治教育主体，一般有广义和狭义两种理解。广义的思想政治教育主体既包括主导和参加思想政治教育过程的人，也包括进行思想政治教育的组织机构。狭义的思想政治教育主体是指在一定社会、阶级的要求下，对教育对象的思想政治品德及其行为形成和发展施加教育影响的个人和集体。从狭义的角度去理解思想政治教育主体，至少包含以下几层含义。

第一，思想政治教育主体是指在思想政治教育过程中具有主体意识（能动的、创造的、自主）的人。没有主体意识的人，不具备对外部世界和自己进行认识、评价和调节的能力，仅仅是生物学意义上的人，不可能成为思想政治教育的主体。

第二，思想政治教育主体必须充分发挥自己的主观能动性，将一定社会、阶级在思想、政治、品德等方面的要求作用于教育对象，积极达成教育目标。

第三，思想政治教育主体主要是由教育者和教育对象共同规定的，没有教育者，思想政治教育过程无从展开，教育对象无以规定，反之亦然。只有教育者和教育对象在思想政治教育过程中都充分发挥主观能动性,思想政治教育目标才有可能顺利达成。因此,教育者和教育对象共同规定思想政治教育的主体,彼此依存,相辅相成。

### 三、思想政治教育主体的特点

思想政治教育主体除了具有一般主体共同的属性之外,还具有自己的特殊性。正是这些特殊性推动着思想政治教育理论和实践活动的发展。

(一)主体性

主体性是指人在实践过程中表现出来的能力、作用、地位,即人的主动、自由的活动的地位和特性。思想政治教育主体的主体性是指思想政治教育主体在思想政治教育活动中所具有的主动性、创造性等属性。第一,思想政治教育主体具有主动性。即思想政治教育主体在思想政治教育活动中,能够发挥自己的主观能动性,积极主动地按照教育要求进行教育和自我教育,促成思想政治教育目标的达成。第二,思想政治教育主体具有创造性。即思想政治教育主体在思想政治教育过程中,能够根据教育目标、结合教育对象情况,选择和创造最适合的教育和自我教育方法,对教育对象施加积极影响。

(二)对象性

对象,是指主体认识和实践的对象。思想政治教育主体是一种角色主体,在思想政治教育中受制约而发挥着自己的作用,具有对象性主体的性质。首先,思想政治教育主体的角色地位是由国家和社会需要决定和设定的,其活动不是自己的主观意志和个人行为的体现。其次,思想政治教育主体的活动受思想政治教育过程中各种因素的制约。无论是教育者,还是教育对象,在思想政治教育活动中都不能随心所欲,如教育者的行为会受到教育对象、环境、内容和方法等的制约,而教育对象的行为也会受到教育者、环境等的制约。再次,思想政治教育主体及其活动被相对性的对象所审视,思想政治教育主体实际上也是思想政治教育的对象。思想政治教育者在教育过程中经常被教育对象所审视,这时,他们就成为了对象主体。而教育者审视和教育教育对象时,教育对象也就成为思想政治教育的对象主体。另外,思想政治教育主体还是自检、内省的对象,此时,思想政治教育主体同时作为对象主体而存在。

(三)目的性

在思想政治教育活动中,教育者的目的明确,就是要将社会在思想、政治和品德方面的要求通过一定方式方法施加给教育对象,使其形成符合社会要求的思想政治品德。这是每一个思想政治教育者在成为这一角色时就已经明确的目的。在思想政治教育过程中,教育对象也有自己的目的,即接受教育,成为更好的自己,成长为社会所需要的人。当然,受教育者在目的性上具有差异性。一般情况下,受教育者的年龄越小,目的性越模糊,主观能动性相对较差,而这正是教育者发挥作用的价值所在。

此外,思想政治教育主体还有协调性、传承性等特点。这些特点是思想政治教育主体本质内涵的体现,了解这些特点,有利于我们进一步领会思想政治教育主体的内涵。

### 四、思想政治教育主体的分类

思想政治教育作为一种实践活动,其主体不是单极范式的而是多极范式的。由于思想政治教育主体的广泛性和多样性,以及与教育对象关系的复杂性,思想政治教育主体从不同角度可以划分为不同的类型。从思想政治教育主体层次来看,可以分为国家主体、群体主体和个体主体。

(一)国家主体

国家是思想政治教育的本体性主体,有着实在性、原生性、强制性等特征。因为思想政治教育必须且最能体现国家意志,它同意识形态天生的逻辑关联不可超越。国家在思想政治教育实践中是当然的设定者、控制者,它决定着思想政治教育系统的目的、内容和性质等。国家在一般意义上会制定思想政治教育的各级各类的大纲,要求教育系统严格执行;在社会生活和生产领域,国家也会以法规、文件等形式,进行舆论宣传和社会意识引导,上至大政方针,下至个人修养,面面俱到。国家对思想政治教育活动的绩效进行监督和考核,这种监督和考核具有强有力的导向性,也最具权威和说服力。所以,各国都通过设计思想政治教育内容来表达和贯彻自己的意志。

(二)群体主体

群体主体即思想政治教育的主体是有组织的集体,可以分为正式群体主体和非正式群体主体。正式群体与非正式群体在开展思想政治教育活动时具有各自的特点和优势,也具有互补性,两者在思想政治教育过程中相辅相成、互相促进。

**1. 正式群体主体**

思想政治教育正式群体主体就是通过一定的组织程序批准成立,具有严密组织结构和明确的思想政治教育职能的组织团体和机构,如党政各级组织,工会、妇联、共青团等群团组织,学校、企业等单位组织,社区等社会组织。正式群体主体在开展思想政治教育时承担着全面认识教育对象的状况、特点及发展变化,确立思想政治教育内容、方向、目标、原则、进程的任务;同时在管理实施、环境的开发和优化、方法的改进、载体的创新与效果的评估等过程中起主导作用,以此表现和实现其在思想政治教育活动中的主动态势、能动作用、积极态度和支配地位。

**2. 非正式群体主体**

非正式群体主体就是人们基于目标、兴趣、需求、愿望、利益等非组织因素自愿组合成立而又在一定程度上履行一定思想政治教育职能的群体组织,如志愿者团体、城乡的各种业余文艺团体和体育团体等。非正式群体主体进行思想政治教育时具有平等性、情感性、渗透性和多样性特征。由于非正式群体活动有选择的自主性、目标的指向性和行为的自觉性,没有感到来自外部的强制要求,在某种程度上有更好的教育效果,尤其是对心理品质、道德素养、文明行为的养成具有不可替代的作用。

非正式群体作为思想政治教育主体,其所实施的教育实质是一种群体自我教育。它利用群体独特的优势和创造的氛围以及思想交流的空间,进行自我认识、自我控制、自我管理、自我教育、自我发展,提高思想觉悟、道德品质,坚定正确的政治信念和政治立场。

## （三）个体主体

个体主体即思想政治教育主体是个人，其中，从事思想政治教育的专门人员和接受思想政治教育的对象是思想政治教育个体主体的核心部分。由于思想政治教育个体主体的广泛性和多样性，我们根据地位和作用，将思想政治教育个体主体划分为以下两种主要类型。

**1. 思想政治教育主导主体**

主导主体，主要是指在思想政治教育过程中，控制思想政治教育全局并引领思想政治教育发展方向的主体，包括思想政治教育活动的领导者、宣传者、组织者和实施者。思想政治教育活动的领导者决定着思想政治教育的目标、内容和任务等，对思想政治教育活动的整个过程起决定性作用和导向作用；思想政治教育活动的宣传者、组织者和实施者则按照思想政治教育目标、内容和任务，并根据教育对象的特点和需要对其开展施教活动，把控着开展思想政治教育活动整个过程的方向和节奏，从而实现思想政治教育预期目标。

**2. 思想政治教育能动主体**

能动主体主要指思想政治教育对象，其在思想政治教育过程中对来自主导主体和环境的影响作出自主的、主动的、创造性的反应，从而反作用于教育者和环境。教育对象是思想政治教育过程展开的不可或缺的主体，是有思想、感情、意志的独立主体，他们对外界施加的教育影响必然会作出各种反应，而不会一味地全盘接受来自思想政治教育主导主体施加的一切影响。这就对主导主体的教育活动提出要求，即要根据教育对象的特点和内在需要研究和确定教育目标、内容和方法等。

## 第二节　思想政治教育主导主体

主体是思想政治教育的最重要的构成要素，而且参加思想政治教育过程的主体是一个主体集，有国家主体、群体主体、个体主体等，其中群体主体和个体主体也呈现多元化样态。本节讨论的主体仅限于在思想政治教育过程中处于支配地位,并且发挥主导作用的思想政治教育者。

### 一、思想政治教育主导主体的含义

思想政治教育主导主体,一般有广义和狭义两种理解。广义的思想政治教育主导主体既包括思想政治教育者,也包括进行思想政治教育的组织机构。狭义的思想政治教育主导主体是指根据一定社会、阶级的要求,有目的、有计划的、有组织地对教育对象的思想政治品德施加可控性影响的组织者和教育者。从狭义的角度去理解思想政治教育主导主体,至少包含以下几层含义。

其一,思想政治教育主导主体,着重指以培养教育对象的思想政治品德为其活动指向的人,包括从事思想政治教育的机构。但大多数情况下,思想政治教育主导主体是指从事思想政治教育活动的人。

其二,思想政治教育主导主体,应该以一定社会、阶级的要求作用于教育对象,而不能以某个人或小集团的愿望和要求影响教育对象。

其三,思想政治教育主导主体,对教育对象的思想政治品德的培养应该是有目的、有计划的,而不能盲目和随意,同时也要避免那种无意识和不自觉行为所造成的影响。

其四,思想政治教育主导主体,对思想政治教育全过程起到主导和控制的作用,不仅规定思想政治教育的目标、内容和任务,而且控制思想政治教育过程的方向和节奏,以保证达到预期目标。

### 二、思想政治教育主导主体的特点

(一)鲜明的阶级性

思想政治教育不是个人活动,而是国家职责。思想政治教育主导主体在领导、组织和实施思想政治教育活动时,总是按照特定社会和阶级的要求来确定思想政治教育目标、内容和任务。可以说,思想政治教育主导主体是特定社会和阶级的代表,为特定社会和阶级培养他们所需要的人才。阶级性是思想政治教育主导主体的鲜明特点。

## (二)突出的主导性

主导性表现为思想政治教育主体在思想政治教育活动中所发挥的导向和控制作用。思想政治教育主导主体具有突出的主导性。第一,主导主体是思想政治教育活动的设计者。主导主体在组织思想政治教育活动之前必须理解教育目标,认识教育对象,钻研教育内容,选择教育方法,设计教育程序。第二,主导主体是思想政治教育活动的组织者。从教育活动的开始到教育活动的结束,思想政治教育主导主体充分组织各种教育资源,调动教育对象积极性、能动性等主体性因素,保证教育任务的完成。第三,主导主体是思想政治教育活动过程的控制者。思想政治教育主导主体把社会要求通过内化外化的过程,引导教育对象形成良好的行为习惯和品德修养。在这一过程中,主导主体控制思想政治教育活动发展的方向、每个环节和整体节奏,力求向预期目标靠近。

## (三)适度的超前性

超前性是指主导主体从事思想政治教育时既要从教育对象现实的思想政治品德状况出发,又要放眼未来,通过对社会发展的预测,引导教育对象养成与社会未来发展需要相适应的思想政治道德素质。在这种情况下,思想政治教育主导主体不仅是"现实"世界的教育者,而且要通过超前性的思想政治教育,引导教育对象不断更新观念,提高思想政治素质,走在时代的前列。当然,任何超前性的教育都必须建立在现实基础上,脱离现实的超前性教育注定都会失败。

## 三、思想政治教育主导主体的职能

思想政治教育主导主体的职能就是其职责功能,即在思想政治教育活动中主导主体应当发挥的作用。一般说来,思想政治教育主导主体的基本职能有以下几个方面。

### (一)传递职能

思想政治教育主导主体作为统治阶级意识形态的代言人,本质上肩负着把"统治阶级的思想"转换成"占统治地位的思想"的功能,这就决定和要求思想政治教育主导主体成为代表国家意志的主体,成为特定阶级在具体思想政治教育过程中的代言人。思想政治教育主导主体在活动的开展过程中,必须也必然会向教育对象传递两部分教育内容:一是特定的社会和阶级给定的思想理论体系;二是在具体的思想政治教育活动中根据教育目的和规律对思想理论体系的内容进行编制、转换后形成的教育信息体系。

(二)教育职能

教育职能是指思想政治教育主导主体按照特定的教育目的、依据教育对象的思想政治品德状况和身心发展规律,运用感染、熏陶、启发、诱导和说理等方法,对教育对象进行思想塑造、引导和转化。教育职能主要表现在以下几个方面:第一,依据特定社会或阶级的总的教育目标以及教育对象思想政治品德状况和身心发展规律,制订思想政治教育计划。第二,依据教育计划组织教育对象开展各项活动,如理论讲授、政治理论讨论和学习、参观访问、劳动竞赛、演讲比赛、各种文体活动等。第三,依据教育计划和教育对象的需要、个性特征进行个别教育。此外,还开展心理分析和心理咨询工作等。教育职能是教育主体的最基本功能,对教育目标的实现具有决定性作用。

(三)管理职能

管理职能就是指思想政治教育主导主体按照特定的教育目的,依据教育对象的思想政治品德状况和身心发展规律,运用目标、计划、组织和制度等各种管理手段所进行的教育和人格塑造。有效的管理可以规范教育对象的言行,并且为思想政治教育活动的开展提供组织和制度的保证。管理职能主要包括三方面。一是目标管理,即依据形势的需要和教育对象的思想实际,制定思想政治教育的整体目标和分层目标,组成目标体系,调动各种力量逐步实现这些目标。二是组织管理,即依据教育目标,通过各种组织形式,如党团组织、工会组织、学生组织和科研机构等进行思想政治教育管理。三是制度管理,即通过各项规章制度的制定、落实、检查和反馈,规范教育对象的言行。

## （四）协调职能

协调职能是指思想政治教育主导主体运用多种手段，统合多种力量和因素，以形成教育合力的职能。这些因素和力量主要包括相关社会因素，学校、家庭和单位等。思想政治教育对象优良思想政治品德的养成，是多种教育力量和因素共同作用的结果。思想政治教育主导主体只有协调好各种力量和因素的关系，才能形成强大的思想政治教育合力，取得最佳教育效果。思想政治教育主导主体的协调职能主要表现在四方面。第一，协调学校、单位和社会团体等内部要素的关系，以便达到各种教育力量的一致或统一。第二，协调学校和家庭的关系，减少家庭教育的自发性和盲目性，使其与学校教育在方向上保持基本一致。第三，协调单位与社会教育力量的关系，使二者在教育方向上保持基本一致。第四，协调个体之间的关系，以形成良好的教育氛围。

## （五）研究职能

研究职能是指思想政治教育主导主体对思想政治教育的经验、本质和规律的总结、分析和探索。思想政治教育的研究职能是一项十分复杂的社会职能。思想政治教育理论研究是开展思想政治教育并取得成效的一个重要前提条件，也是提高思想政治教育水平的必由之路。思想政治教育主导主体的研究职能，主要表现在两个方面。第一，应用理论研究。思想政治教育实践活动中会出现大量问题，亟需理论指导。只有搞好应用理论研究，才能解决实际问题，不断开创思想政治教育的新局面。第二，基础理论研究。思想政治教育包含深刻的本质、原理和规律，对其进行研究并正确揭示，是实现思想政治教育科学化的关键，也是使思想政治教育真正成为一门科学的关键。

总之，传递职能、教育职能、管理职能、协调职能和研究职能是思想政治教育主导主体即教育者的五项基本职能，也是思想政治教育机构和每个思想政治教育者必须具备的基本功。在思想政治教育活动中，这五项职能是相互联系、紧密配合和互相补充的。在具体教育过程中，思想政治教育者的职能是具体的，只有不折不扣地发挥这些职能，才有利于教育目标的实现。

### 四、思想政治教育主导主体的素质要求

思想政治教育主导主体的素质如何，将直接关系到思想政治教育价值的实现程度，影响教育效果的优劣。这里研究的主导主体是从事思想政治教育实践活动的具有主观能动性的现实的人，即思想政治教育者。原因有两个：一是思想政治教育的组织机构本身也是由思想政治教育者组成的；二是这样的界定有利于强化思想政治教育者的主体意识，也更符合思想政治教育工作的实践。社会正处于深刻转型时期，社会主义市场经济体制建设过程中出现的一系列新问题，有待思想政治教育主导主体在实践中探索解决。提升思想政治教育主导主体素质不仅是必要的，而且是极其紧迫的。

#### （一）思想政治教育者素质的含义

"素质"一词，出自杜甫《白丝行》诗句"已悲素质随时染，裂下鸣机色相射"。原始词义是指白色生绢，后人先后将"素质"抽象引申为"事物的本来性质"和"先天具有的生理特点"这两种含义。20世纪80年代以来，"素质"一词在社会生活、学术界乃至党和政府的文件中被广泛地运用，其语义变得极为宽泛。不同的学科、不同的人往往出于自己的实际需要，从不同的意义上理解"素质"一词的含义。素质是在人的先天生理基础上，经过后天学习、教育、实践和社会环境的影响，将获得的知识内化和升华而形成的一系列相对稳定的综合品质。由于素质的相对稳定性，它能相对持久地影响着人对待外界和自身的态度。同时，由于素质是教化的结果，因而它是可以培养和提高的，是稳定性和可变性的统一。

思想政治教育者素质是指为了有效地实现自己所担负的思想政治教育的各项职责所应具备的一系列素质的总和。具体来说是思想政治教育者把从外部获得的从事思想政治教育所需要的知识、技能内化于自己的身心，并升华而成为长期起作用的稳定的品质和素养。思想政治教育者的素质既是一个复杂的整体，也是一个相对稳定的系统结构。它的构成受主客观多种因素的制约，但归根结底是社会存在的产物，主要是由社会历史的客观条件和发展趋势以及思想政治教育的实际需要所决定的。

## (二)思想政治教育者的基本素质和时代要求

2019年3月18日,习近平总书记主持召开学校思想政治理论课教师座谈会并发表重要讲话,他指出:"思政课教师,要给学生心灵埋下真善美的种子,引导学生扣好人生第一粒扣子。"为此,必须"政治要强、情怀要深、思维要新、视野要广、自律要严、人格要正"。习近平总书记对思政课教师提出的"六个要"适用于所有的思想政治教育者。可以说,"六个要"是对思想政治教育者素质的基本要求。以此为基础,我们从基本素质和时代要求两个视角去考察思想政治教育者的素质。

**1. 思想政治教育者的基本素质**

基本素质为思想政治教育者实现自己所担负的教育职责提供可能性基础。思想政治教育者的基本素质主要包括政治素质、人格素质、理论素质和能力素质等四个方面。

第一,政治素质。思想政治教育是有着鲜明政治特性的教育活动,它总是围绕着特定的政治目标而展开、为特定的政治利益服务。这种政治指向性,可以通过国家对教育内容的选定而得以体现和贯彻。但是,其最关键的体现和贯彻途径却不是思想政治教育活动中其他方面的要素,而只能是思想政治教育者。思想政治教育者在体现、贯彻思想政治教育特定政治指向中的这种关键地位,要求其具有过硬的政治素质。

思想政治教育者的政治素质包括政治方向、政治观点、政治立场、政治责任感、政治纪律性、政治鉴别力和政治敏锐性多个方面。正确的政治方向、政治观点,坚定的政治立场,高度的政治纪律性在思想政治教育者具体的思想政治教育开展过程中发挥着定向作用,是思想政治教育沿着正确的政治方向进行的保证,也是思想政治教育者引导教育对象的思想、行为朝着积极、向上的方向发展的前提;高度的政治责任感是教育者自觉以教育者身份与责任意识开展思想政治教育活动的强大驱动力量,也是思想政治教育者其他素质由潜在形态转化为现实形态并最大限度发挥效用的强大力量;高度的政治鉴别力和政治敏锐性则是思想政治教育者善于从政治的高度、大局的高度认识思想政治教育的重大使命,及时从政治的高度分析人们思想意识领域的发展趋向及所提出的重大现实问题,正确认识人们思想意识领域的一些具体矛盾的性质的保证,也是思想政治教育能否做得深入、能否取得长远效果的根本所在。

第二,人格素质。人格素质是思想政治教育者作为人格健全的个体所应具备的基本素质。在思想政治教育实践中,它作为一种隐性因素,引导并影响着教育对象而产生潜移默化的作用。思想政治教育是通过教育者向教育对象传递相应的思想观念,以期影响教育对象思想、行为的活动,是品德塑造的活动。这种品德塑造活动,既以教育形式为手段,又以人格感染为手段,且教育效果在相当程度上受制于教育者的人格形象对其所宣讲的教育内容的印证、实践程度。教育者以什么形象出现在教育对象面前,对教育效果来说是非常重要的。

概括而言,思想政治教育者的人格素质主要包括道德素质和心理素质。实现思想政治教育目的的一个重要方面就是教育对象形成良好道德素质。而要达到这一目的,思想政治教育者本人首先必须具有良好的道德素质,身体力行自己所倡导的道德规范。心理素质要求教育者对思想政治教育具有深厚情感以及从事思想政治教育的激情。激情是思想政治教育者言行感染力的重要源泉之一,同时又是推动教育者有效投入思想政治教育活动的驱动力量。

第三,理论素质。理论素质即教育者为有效开展思想政治教育活动所具有的相应理论准备。这种理论准备包括与思想政治教育活动的组织、实施相关的理论准备及与思想政治教育内容相关的理论准备两个方面,包括马克思主义理论知识、思想政治教育学专业知识以及其他相关学科知识。

思想政治教育者理论素质以马克思主义理论为基础,但这并不是说思想政治教育者只需要具备马克思主义理论知识,而是恰恰相反,由于思想政治教育这门关于人的科学本身具有高度复杂性,再加上思想政治教育对象思想文化素质与思想文化需求的不断提高以及建设和发展中国特色社会主义这一前无古人的开创性事业所提出的、需要思想政治教育向人们科学解答的种种新情况、新问题的复杂性,思想政治教育者应有的理论素质必须具有宽域性,涉及社会科学与自然科学等多方面的知识。只有具备宽厚的理论基础,思想政治教育者才可能做到政治性与学理性相统一,以透彻的学理分析回应学生,以彻底的思想理论说服学生,用真理的强大力量引导学生。

第四，能力素质。能力素质即思想政治教育者将自己的理论准备成功地运用于实际，顺利开展思想政治教育活动所具备的能力条件，即教育者从事思想政治教育所应具备的实践能力的总括。它包括确立思想政治教育关系的能力，激发教育对象接受需要的能力，根据社会要求和教育对象的实际确立具体的思想政治教育目标、编制思想政治教育内容的能力，引导、调控思想政治教育活动过程的能力等多个方面。相应政治素质、人格素质、理论素质的具备，为思想政治教育者有效开展思想政治教育提供了前提条件以及动力保障，但是，在进入思想政治教育实践活动之前，它们只是以潜在的形态存在于教育者身上，只有在具体的思想政治教育实践中它们才能发挥现实的作用，而思想政治教育实践活动的展开及上述素质由潜在形态向现实形态的转化，必须凭借思想政治教育者相应的从事思想政治教育的实践能力。以理论家、宣传员、组织者的身份到实际生活中进行思想政治教育，就是要求思想政治教育者在具备相应理论素质的前提下，同时具备多方面的从事具体思想政治教育的实际能力。

### 2. 思想政治教育者素质的时代要求

我们处在这样的一个时代：科技发展将会更加迅猛，科技与经济结合会更加紧密，转化速度和规模也会更加迅速和宏大，国际竞争的挑战与国际间平等互利合作的机会并存，多极化、全球化将更加明显，国际间、地区间、民族间的文化交流更加广泛，科技创新的国际化趋势更加强化，具有创新能力的人才将是科技和社会发展的决定性因素。与此同时，随着我国改革开放的全面深入，综合国力的更加强盛，我国与世界的联系会更加紧密。新的事物层出不穷，蜂拥而至的大量新情况、新问题使思想政治教育面临着更多的机遇和挑战。思想政治教育者要想赢得工作的主动权，除了自身要具有深厚的政治理论素质、鲜明的政治立场、坚定的中国特色社会主义信念、较高的政治水平和高尚的思想道德素质以外，还要特别注意培养以下素质。

第一，要有现代化的思维方式和观念。思想支配行动，没有现代化的思维方式和观念，就不会有现代化的认识世界和改造世界的行动。思想政治教育者的思维方式要进一步从封闭走向开放，从单一走向多样，从静态走向动态，从经验走向创新，培养并灵活运用辩证思维。同时，思想政治工作者要具有改革开放观念、竞争观念、时效观念、创新意识、信息观念、风险意识、人才观念等现代化的理念。

第二,要有优秀的创造素质。不创新就会落后,思想政治教育者既要着力于培养教育对象的创新意识、能力和方法,又要锻炼自己的创新素质,使思想政治教育更具预见性、警觉性和创见性。思想政治教育者应着力于开发教育对象的智力,激发他们的潜能,努力创造新知识、新技术、新制度、新产品,而这一切都要求思想政治教育者自身具有良好的创新素质。

第三,要有良好的身心素质和社会适应性。未来社会的节奏更快、信息更多、联系更紧,要求思想政治教育者不仅要有健康的身体,而且要有强健的体魄、旺盛的精力和连续作战的能力;同时要求思想政治教育者要有积极健康、开朗豁达的心态,良好的自我调适能力,以适应复杂多变的社会。

第四,要有良好的国际交流能力和国际合作精神。随着各国开放水平的提升和信息高速公路的架通,全球化已成趋势,世界愈益成为一个地球村,未来的思想政治教育者要进行国际交流与合作,以借鉴和吸收人类文明的优秀成果为我所用、促进发展。因此,思想政治教育者既要善于进行国际交流和合作,有能力进行国际交流和合作;又要善于分析、批判地吸取国外的经验,以促进中国特色社会主义事业的不断进步。

## 第三节 思想政治教育能动主体

思想政治教育之所以有存在的意义,在于其能帮助组织或人员提升思想政治品德素养,成为更好的自己。这个想成为更好自己的组织和人员是思想政治教育者认识和施教的对象,即思想政治教育对象。本节根据思想政治教育对象在思想政治教育活动中的地位和发挥的作用,以区别于教育者,将其界定为思想政治教育能动主体。

### 一、思想政治教育能动主体的含义和特点

(一)思想政治教育能动主体的含义

思想政治教育能动主体,是指在思想政治教育活动中,对于主导主体施

加的教育影响作出有选择的自觉反应的主体,它有广义与狭义的区分。广义的思想政治教育能动主体包括教育者与教育对象,作为教育者之所以成为思想政治教育的能动主体,是因为教育者必须先受教育,他在教育别人的同时,还要接受别人的教育以及进行自我教育和改造。狭义的思想政治教育能动主体就是指教育对象。思想政治教育能动主体有集体和个体之分。集体的思想政治教育能动主体是相对个体教育对象而言的,它是由许多人结合起来的有组织的整体。比如,工厂中的车间、学校中的班级、军队中的连队等,这些都是属于集体思想政治教育能动主体的范畴。

### (二)思想政治教育能动主体的特点

思想政治教育的对象,之所以区别于人类活动的其他对象,就在于它有其自身的特点。思想政治教育者必须从教育对象的实际出发,才能有的放矢地开展思想政治教育,达到预期目的。

**1. 社会性**

思想政治教育能动主体即教育对象是人,而人的本质在于其社会性。思想政治教育对象,不是单纯的生物学意义上的人,也不是抽象的人,而是生活在一定社会关系之中的人,是有思想、有感情、有个性的社会人。因此,必须深入了解教育对象的社会活动、社会关系、社会影响,才能真正地认识和把握教育对象。教育对象的社会性特点,要求教育者深入社会,从社会环境、社会存在、社会关系中把握其思想政治品德与思想政治行为的特点与表现,在此基础上才能正确地制定教育目标,科学地实施教育活动。

**2. 层次性**

由于成长的环境和经历千差万别,思想政治教育对象的思想复杂多样,这就导致他们鲜明的层次性。从年龄来说,思想政治教育对象可分为老年、中年、青年和少年四个层次。从思想政治教育对象所从事的职业看,不同的职业意味个体不同的人生经历和环境,会形成各自特定的价值观、人生观,同时有着千差万别的思想政治状况。从地域看,我国地域辽阔,不仅城乡和区域差别大,而且发达地区与相对落后地区差别更大。这种地域上的差异导致教育对象不同层次的特点。生活在经济发达地区的教育对象,思维敏捷、信息量大、接受新观念快、思想内容丰富多彩。相对而言,生活在经济落后地区的教育对象,思想相对闭塞、信息量较小、对新事物反应不那么敏感。从知识积累层次上划分,可分为知识渊博、知识水平较高、知识水平一般、半文盲或文盲四种层次。从思想道德素质上划分,可分为好、一般、差三个层次。随着互联网的普及,教育对象可以分为现实教育对象和虚拟教育对象。从文化角度看,不同区域有不同的民俗风情和文化品味,它们都不同程度地影响着当地人的思想情感。教育对象的层次性要求思想政治教育应有针对性,从而增强思想政治教育的实效性。

### 3. 接受性

思想政治教育对象的接受性具体表现为思想政治教育对象的受教性和可塑性。受教性是指思想政治教育对象由于是接受者和受动者而表现出来的受动性和被动性的特征。思想政治教育的目的和效果最终要由思想政治教育对象体现出来,因此,教育者的首要任务是使教育对象形成一定社会和阶级所期望的思想政治品德和思想政治行为,而实现这一目标的第一步就是让教育对象了解、认同和接受一定社会和阶级所倡导的思想政治道德观念和思想政治行为规范。从这个意义上说,思想政治教育对象处于"接受者"的地位。而思想政治教育内容的确定,思想政治教育目标的确立,思想政治教育方法手段的运用等,都由代表特定阶级利益的思想政治教育者来规定,思想政治教育对象在选择接受教育影响的同时又受到这些因素的制约。因此,思想政治教育对象是被动的,是"受动者"。可塑性是指在思想政治教育者的教育影响下,教育对象的思想行为发生教育者所期待的变化。思想政治教育对象的思想政治品德不是生来就有的,也不是一成不变,而是变化的,能够被塑造。这正是思想政治教育的功能之一,即"塑造人",也就是说通过对教育对象进行思想政治教育,使其成为教育者所期望的"政治人""社会人"。在阶级社会中,社会成员必然被一定阶级的思想所"塑造"。这种塑造主要表现为以下两个方面,一是促使社会成员形成符合特定阶级利益的思想政治品德,二是纠正社会成员偏离特定阶级的思想政治品德,使其与特定阶级所期望的大体一致。

### 4. 能动性

能动性,是指人通过思维与实践的结合,主动地、自觉地、有目的地、有计划地反作用于外部世界。在思想政治教育活动中,教育对象对教育者传递的思想道德规范和思想政治行为规范进行选择、接收和改造,对自己的思想活动进行自我认识,提高自己的思想政治品德水平,并且根据自己原有观点加以选择。他们不仅接受教育者的影响,而且能动地认识教育者,反作用于教育者,力求使教育者认识和把握自身的状况,实现互动发展。思想政治教育对象的能动性主要表现为自主性和创造性。具有自主性是人类活动的特点,人类不仅能自主地反映客观世界和主观世界,而且能自主地改造客观世界和主观世界。这种自主性集中表现为自主认知、自主选择、自主思维、自主控制以及自主完善等方面。思想政治教育对象具有独立的主体意识,有明确的学习目标和自觉积极的学习态度,他们在教育者的启发指导下,自主地选择、接收思想政治方面的信息,自主地调节自己的思想活动和行为。创造性即教育对象能够在反映外部世界和自身的基础上创造出精神产品。创造性是人的能动性的突出表现,是人对现实的超越。就思想政治教育而言,一方面,教育对象能在参与思想政治教育活动中创造出自我教育的新形式、新方法;另一方面,他们能在与教育者互动中形成和发展自己的思想政治品德,提升实践能力。因此,思想政治教育者在思想政治教育活动中,必须特别重视教育对象创造性的发掘和培养。

## 二、思想政治教育能动主体的分类

思想政治教育活动在我国具有广泛的群众性,它涉及社会的各个部门、各个单位、各个领域。因此,思想政治教育能动主体也具有广泛性。凡是有群众的地方,都有思想政治教育。根据人们思想活动的不同组织形式,思想政治教育能动主体可以分为两大类型,即群体教育对象和个体教育对象。

(一)群体教育对象

群体是把人们联系起来的社会结合体,是社会关系的一种表现形式。群体教育对象分为正式群体、非正式群体两种形式。

**1. 正式群体**

这是指有共同的目标、共同任务、共同纲领,有严密的组织结构、相对固定的组织成员以及确定组织权利和义务的群体。譬如,党组织、工会组织、共青团组织、生产部门、事业行动部门的基层组织等,都是属于这一类。对正式群体教育对象要进行集体主义教育,培养教育对象的集体意识、责任感和荣誉感。

**2. 非正式群体**

这是一种自发的、以成员的感情为纽带联系起来的群体教育对象。由于职业、经历、文化、素质、思想水平以及环境条件的差异,非正式群体教育对象的结构是多种多样的。对非正式群体教育对象的思想教育,要从政治、思想、文化等各个方面着手,同时进行,克服他们思想上的自发性和组织上的不稳定性,使他们在中国特色社会主义建设中发挥积极作用。随着社会转型和信息技术的发展,在教育实践中存在弱势群体教育对象和网络群体教育对象这两类特殊的非正式群体教育对象。

第一,弱势群体。弱势群体也叫社会脆弱群体、社会弱者群体。它主要是一个用来分析现代社会经济利益和社会权力分配不公平、社会结构不协调、不合理的概念。学术界一般把弱势群体分为两类:生理性弱势群体和社会性弱势群体。前者有着明显的生理原因,如年龄、疾病等,后者则基本上是社会原因造成的,如下岗、失业、受排斥等。从我国弱势群体的整体情况看,主体是社会性弱势群体,主要是社会原因导致其处于弱势地位的。

第二,网络群体。网络群体是指以互联网为沟通中介,以信息联系为纽带,因工作、兴趣、价值取向、信仰以及个人的特殊需要等缘故,主动与网络空间中特定的角色进行相对稳定、持续互动的多个虚拟人的集合体。思想政治教育者要认识到网络群体中人员构成的复杂性、群体内部关系的松散性以及建设性群体与破坏性群体的共存性。

(二)个体教育对象

个体教育对象的成分较为复杂,按不同的标准,可以划分为不同的类型。

**1. 按年龄结构划分**

就年龄差异看,思想政治教育对象包括幼儿、少年、青年、中年、老年。年龄不仅是个体生理状况发展的标志,而且还成为个体知识丰富度、能力大小和思想成熟度的重要参数。不同的年龄状况表明思想政治教育对象在生理和心理乃至内在素质方面的差异性和层次性,这客观上要求思想政治教育应区别对待不同年龄层次的教育对象。同时,教育者在对教育对象的要求、教育内容的安排上,也应该注意年龄阶段之间的相互衔接,帮助他们努力提高个人的思想认识,为履行社会责任创造条件。

### 2. 按职业结构划分

按职业划分,个体教育对象包括工人、农民、军人、教师等。由于他们的职业不同,社会实践的形式也不同。因此,对个体教育对象进行思想政治教育,要结合他们参与的社会实践活动,加强职业理想、职业道德、职业纪律的教育,使思想政治教育渗透到教育对象的工作领域,真正发挥教育的作用。

### 3. 按文化层次划分

思想政治教育对象由接受过不同等级教育、具有不同文化程度的个体所组成,其成员包括具有小学文化程度、中学文化程度、大学文化程度、研究生文化程度等各类个体教育对象。这些对象中,由于他们所受的教育程度不同,因而对他们进行思想政治教育就必须根据他们现有的知识水平、文化素养、理解能力等方面的差异因材施教,而不能一个"处方"用到底,只有这样,思想政治教育才能发挥其作用。

### 4. 按政治面貌划分

思想政治教育对象的政治面貌类型多样,其中有共产党员、各民主党派成员、无党派人士等。要注重加强政党协商,充分发挥各党派优势,发挥统一战线优势,在坚持和完善中国特色社会主义制度、推进国家治理体系和治理能力现代化方面作出贡献。

## 三、思想政治教育能动主体的活动分析

我国当代教育学家鲁洁早在20世纪80年代初期就指出:"受教育者的最大特点就是他是作为一个主体而存在的。任何教育要求都必须通过受教育者的主体活动,同化为他自身的要求,才能促使他们的发展。"[①]人的思想政治道德素质是在实践中形成发展的,从人的活动视角研究思想政治教育对象的活动,对提高思想政治教育的实效性至关重要。

### (一)思想政治教育对象活动的基本特征

#### 1. 哲学视野中的"人的活动观"

现代哲学的研究表明,活动是人存在和发展的基本方式。人在本质上首

---

① 南京师范大学教育系编:《教育学》,北京:人民教育出版社,1984年,第34页。

先是作为活动主体而存在的,能动而现实的活动是人存在的基本形态。而活动产生于需要,由于人的需要的多样性,人的活动也具有多样性。正如马克思指出的,人们"积极地活动,通过活动来取得一定的外界物,从而满足自己的需要"。① 之所以是这样,是因为人们只有通过活动,才能满足自己生存和发展的多样性需要。人们通过活动来创造自己的实际生活和历史,而有目的的活动就是表现和实现自身的存在和发展的根本方式。

人与动物的差异在于人是活动的主体,有着主观能动性,即人的主体性。而人的主体性是主体在自己的对象性活动中形成、体现和确证的本质特性。离开了能动的活动,人的主体性就不可能形成,也不可能得到发展。思想政治教育是人的对象性活动,教育者和教育对象在思想政治教育活动中都是主体的人,教育者发挥主体作用,担负发动、组织和调控思想政治教育活动的重大责任,而教育对象作为主体有其特殊性,它的主体性也能在活动中起重要作用,思想政治教育关键就在于如何弘扬和培育其主体性。

**2. 思想政治教育对象活动的基本特征**

思想政治教育之所以能够使人的思想政治素质得到发展,是因为思想政治教育是人的一种活动方式,是人的思想政治素质获得发展的方式,是人通过一种独特的活动方式来追求自身价值的目的性活动。作为思想政治教育对象的活动,也有自身的特征,其基本特征主要有接受性和主体性。

第一,思想政治教育对象活动的接受性。从系统、动态的角度看,接受作为人类的一种活动过程,它是由多重结构要素构成的复杂的开放系统。接受系统由主体、客体、中介、环境和过程五大要素构成。接受过程既是一个内化整合的过程,又是一个外化践行的过程。思想政治教育对象活动的接受是指发生在思想政治教育领域内的接受活动,是接受主体对思想政治道德信息传导者利用各种媒介所传递的各种信息进行反映、选择、整合、内化以及外化实践等多环节的、连接的、完整的活动过程。通过有效的接受,社会和社会群体的一定的思想观念、政治观点、道德规范可以被内化为接受主体的思想政治观念并外化为思想政治行为。

依据不同的角度,思想政治教育接受可以划分为不同的类型。从接受的

---

① 《马克思恩格斯全集》(第 19 卷),北京:人民出版社,1963 年,第 405 页。

向度看,思想政治教育接受可划分为以下几类。

自发接受、被动接受和自觉接受。自发接受是由人的社会化本能所驱使的,没有明确的传递方,也没有明显的接受方,双方都处于模糊状态,没有接受的自觉意识,往往在无意识中接受了他人的影响。被动接受是指在指导下接受,而不是指强制接受。这种接受的传导和接受双方明确,而且传导者是主动的,接受者是被动的。它的基本模式是"传递—接受"或"刺激—需要—接受"。自觉接受是接受者对思想政治道德信息所作出的一种积极主动的选择和摄取。它的基本模式是"需要—接受"。在具体的接受活动中,自觉接受与被动接受往往是相互联系和密切配合的。应根据不同信息及人们对外部信息的熟识程度来具体地看待自觉接受和被动接受的功能。如果人们对外部信息的了解是单方面的,用"传递—接受"方式就具有接受持久、效率高、影响快的特点。如果大家已了解多方面的甚至对立的信息,引导其自觉接受,效果就会更好。

社会接受与个人接受。社会接受是指涉及人员众多,具有一定社会性的占有方式,并足以影响个人的接受,如社会团体的接受。一定的宣传教育信息为一定的文化宣传机构所接纳,并取得相应的社会占有方式,如出版物、戏曲、电影等。个人接受就是以个体为特征的接受。社会接受和个人接受是密切相连的。社会接受常常以个人接受为先导,并影响着个人接受;社会接受又包含着个人接受,任何社会接受,最初总是以个人面貌出现的,没有个人接受,也谈不上社会接受。

理解性接受与熏陶性接受。理解性接受是个体在理性思维的基础上所进行的接受,它的最大特征是必须对外部信息进行理解。理解性接受虽然需要一个"学习—理解"过程,但一旦接受了外部信息,便具有持久性和稳定性。熏陶性接受是个体以非理性因素为基础,在一定情景感染下发生的接受,也称作感性接受。熏陶性接受容易发生且速率高,但接受并不持久,具有非稳定性。在"传递—接受"过程中,理解性接受和熏陶性接受往往又是紧密结合的。理解性接受常常与说理教育方法相联系,熏陶性接受常常与事实教育方法相联系。

第二,思想政治教育对象活动的主体性。人始终是主体,重视人的主体性是马克思主义的一个显著特征。主体性是人的主观能动性在实践中的外在表现。人的主体性是人的本质特性,是人在实践活动中表现出来的基本特点,而人的主体性意识则支配着主体的实践活动,表现出人的独立性、自主性、自由性、能动性和创造性。教育活动中,教育对象对于教育者的施教活动而言是客体,但在接受、实践思想政治教育内容的过程中,则以主体的身份出现,自觉能动地以主体的视角体察教育者的活动及其意义,以自己的认知诠释、选择、内化教育者所传递的内容,并通过自己的活动来实践教育内容所具有的行为指令意义。思想政治教育对象活动的主体性表现在以下几方面。

首先,教育对象具有明确的自我意识能力。这种自我意识的程度决定了教育对象在接受教育中的投入与参与程度及自觉接受教育的态度。其次,教育对象具有自我驱动的实践能力。在思想政治教育中,他们把自己看作教育对象,对自己的教育活动进行支配、控制和调节,发展和完善自身,以达到自己设定的预期目标。再次,教育对象具有反观自省的认识能力。即把自己的思想观念、政治观念、道德认识作为自己的检讨对象,认识和评价自己的思想、情感、兴趣、爱好和行为动机,认识和评价自己在社会生活中的地位和作用。教育对象的这种自我省察能力是使教育与管理成为可能的必要条件。最后,教育对象具有内在的价值尺度。在对一般事物的认识关系中,内在的标准和尺度只属于主体一方,而在思想政治教育中作为客体的一方也同样具有这种"内在尺度"。这一事实应该得到尊重,思想政治教育者不能任意地以自己的价值判断替代受教育者的价值判断。

### (二)思想政治教育对象活动及其变化发展

一般而言,思想政治教育对象活动内容因为教育对象的广泛性而丰富多样,可以说人类有多少种活动,教育对象就有多少种活动。然而,与思想政治教育活动密切相关的活动主要有思想活动、心理活动、学习活动和交往活动,这些活动随着社会的变迁而不断变化发展。

**1. 思想活动及变化发展**

在思想政治教育学中,思想和行为是最常见、最简单、最抽象的一对范畴,在这对范畴固有的内在矛盾后面,蕴含着思想政治教育发展过程中一切矛盾的萌芽。思想政治教育是一个系统工程,它的中心环节和基点就是思想。人们的思想既是对客观外界的能动反映,又支配着人们的行为,直接影响着人们自觉的对客观世界的改造。所以,研究和把握人们的思想活动及其变化和发展,是研究思想政治教育对象活动内容的起点,也是思想政治教育功效实现的关键。改革开放以来,思想政治教育对象思想活动的特点可概括为以下几个方面。

第一,思想政治教育对象思想的独立性明显增强。一直以来,集体主义是思想政治教育主导的价值观念,特别是在高度集中的计划经济体制下,集体对于社会成员的意义是非常大的,个人往往依靠集体才能生存和发展。在市场的自主性原则下,思想政治教育对象个体之间由于经济上的独立和自主,彼此间的联系,特别是对集体和单位的依附性日趋减弱,个人思想上的分化和独立越来越明显。

第二,思想政治教育对象思想的选择性明显增强。社会是多样化的、开放的,政治文明、经济形态、科技教育等无不在动态发展着,物质、精神、文化的丰裕程度比过去有了极大的改观。在这种条件下,教育对象接受的信息越多,选择的自由度也就越大,选择性就越强。

第三,思想政治教育对象思想的多变性明显增强。改革开放以前,由于我国社会经济、文化和科技的发展比较稳定和缓慢,社会结构也比较简单,加上思想政治教育的统领,社会成员的思想比较简单和统一。改革开放以后,社会各个领域经历了显著的变革,而且一直持续快速而动态地发展,使得人的思想呈现出复杂多变的特点。

第四,思想政治教育对象思想的差异性明显增强。社会快速发展,使得人们的经济地位、收入分配的差距拉大,逐步分化出许多新的利益群体和社会阶层,思想认识在一定时期和范围内是参差不齐、良莠混杂的,具有极大的差异性。

**2. 心理活动及其变化发展**

作为有意识的存在物,心理是人的主要因素,心理素质是人的主要素质。一切社会实践活动都是人参加的,而任何人的实践活动都是在心理活动的调节下完成的,思想政治教育也不例外。因此,在思想政治教育领域,运用心理和心理学的知识来研究思想政治教育对象就成为现代思想政治教育的独特方法。

一个人的心理是不断地变化和发展的,而心理的发展是在人与周围环境不断地相互影响的活动中实现的。随着社会环境的深刻变革,人们的心理作为最敏感的综合感应器,必然也发生着重大变化,特定的社会心理环境得以形成,心理问题成为人们普遍关注的问题。这是当下思想政治教育不得不面对的一个问题。因此,此处所要阐述的思想政治教育对象的心理发展指的是培育教育对象健康的心理和良好的个性心理。

虽然人的心理发展、个性心理的完善和思想政治品德的发展分属两个不同的学科,但它却是思想政治教育对象全面发展不可缺少的部分。因为,人的行为不仅受思想、立场、观点的支配,在一定程度上还受情感、意志、个性等心理因素的影响。说到底,发展教育对象的心理,其本质就是做人的工作,激发人的主观能动性,给社会的健康发展带来积极的影响。

**3. 学习活动及其变化发展**

人的学习是在社会生活实践中,以语言为中介,自觉地、积极主动地掌握社会的和个体的经验的过程。如今是知识信息大爆炸的时代,信息对思想政治教育的影响,在信息网络化上表现得尤为突出。通过网络来学习和提高自身的思想政治道德素质成为思想政治教育的新方法。当代思想政治教育对象的学习特点主要有以下几个方面。

第一,全面性。学习的范围已不仅仅是经验学习、书本学习及技能培训。现代的教育对象已经打破了学习的狭小范围和冲破了学习的经验层面,把学习扩展到人的全部活动领域,并把学习提高到高度自觉的层面。在当前信息社会要求下,教育对象要具有信息获取、追踪的能力;对不断发展着的实践要有敏锐的观察能力;对新知识新理论,要有理解和消化能力;既要传承、借鉴,又要广泛与人交往,通过学术、生活的交流不断学习创新。总之,学习的全面性包括理论与实践、过去与未来、社会与个人等方面。

第二,自主性。思想政治教育对象的主体性的逐步提高,表现在学习上首先就是学习意识和独立学习能力的提高。思想政治教育对象正在把学习转化成为一种内在性需要和自身生存发展的方式,而不再是一种外在性的服从。其次是学习的主动性与积极性的增强。主动性与积极性既是一种学习态度,也是一种学习能力,能够强化人的学习的持续力和意志力。

第三,创新性。传统的学习具有"维持性"的典型特征,当代的学习则面向未来,需要更多的探索。在面临激烈竞争和迅速发展的社会环境下,教育对象与时俱进才能更好地适应未来,创造新生活。所以,教育对象需要增强学习的"预期性",要具有独立的思考能力和创造性地运用知识的能力,以及学习的预测能力和转化能力。

第四,终身性。在当代的社会条件下,科技发展日新月异,知识、信息呈爆炸式增长,经济结构和社会结构不断发生变革,人们的职业和岗位变动频繁。传统的以阶段性为特点的学习逐渐显现出它的局限性。在现代社会发展的剧烈冲击下,成人教育、继续教育、终身教育逐步发展并普及开来。学习的终身性、教育的终身性概念的提出,孕育着真正的教育复兴,标志着人把自身作为实践对象进行潜能开发的自觉,也标志着人继续学习、生存和发展能力持续不断的提高和升华。

在以知识、信息经济为主导的社会条件下,思想政治教育对象可以自主利用大量的便利的信息使自我学习成为可能,特别是在思想道德方面,个人高尚行为的养成,在于自我的习得。思想政治教育对象的真正的主体地位在这个时代得到了重视,就能真正发挥自己主动学习的潜能,实现自我发展。思想政治教育对象实现自身发展的最好途径便是学习,学习的形式可分为教育对象个体的自主学习和教育对象的全体学习;学习的内容以自身发展需要和时代需要为依据。思想政治教育对象主体地位的确定更为其自主选择学习方式和内容,以及学习能力的提高提供了有利条件。所以,思想政治教育对象在学习上要体现自己的主体地位,最重要的是要做好两件事,一是树立学习观念,二是锻炼学习能力。

**4. 交往活动及其变化发展**

自从人类社会出现,交往活动就存在了。人类社会的发展表明,社会越前进,传播工具越发达,人们对交往的需求也越强烈,越多样。社会交往是人类生活的基本行为方式,它是一个多层次多方面的动态系统结构。社会交往的主体包括个人与个人的交往、个人与群体的交往、群体与群体的交往等各个层次,内容包括社会沟通、社会交换、社会互动等多个方面。在当今技术进步、信息过载的社会里,人们之间的联系更密切、更频繁了。

第一,人与人之间交往范围的扩大。交通和通信工具的进步,缩短了的空间距离和经常的空间流动,使人们有可能跟处于天涯海角的任何人发生联系。同时,人们也不仅仅属于单一群体,会因为参加各种政治、社会、学术、娱乐等团体而处于一种十分复杂的角色之中。这就必然要求思想政治教育对象不能按照单一、机械的行为准则来与人相处,要注意针对各种不同的交往对象,按照各种不同的角色要求调节自己的行为。

第二,人与人的交往也变得频繁起来。与以往的社会相比,人们在一定时间内相互接触和交往的数量、次数大大增加。这样的频繁交往,不仅仅建立了思想政治教育者与教育对象之间的社会联系、建立了教育对象和教育对象全球间的社会联系与社会关系,更重要的是思想政治教育对象在社会交往中进行思想、观念、生活的交流时,逐步形成了思想政治教育所要求的思想和心态,逐步提高了在实践中运用政治理论的能力。另外,频繁的交往还能形成教育对象乐群合众的开朗心态,形成尊重人、关心人、讲文明、懂礼貌等良好的社会风尚,交往中的互动在每个人生活中将发挥更大的行为调节作用。

第三,人与人的交往水准不断提高。全球化和科学技术的发展使得社会上各个人的活动更为密切地联系在一起,并且人与人在生产、生活中逐渐构成一个有机整体,一个人的活动必然影响到其他许多人的活动。人际交往发生了质的变化,那种"独善其身""各人自扫门前雪"的交往模式和由此产生的行为准则必然成为经济、政治、科学等发展的消极因素,而善于协作、严守集体纪律、具有高度的集体主义精神等,应当成为新时代思想政治教育对象的行为特征。

经济贸易的全球化,使得经济活动、人们的交往超越了国家的界限,这种全球性的普遍的交往就迫切要求交往形式的革命。信息技术和网络就是适应这样的需要而诞生的。互联网使世界成了地球村,全球性的普遍交往成为可能,在这种普遍交往的推动下,进一步推动了世界历史的发展。

## 第四节 思想政治教育主导主体与能动主体之间的关系

思想政治教育主导主体在开展思想政治教育活动中必然与一定的能动主体发生联系,这种联系就是教育者和教育对象之间的关系。这一关系是思想政治教育活动中最基本的关系,它直接决定着教育成效。在思想政治教育中,教育者与教育对象之间既有直接的联系,又有间接的联系。

## 一、思想政治教育者与教育对象之间关系的重要意义

**（一）思想政治教育者与教育对象之间的关系是思想政治教育的基本关系**

思想政治教育者与教育对象之间关系的建立是为了教育教育对象，帮助他们更好地成长。而二者之间的关系对思想政治教育活动的顺利展开及其成效产生直接影响。二者之间关系融洽，一方面，有利于二者之间的交流，从而提高教育者对教育对象的教育影响力；另一方面，有利于教育对象形成比较轻松的心态，积极接受教育者的教育和引导，从而增强教育成效。反之，则会阻碍思想政治教育者与教育对象之间的沟通交流，进而降低教育成效。

**（二）思想政治教育者与教育对象之间的关系是思想政治教育的重要手段**

思想政治教育者与教育对象之间的关系是思想政治教育的最基本关系，也是进行思想政治教育的重要手段和工具，对教育对象具有重要的教育功能。思想政治教育的主要活动是在教育者与教育对象之间展开的，二者之间的互动过程既是建立与发展教育关系的过程，也是对教育对象进行教育和引导的过程。二者之间关系直接影响教育效果。首先，二者之间的关系直接影响思想政治教育氛围。一般来说，良好的教育氛围有利于吸引教育对象积极参与教育活动，激发他们将社会要求内化为自身的思想政治品德，努力践行社会法律法规和道德规范的内在要求，从而提高思想政治水平。其次，二者之间的关系是影响思想政治教育者和教育对象积极性的重要因素。在思想政治教育活动中，教育者和教育对象都对思想政治教育活动的进程和结果产生重要影响。如果二者关系良好，不仅会激发思想政治教育者的教育积极性，而且也会激发教育对象进行思想政治教育活动的积极性。因为，在思想政治教育活动中，教育者的工作状态会受到教育对象的影响，如果教育对象对教育者充满信任，教育者开展思想政治教育的积极性、创造性会被激发出来，有助于教育目标的达成。同样，教育者在思想政治教育中表现积极，也会有助于调动教育对象接受教育并进行自我教育的积极性，从而增强教育效果。

## 二、思想政治教育者与教育对象之间关系的特征

### （一）明确的目的性

思想政治教育者与教育对象之间建立互动关系的目的是根据教育对象自身特点和内在发展需要，把社会要求传递给教育对象并帮助其解决成长过程中的一些问题，从而提高其思想政治素质。实现这一目的是双方建立互动关系的出发点，双方明确这一目的并且所有的互动也是为了达到这一目的。在思想政治教育过程中，教育者和教育对象双方对目的的认同对于双方良好关系的建立具有重要意义。因此，促使教育者和教育对象自觉认同思想政治教育目的是建立双方良好关系的重要前提。

### （二）强大的兼容性

思想政治教育者与教育对象的关系是一种既具工具性又具情感性的关系，具有强大的兼容性。工具性是指思想政治教育者与教育对象之间建立起来的互动关系，这种关系本质上是一种工作关系，建立这种关系具有明确的目的，即帮助教育对象在思想政治品德方面获得符合社会要求的成长。情感性是指这种关系带有浓厚的感情色彩，教育者与教育对象之间关系的维持和发展离不开双方情感的正常交流与表达。在思想政治教育中，工具性与情感性不仅有机统一于教育者与教育对象之间良好的互动关系中，而且相互促进，相辅相成，共同促进教育目标的实现。

### （三）强烈的非对等性

一般而言，社会关系的建立和发展必须以双方利益平衡为基础。而在思想政治教育活动中，教育者与教育对象之间的关系是一种非对等关系。一方面，思想政治教育者与教育对象之间的关系是一种非对等的单向工作关系。教育者为了教育对象的健康成长向其提供必要帮助是工作职责，而教育对象在义务上不必向教育者提供帮助。另一方面，教育者与教育对象在思想政治教育中的地位和发挥的作用也不对等。教育者在思想政治教育活动中居于支配地位，主导着思想政治教育活动的发展方向和节奏；而教育对象则发挥

自身的主观能动性,反作用于思想政治教育中的其他要素,进而影响教育成效。当然,这种不对等关系并不意味着在思想政治教育中可以不讲平等和民主,教育者和教育对象之间仍然要相互尊重,实现教学相长的目标。

### 三、建立思想政治教育者与教育对象之间的良好关系

思想政治教育者与教育对象之间的关系是思想政治教育过程中最基本的关系。如何建立二者之间的良好关系,可从多种角度进行思考。由于教育者在这一关系中居于主导地位,是矛盾的主要方面,因此接下来将从教育者的角度对如何建立二者之间的良好关系进行讨论。

(一)增强人格魅力

思想政治教育者人格魅力是教育者在专业知识、性格、气质、能力、道德品质等方面所具有的综合的、全面的吸引力,是教育者在从事思想政治教育活动中逐渐形成和表现出来的吸引力。教育者的人格魅力是影响教育者与教育对象之间关系的重要因素。如果思想政治教育者具有较强的人格魅力,就会对教育对象形成吸引力,二者之间就容易形成融洽关系。同时,教育者人格高尚,教育对象还会信任和亲近之,从而增强教育者对教育对象的影响力。

要提高思想政治教育者的人格魅力,应在两方面努力。一是思想政治教育者要在学科专业理论知识上下功夫,这能够给予教育对象正确的专业引导。思想政治教育者不仅要掌握马克思主义理论学科的相关理论知识,而且要精通思想政治教育专业的理论知识。在此基础上,还需要熟悉相关学科理论知识以及教师职业理论知识,等等。二是思想政治教育者要加强人格修养,形成高尚道德品质,能在教育对象人格发展上给予他们正确的引领。思想政治教育者应学习人格修养方面的相关理论知识和行为规范,并将这些理论知识和规范践行在教育教学实践中,如学习中华民族优秀传统道德规范、革命道德以及公民基本道德规范,包括教师职业道德规范,等等,在教育教学中模范践行这些规范并形成行为习惯,做到以身作则,言传身教,为人师表。

### (二)树立民主教育理念

中国特色社会主义民主既是社会主义核心价值观的基本内容之一,又是人民的价值追求。民主的国家必定要由具有民主思想的人民来组成和建设。人民拥有民主思想和观念的一条重要途径就是教育,而思想政治教育正是培养人民民主思想的一条主渠道。不容置疑,作为培养民主观念的教育者首先应当树立民主教育理念,这是培养教育对象民主思想的前提。一方面,只有思想政治教育者树立了民主教育理念,才能与教育者在各方面进行充分交流,从而为建立良好的双方关系打下基础,进而实现相互理解、相互尊重,增强教育实效。另一方面,教育者应以民主方式开展思想政治教育活动。通过民主管理和民主教育方式调动教育对象自我发展的内在需求,在思想政治教育活动中广泛征求和听取教育对象的意见和建议,挖掘他们自我教育、自我管理和自我发展的潜能,极大地激发他们的主体性,从而促进教育对象民主意识和主体性的培养。

### (三)坚持教育公正

教育公正,即教育者在教育教学活动中处理各种关系时,要符合公认的道德准则,使有关人员获得均衡的条件和机会,从而实现教育权利和义务的统一。对于教育者而言,教育公正主要是指教育者如何处理和对待不同的教育对象的问题。教育者在教育教学活动中需要处理的人际关系是多样的、复杂的,但最基本的关系仍然是教育者与教育对象之间的关系,而双方关系往往又受教育者如何对待不同的教育对象态度的影响。从帮助教育对象更好发展的角度出发,思想政治教育者应该坚持教育公正。一方面,坚持教育公正有利于教育者威信的提高,从而增强教育成效。教育者是思想政治教育活动的设计者、管理者和实施者,其行为贯穿整个教育过程。如果教育者的行为是不公正的,就会降低教育者的威信,损害教育者与教育对象之间的关系,降低教育效果;另一方面,对于教育对象来说,不公正的教育者还会人为地造成教育对象之间的不团结,其结果当然是教育对象自我发展的内在动力的减退,不利于教育目标的达成。

要建立良好的双方关系,教育者在思想政治教育活动中应该坚持教育公正。首先，教育者在思想政治教育活动中应尊重和保障教育对象的基本权利；其次，保证教育对象在思想政治教育过程中机会平等；再次，综合考虑每个教育对象的能力、努力、成绩与贡献，处理好利益分配问题，以保证每个教育对象恰当的利益水平；最后，遵循社会调剂规则，对于一些特殊的教育对象给予特别关照和安排，以保证教育对象整体获得稳定、和谐发展。

1. 简述思想政治教育主体的含义和特征。
2. 简述思想政治教育对象活动及其变化发展。
3. 简述思想政治教育者与教育对象之间建立良好关系的途径。
4. 简述思想政治教育者坚持教育公正的策略。

# 第四章 思想政治教育内容

思想政治教育的基本内容,是思想政治教育体系中的重要组成部分,也是思想政治教育系统的基本要素。分析和把握思想政治教育的内容系统及其结构,首先就要分析思想政治教育的基本内容。思想政治教育的基本内容是思想政治教育目标和任务的具体化,是教育主体与对象主体互动的中介,是确定教育原则和方法的前提,是构建思想政治教育学的科学基础,是提升思想政治教育有效性的基础条件。

## 第一节 思想政治教育内容概述

思想政治教育内容是根据一定的社会要求以及受教育者的思想实际,经过教育者选择、设计后,有目的、有步骤地输送给受教育者的信息,它是思想政治教育活动中的教育者所传递给受教育者的思想政治观念,是思想政治教育的血液,是教育目的的具体化。

### 一、思想政治教育内容的界定

思想政治教育所包含的丰富内容构成其内容体系。思想政治教育内容具有内在的相互联系及一定的结合方式,形成了一定思想政治教育的内容结构。思想政治教育内容的结构不同,所产生的教育功能与效应也不同。为了增强思想政治教育的系统性,发挥思想政治教育内容的最佳教育功能和整体教育效应,需要不断优化思想政治教育内容结构。

(一)思想政治教育内容的含义

在20世纪80年代,人们将思想政治教育学科的内容概括为五大类十二个方面,即:世界观教育,包括辩证唯物主义教育、马克思主义认识论教育、历史唯物主义教育;政治观教育,包括四项基本原则教育、形势与政策教育、爱国主义教育;人生观教育,包括共产主义理想教育、为人民服务思想教育、人的价值观教育、成才教育、审美教育;道德观教育,包括集体主义教育、劳动教育、恋爱观教育、职业道德教育、社会主义人道主义教育;法制观教育,包括社会主义民主教育、法制教育、纪律教育。如今,思想政治教育学作为一门新兴的学科,随着改革的深入发展,思想政治教育学科体系必然要随着思想政治教育实践的发展和学科理论的丰富而不断完善。为此,人们进一步对思想政治教育的内容进行系统设计和整体优化。一般认为,思想政治教育的内容是由思想教育、政治教育、道德教育、心理教育四大子系统组合成的一个完整的内容体系。这一系统结构,可以分为政治主导型、思想主导型、道德主导型和心理主导型四种不同的结构类型,每个子系统的教育内容,也随之在不断丰富和优化。

近年来,思想政治教育内容的研究在不断地深入,目前学术界在对思想政治教育内容的界定上主要有两种观点。一是认为,思想政治教育内容,即思想政治教育活动中教育者所传递给教育对象的思想政治观念,是连接思想政治教育者和教育对象的信息纽带,是蕴含教育目的的载体,是构成思想政治教育关系的基本因素。其表现形态分为两个层面,第一个层面即特定的社会和阶级所要求、所确定的思想政治教育内容;第二层面即在具体的思想政治教育活动中,教育者根据相应的教育目的,按照教育规律的要求,组织、编制的教育内容。二是认为,思想政治教育内容是根据一定的社会要求和受教育者的思想实际,经教育者选择设计后有目的、有步骤地输送给受教育者一切信息。上述两种观点在肯定社会要求的前提下,都强调教育者对内容选择的主动性和目的性,着眼于内容对受教育者的针对性。前者更加突出了特定社会和阶级的要求,体现出意识形态的决定性和基础性,而后者认为思想政治教育内容是"输送给受教育者的一切信息",内涵相对较宽泛。

那么,思想政治教育内容的界定可以综合上述两种观点得出如下结论,即思想政治教育内容是根据一定的社会要求和受教育者的思想实际状况,经教育者选择设计后,有目的、有计划、有组织、分层次、有步骤地教育和引导受教育者的思想观念、政治观点和道德规范。

思想政治教育内容这一定义的意义在于,一是肯定了思想政治教育内容,从根本上说是占统治地位的社会意识形态;二是肯定了思想政治教育者的自主权,就是根据一定的社会要求和针对受教育者的思想实际,教育者经选择设计后,有目的、有步骤地输送给受教育者一切信息,使他们形成符合一定社会或一定阶级所需要的思想政治品德;三是肯定了思想政治教育内容是连接思想政治教育者和教育对象的信息纽带,是蕴含教育目的和任务的载体,是构成思想政治教育关系的基本因素;四是肯定了教育内容的层次性,因为思想政治教育对象具有自己的思想基础,思想政治教育者因而要防止"一刀切"。作为思想政治教育的"血液"的教育内容,是思想政治教育的重要组成部分,是对以"四有"新人为根本教育目标的具体化。

(二)思想政治教育内容的基本特征

思想政治教育内容,作为教育自身发展追求的一个目标和作为思想政治教育运动的结果,在一定的时期内,是具有特定的质的规定性的。目前将思想政治教育内容的基本特征概括为科学性与时代性、共同性与特殊性、系统性与交叉性、针对性与有效性。

**1. 科学性与时代性**

科学性是思想政治教育内容突出的特点,就是摆事实,讲道理,循循善诱,以理服人,用理性和逻辑的力量征服人。马克思有句名言:"理论只要说服人,就能掌握群众;而理论只要彻底,就能说服人。"[①]思想政治教育是一个由理论说服群众到理论掌握群众的动态发展过程,这就要求这种思想政治教育所输入的思想、理念、观点等要符合马克思主义的基本原理和党的路线方针政策,符合客观实际,具有真理性,同时必须采取符合人们思想、行为活动规律的科学途径与方法。思想政治教育只有体现了彻底的科学性,实现了科学化,才能教育群众,发挥其真理的力量。

---

① 《马克思恩格斯选集》(第1卷),北京:人民出版社,1995年,第9页。

思想政治教育内容的时代性,表现在构建思想政治教育内容时,应根据形势发展的需要和理论建设的最新成果,及时有效地更新、增加内容。当前要及时增加马克思主义发展的最新成果,将习近平新时代中国特色社会主义思想充分吸纳进来,从而使思想政治教育内容有时代感和新鲜感,以增强思想政治教育的吸引力。"人们的观念、观点和概念,一句话,人们的意识,随着人们的生活条件、人们的社会关系、人们的社会存在的改变而改变"。① 思想政治教育的内容不是一成不变的,在不同的时代条件、实践水平和科学发展的基础上,内容也是有变化的。走在时代的前列是思想政治教育的生命力之所在,而紧紧把握时代脉搏,不断赋予该教育以鲜明的时代特征、时代内容和时代风格,是其富有生机与活力的关键所在。时代需要思想政治教育,思想政治教育更需要把握时代主题,顺应时代要求,体现时代精神,解答时代课题,从而使思想政治教育的内容始终保持与时俱进的品质。

**2. 共同性与特殊性**

共同性是指在任何时期、任何单位,思想政治教育都有着共同的、一贯的、相对稳定的内容。思想政治教育的恒常性内容有世界观教育、政治观教育、人生观教育、价值观教育、道德观和法治观教育等内容。它们的共同性,是由思想政治教育与党的关系、思想政治教育与马克思主义的关系以及思想政治教育内容本身的继承性和连续性所决定的,是思想政治教育的长期的、稳定的、恒常性的教育内容。

思想政治教育内容的特殊性,是指在不同时期、不同单位,思想政治教育有着不同的特殊内容,主要是思想政治教育的各项具体内容具有特殊性。比如,思想政治教育中的一些临时性教育,由于形势和社会环境在不断地发展变化,其教育内容也随之变化,尤其是社会的特殊时期,需要思想政治教育开展一些及时的特殊教育,因而形成了思想政治教育的临时性内容。这些特殊教育主要有形势与政策教育、热点问题教育、典型经验和教训教育、突发事件教育等。这些方面的内容在不同社会条件和历史时期都具有很大的特殊性,它随着具体思想政治教育目标的变化而变化,随着国内外形势的发展而发展,随着各项工作的深入而充实,带有极大的具体性、丰富性、变化性和时代性。

---

① 《马克思恩格斯选集》(第1卷),北京:人民出版社,1995年,第291页。

**3. 系统性与交叉性**

思想政治教育内容的系统性是指其教育应遵循教育规律，由浅入深，逐层递进，整体协调。2019年8月，中共中央办公厅、国务院办公厅印发了《关于深化新时代学校思想政治理论课改革创新的若干意见》，明确要求要"统筹大中小学思政课一体化建设"，学校的思想政治教育内容要形成由小学—中学—大学不同阶段的内容所构成的系统的一体化。思想政治教育内容的系统性包括思想政治教育内容的全面性、思想政治教育过程的协调性、思想政治教育内容的发展性。思想政治教育内容的系统性是指其内容既包括政治教育、思想教育、道德教育，又包括法纪教育和心理教育，还包括日常的思想政治教育内容；既包括"应然"的教育内容，又包括"实然"的思想政治教育内容。

思想政治教育内容的交叉性是指思想政治教育的共同内容和特殊内容在一定时期和单位相互结合、交叉所形成的具体内容。世界观教育、人生观教育、价值观教育、道德观教育中的有关集体主义、爱国主义、社会主义教育的内容就存在着一些交叉。对思想政治教育内容外在的、形式上的特性的分析，对于思想政治教育内容的选择、确立及其实施，具有重要的意义。把握思想政治教育内容的共同性特征，是为了更好地坚持思想政治教育的本质性内容，以增强其原则性和稳定性；把握思想政治教育内容的特殊性特征，是为了更好地遵循实事求是的原则，以增强思想政治教育的针对性和有效性；把握思想政治教育内容的交叉性特征，是为了更好地实现其共同性内容与特殊性内容的辩证统一，以增强思想政治教育的科学性和创造性。

**4. 针对性与有效性**

思想政治教育内容的针对性，主要是指针对客观实际，包括针对社会生活实际和思想政治教育对象的思想实际。思想政治教育内容针对性的强弱是其有效性高低的决定性条件。思想政治教育内容要反映时代发展，适应社会需求，贴近社会生活实际，这是提高其针对性的必要条件。随着我国改革开放的不断深入，社会生活急剧变化，要求人们在思想上、道德上适应这种变化，把占主导地位的社会思想规范、道德准则内化为自己的思想、信念，外化为自己的行为准则。因此，要重视内容的充实和更新，注意增加一些解决思想政治教育对象个人特殊性的思想矛盾、心理冲突、情感困惑等问题的相关内容,坚持以人为本的教育思想,指导和引导人们的现实生活,解决个人现实问题,以满足思想政治教育对象成人、成长、成才、成就、成功的内在需要。从以人为本这一理念出发,有助于满足人民群众不同层次的精神需求,提高思想政治教育的针对性和实效性。

思想政治教育内容有效性的特征,是指思想政治教育内容是蕴含教育目的的载体,是教育者与教育对象的信息纽带。思想政治教育内容确立过程中应准确把握教育者的思想特点和实际,努力使思想政治教育内容由远及近、由抽象变生动、由书本延伸到生活,更贴近社会生活,贴近受教育者的思想实际。确立思想政治教育内容,就必须从这些特点出发,把握人们的思想脉搏,摸清人们生活中存在的难点、疑点和热点问题,循序渐进、逐步开展,才能达到思想政治教育的理想效果,增强教育的有效性。

### 二、思想政治教育内容体系的沿革与优化

新中国成立以来,我国思想政治教育内容的发展经历了一个不断探索、发展的过程,这一过程与整个国家的发展密切相关。对发展过程的回顾、梳理和反思,有利于我们更好把握思想政治教育内容的演变规律。

(一)初步发展阶段(新中国成立后至改革开放前)

新中国成立初期,我国的意识形态领域各种思想多元并存,思想政治教育内容急需完成对旧教育制度下国民党反动政治教育的清理,实现由新民主主义向社会主义的转变。与此相适应,思想政治教育的内容主要是开展马克思主义基本理论的教育、国际主义教育、爱国主义教育,体现出较强的国家意志。社会主义制度基本建立以后,国内外形势的变化也直接或者间接地影响了我国教育的发展,思想政治教育内容在探索中艰难地前行,革命的政治教育、阶级斗争教育、社会主义教育在教育内容中占有重要地位。这一阶段思想政治教育内容调整的步伐较大,主要是为了契合当时工作重心的转移。

(二)恢复与调整阶段(改革开放初期1978年至1991年)

党的十一届三中全会是中国共产党历史上具有深远意义的重要会议,党的中心工作的转移促进了思想政治教育内容的调整。改革开放初期,思想政

治教育内容紧紧围绕坚持四项基本原则开展马克思列宁主义、毛泽东思想基本理论教育、共产主义道德教育、学生行为规范教育,重视理论教育的学习,宣传党的路线、方针、政策,开展革命传统教育,教育内容建立在对过去以阶级斗争为纲的失误和教训进行总结以及对未来前进方向的改革性探索的基础之上,开始沿着科学、健康的轨道发展,带有反思和变革的特点,为党和国家的经济建设提供了很好的服务。20世纪80年代中期以后,伴随着改革开放的持续推进,我国社会主义建设取得了显著成就。这些发展变化必然反映到意识形态领域,客观上推动和影响着教育内容的变化与发展和思想政治教育内容的进一步发展,这一阶段增加了中国历史和现实国情的教育、形势与政策教育等,教育内容的变革植根于并服务于中国特色社会主义建设实践,体现出改革开放的精神和品质。

(三)提速发展时期(1992年至十八大之前)

1992年以后,思想政治教育内容在继承和发展的基础上有了新的内涵,并且更加明确、规范和成型,体现出与时俱进的理论品质。进入21世纪后,思想政治教育的发展进入了一个新的深化发展阶段。实践的新发展迫切要求教育内容适应新的形势,作出相应的调整。这一时期的教育内容得到了普遍的更新和发展,积极融入马克思主义中国化的最新理论成果,开展马克思理论的教育、注重开展与社会主义市场经济体制相适应的社会主义道德教育和法治教育、高度重视和强调形势与政策教育、积极开展心理健康教育等,这些内容构成了一个相互联系、相互渗透的思想政治教育内容体系。这一阶段思想政治教育内容既体现出鲜明的时代发展要求,又体现出与时俱进的理论品质和科学精神的特点;既体现出思想理论的发展,又体现出社会的发展。这一时期思想政治教育内容的发展与变化都适应着形势发展的需要,适应着我国改革开放和现代化建设实践的需要,适应着新时期不同的历史阶段学生心理、思想等的具体状况而提出来的,体现了与时俱进的精神。同时,教育内容突出学生这一主体,贴近学生实际,着眼于学生思想政治素质的提升,以期通过知识的学习而达到育德的目的,知识学习不再是最终目的,而只是一个途径或者环节。通过教育内容更加贴近学生的思想实际和发展特点,促进和推动着教育内容发展的针对性。

党的十六大以来,特别是在 2004 年中共中央、国务院颁布《关于进一步加强和改进大学生思想政治教育的意见》以来,以 2005 年我国高校思想政治理论课程教学方案的改革为契机,我国思想政治教育学科化步伐明显加快,科学化进程也相应提速。党和国家思想政治教育事业的发展开始进入快车道。

### (四)深化创新阶段(十八大以来)

党的十八大以来,在我国中国特色社会主义进入新时代的背景下,党和国家的思想政治教育事业也开始进入深化创新阶段。尤其是自 2016 年以来,随着全国高校思想政治工作会议、全国教育大会和学校思政课教师座谈会等一系列会议的召开,我国思想政治教育事业的发展迎来了难得的历史性机遇,而把握机遇,克服短板,提高思想政治教育的有效性及吸引力,以服务于中华民族伟大复兴的历史伟业,则成为新时代思想政治教育工作者的神圣使命。

从总体上来看,新中国成立以来我国思想政治教育内容的发展经历了由自发到自觉、由零散到系统、由日常生活规范到阶级意识塑造转变,思想政治教育内容逐步朝着系统化和专业化方向发展。

## 三、构建思想政治教育内容的依据

思想政治教育内容的建构,是关系思想政治教育能否有效开展的根本。思想政治教育内容的建构有着深刻的理论基点和现实依据,要遵循一定的原则,沿着科学的思路进行,通过一定的策略而实现。

### (一)以人为本是思想政治教育内容构建的理论依据

首先,思想政治教育内容要把人作为发展的目的,即把促进教育对象和谐、自由、全面的发展作为最终目的,即内容的选择、设置和实施要充分考虑教育对象的特点和需要,服从和服务于教育对象发展的目的和需要,最大限度地挖掘和发挥其潜能,把促进教育个体的发展作为最终的落脚点,实现教育对象的全面发展。其次,思想政治教育内容要把人当作主体。在教育内容的建构上,要将教育对象作为有意识、有情感、有意志,有一定的价值倾向性、个性以及不同程度的主动性、能动性和创造性的人,发挥其创造性、能动性和自主性。再次,思想政治教育内容要关注和培养教育对象的社会实践能力。教育内容的建构要紧密联系社会实践,在实践参与中关注和培养教育对象正确的价值观念、高尚的思想品德、健康向上的心理状态和较强的实践能力。

(二)教育目标是思想政治教育内容构建的客观依据

教育目标的内容直接影响思想政治教育内容确定的基本布局。我国的教育目标正是习近平总书记在全国教育大会上强调的"培养德智体美劳全面发展的社会主义建设者和接班人"。对这一教育目标内容进行分解,在根本上就是要促进学生在德、智、体、美、劳各个方面的自由而充分的发展。思想政治教育作为教育的一种形式和实践活动,在大方向上与教育目标具有同向性与一致性,也就是说,它从根本上仍然是服务于教育的整体目标的,是促进、推动教育的整体目标实现的一种重要途径。从构成上来看,思想政治教育是归属于教育整体目标中德育目标部分的内容。毫不夸张地说,教育的整体目标,从总的方向上,作为一种无形的"指挥棒",影响着、决定着和指引着思想政治教育内容的选择范围、设计和建构的基本布局,其必须在这一范围和布局内进行规划和建构。思想政治教育内容只能在这个框架和方向内进行选择和编排。脱离了教育的整体目标的内容,思想政治教育内容就成了一盘散沙,没有教育整体目标内容的指引,思想政治教育内容就失去了其确定与建构的依据,更失去了发展和规划的方向。

教育目标的阶级属性从根本上决定着思想政治教育内容的选择与建构。教育目标,即培养什么样的人,其自身也恰恰直观地表明了其阶级立场。我国是社会主义国家,代表的是最广大人民群众的根本利益,毫无疑问,在教育目标的阶级属性上,也必然是培养能够为社会主义现代化建设服务的"四有"新人。这与资本主义国家所培养的人有着本质的不同。教育目标上的阶级属性,不仅标志着培养什么样的人,还决定着以哪些内容来培养人、造就人,也即思想政治教育内容的科学建构问题。因而,思想政治教育内容的建构不可避免地要受到教育目标的影响。从根本上说,教育目标的阶级属性决定了我国思想政治教育的内容必须以马克思主义为指导,必须坚持以社会主义为政治导向等。由此可见,教育目标的阶级属性从根本上决定着思想政治教育内容的阶级属性,而阶级属性一旦确立,便于潜移默化中影响着思想政治教育内容的选择取舍、设计规划与整体建构。因而,教育目标的阶级属性从根本上决定着思想政治教育内容的选择。

### (三)社会的发展需要是思想政治教育内容构建的现实依据

思想政治教育与社会不可分离,离开了社会的思想政治教育是不存在的。因而,其内容的建构必须将社会的发展需要纳入其中,也即,社会的发展需要时刻都在影响、制约甚至是决定着思想政治教育内容的确定与建构,脱离了社会,脱离了社会发展需要,思想政治教育内容的建构就失去了其存在的根基与土壤。

社会的发展需要影响着思想政治教育内容的选择与建构,思想政治教育的内容产生于社会的发展需要之中。没有社会的需要就不会产生思想政治教育,更不会产生思想政治教育的内容。正是社会需要不断地向人们提出了在思想、道德、规范、礼仪、秩序等各个方面的要求和需要,才使人们为了能够在社会中生存并逐步适应社会的需要,从而逐步开展了思想政治教育活动,并在思想政治教育活动中逐渐催生出适应社会需要的内容。思想政治教育的内容总是服务于一定的社会需要的。思想政治教育的内容产生于社会的需要中,这在一定侧面上,也反映出了它的服务性与被需要性,那么自然而然,它也是为社会需要的发展而服务,为社会的需要而存在。因为只有为社会需要服务的思想政治教育内容才能真正地培养出适应社会发展需要的人和能够满足社会发展需要的人,从而促进社会的发展,实现社会的发展。同时,任何教育内容的设定与建构、任何教育活动的开展都不是随心所欲、漫无目的的。一种教育内容被这样设定,而不是那样设定,都有其充分的理由和逻辑依据。同样,思想政治教育内容的设定与编排,总是有一定的目的性,要为一定的社会发展所服务,被一定的社会发展所需要,而当被设定、选择和建构的内容,无法满足服务社会发展这一要求时,往往就会被社会所抛弃,而新的能够服务于一定社会需要的教育内容则会出现,取代原有的教育内容。

### 四、构建思想政治教育内容的原则

对思想政治教育内容进行选择、整合、优化,应遵循一定的客观原则,以实现思想政治教育内容的科学化、系统化、规范化。思想政治教育内容的确定应遵循的原则有以下几点。

### (一)科学性原则

科学性指事物以事实为依据,与客观实际相符,反映事物的本质和规律。对于教育内容的构建来说,科学性指教育内容不仅要以科学的思想为指导,还要以科学的理论和知识为支撑,体现其真理性的优良品质。只有具备了科学性,其理论才能说服人。遵循科学性原则,要求思想政治教育内容的建构要坚持和体现真理性。马克思曾指出,"理论只要说服人,就能掌握群众;而理论只要彻底,就能说服人。所谓彻底,就是抓住事物的根本"。可以说,科学性是教育内容最为根本的特性和规定性,离开科学性,就没有了先进的思想、科学的理论知识体系,单纯地依靠有限的经验和朴素的情感,教育内容就失去了其存在和发展的根基。思想政治教育内容只有坚持科学性,才能真正地发挥其真理的力量。因而,我们要以马克思主义理论为指导进行教育内容的建构,以先进的思想引领教育内容的发展,增强教育内容的真理性、革命性和先进性。只有以科学的理论为支撑,以科学的知识启迪人,以高尚的精神塑造人,才能增强教育内容的理论深度和广度。

### (二)方向性原则

思想政治教育内容是一种社会意识,在阶级社会里有阶级性,体现一定阶级的意志,反映一定阶级培养人的要求。"统治阶级的思想在每一时代都是占统治地位的思想。这就是说,一个阶级是社会上占统治地位的物质力量,同时也是社会上占统治地位的精神力量"。[1] 因此,在构建思想政治教育内容时,必须坚持马克思主义理论在各项内容中的指导地位,保证思想政治教育内容的社会主义性质,将无产阶级政治意识灌输于人们的头脑中,使人们能够提高政治觉悟,形成正确的政治意识,树立社会主义和共产主义的政治信仰,进而深刻认识自身的历史使命。

内容的方向性,还表现在思想政治教育本身是含有现实性和预见性的社

---

[1] 《马克思恩格斯选集》(第1卷),北京:人民出版社,1995年,第98页。

会主义实践活动。开展思想政治教育的目的是推动人们抛弃不正确的思想观念,树立正确的思想观念,引导人们思想观念的更新,并对他们进行合乎规律的预测和指导,帮助他们沿着健康、向上的方向发展。这要求我们在构建思想政治教育内容时既要立足于当前社会发展,又要与社会未来整体发展目标相一致,走在社会生活的前面,体现鲜明的先进性。因此要将思想政治教育内容建立在最先进的思想理论之上,以先进的理论教育人,以科学的理论武装人。

### (三)系统性原则

内容的系统性是指思想政治教育内容是一个由多方面的思想准则、行为规范有机结合形成的整体。其中每一个方面又都是密切相连、相互作用、相互制约的,共同构成了一个开放的、适应社会发展需求的内容整体。思想政治教育内容是由各个方面内容组成的整体,它既有理想信念教育、爱国主义教育、基本道德规范教育这样核心的、重要的、基础的教育,又有世界观教育、政治观教育、人生观教育、价值观教育、道德观、法治观教育、心理健康教育这样恒常性的、主导性的教育,还有形势与政策教育、热点问题教育、典型事例和经验教训教育等即时性的教育。当然,思想政治教育内容之间不是简单的拼凑相加,而是在遵循思想政治教育规律的基础上,遵循社会发展要求,针对人们的思想实际,做到由浅入深、由外到内、主次清晰、重点突出、整体协调,从而使思想政治教育内容整体大于部分之和。

思想政治教育中的任何一项内容都不是单一的层面,而是由于人们年龄、职业和思想政治品德发展水平差异导致所能接受的思想政治教育内容在深度上、广度上、强度上都有所不同。因此,在思想政治教育内容的设置中,必须充分考虑人们的身心发展的阶段性,遵循人的思想政治品德形成发展规律,既有对人们普遍的基础性要求,也有对先进分子高层次的要求,分层次、有重点、循序渐进地制定思想政治教育内容。

### (四)继承性原则

继承是发展的前提,是创新思想政治教育内容的基础。继承性原则强调思想政治教育内容要根据党的教育方针、教育目标和受教育者现实状况制定,在一定时间内具有相对稳定性。这也是思想政治教育内容科学化、规范化、制度化的重要条件。因此,思想政治教育内容在确立、实施过程中,不能被单一的政治教育、理想教育、社会适应性教育等所取代,不能盲目跟形式走,形式的多变,势必影响内容的稳定。没有稳定的内容,就难以对思想政治教育内容进行科学的计划和安排,容易出现盲目性和主观随意性,这就势必导致教育内容的零碎和肤浅,从而失去科学的理论前提和厚实的思想根基,缺乏应有的深度和力度。思想政治教育的优良传统之一,是紧密配合党在各个时期的中心任务,为社会主义革命和建设服务。但也应该尊重思想政治教育规律,尊重人的成长规律,注重在思想政治教育内容的继承基础上的创新。

继承性还表现在把握内容的确定性上,这是思想政治教育内容自身不断改进和发展的必然要求。如果不继承以往优秀的思想政治教育内容,现实的思想政治教育内容的构建就是无源之水、无本之木。因此,思想政治教育内容要继承和发扬中华民族优秀的德育思想和党的思想政治教育的优良传统,学习借鉴国外有益的经验和成果,适应新的历史条件,不断改革内容和方法,不断积累新经验,保持思想政治教育内容在稳定继承的基础上创新。

### (五)渗透性原则

思想政治教育的内容是互相渗透的。道德是调整人与人之间关系的行为规则,政治思想是研究人们政治关系的一种理论。在道德教育中必然渗透着政治思想教育的内容,在政治思想教育中也必然渗透着道德教育的内容和方法。任何道德教育和政治思想教育都必须先有一定的道德思想和政治思想,特定的道德思想和政治思想的形成都有它们的理论依据,这就涉及世界观、人生观、价值观的内容。

增强内容的渗透性,是思想政治教育内容的有效性和思想政治教育科学化的重要体现,同时也是思想政治教育实践发展的重要动力。增强思想政治教育各个组成要素的有效性,是增强其整体有效性的重要途径和必要前提。思想政治教育内容的有效性表现为所构建的内容要有利于在教育对象身上引起预期的变化、形成预期的思想政治观念和行为。这就要求以思想政治教育内容的正确性和合理性为前提,充分重视思想政治教育内容的价值性和有效性。

此外,确定思想政治教育内容时还要遵循适时性的原则,这一原则是指思想政治教育的内容在不同的阶段有不同的侧重。根据变化重点不同,思想政治教育内容构成分为政治主导型、思想主导型、道德主导型、心理主导型等。同时,还应坚持思想政治教育内容相对稳定性与随机应变性的统一,要考虑思想政治教育内容结构变化中的稳定性、继承性,也要强调思想政治教育内容因社会任务的转移、对象个体成长的阶段的不同特点而转换的规律性,注重增强思想政治教育内容的适时性和针对性,这样在理论和实践上才具有很强的指导意义。

## 第二节 思想政治教育的主要内容

思想政治教育内容是依据思想政治教育目标和教育对象的实际状况而确定的。2019年8月,中共中央办公厅、国务院办公厅印发的《关于深化新时代学校思想政治理论课改革创新的若干意见》对思政课课程内容建设有明确要求:坚持用习近平新时代中国特色社会主义思想铸魂育人,以政治认同、家国情怀、道德修养、法治意识、文化素养为重点,以爱党、爱国、爱社会主义、爱人民、爱集体为主线,坚持爱国、爱党、爱社会主义相统一,系统开展马克思主义理论教育,系统进行中国特色社会主义和中国梦教育、社会主义核心价值观教育、法治教育、劳动教育、心理健康教育、中华优秀传统文化教育。思想政治教育有着十分丰富的内容,在思想政治教育内容体系中,主要有社会主义核心价值观教育,世界观、人生观、价值观教育,爱国主义教育,政治观教育,民族观教育,道德观教育,法治观教育,心理健康教育等。

### 一、社会主义核心价值观教育

社会主义核心价值观为思想政治教育提供了丰富的内容。思想政治教育内容只有以社会主义核心价值观为引领,才能具有强大的生命力和实效性。

社会主义核心价值观是反映社会主义基本的、长期稳定的社会关系及价值追求的价值观,是在社会主义革命、建设和改革开放历程中逐步形成和发展起来并指导社会主义健康发展的价值目标和价值观念。社会主义核心价值观,是社会主义价值体系中最基础、最核心的部分,是中华民族长期秉承的反映社会主义本质和建设规律的根本原则和价值观念的理性集结体。它是我们在建设社会主义长期实践中的行为指向和行为准则,从更深层次影响着我们在建设中国特色社会主义伟大征程中的思想方法与行为方式。社会主义核心价值观教育,对人们的道德规范、行为准则、工作作风有强有力的定向作用。正确的价值观为群众所掌握,就会形成群众的共识,就可以成为强大的动力源泉。

社会主义核心价值观是社会主义核心价值体系的内核,体现社会主义核心价值体系的根本性质和基本特征,反映社会主义核心价值体系的丰富内涵和实践要求,是社会主义核心价值体系的高度凝练和集中表达。党的十八大提出,倡导富强、民主、文明、和谐,倡导自由、平等、公正、法治,倡导爱国、敬业、诚信、友善,积极培育和践行社会主义核心价值观。富强、民主、文明、和谐是国家层面的价值目标,自由、平等、公正、法治是社会层面的价值取向,爱国、敬业、诚信、友善是公民个人层面的价值准则。

(一)国家层面的价值目标

"富强、民主、文明、和谐",是我国社会主义现代化国家的建设目标,是社会主义现代化国家在社会建设领域的价值诉求,是经济社会和谐稳定、持续健康发展的重要保证。富强即国富民强,是社会主义现代化国家经济建设的应然状态,是中华民族梦寐以求的美好夙愿,也是国家繁荣昌盛、人民幸福安康的物质基础。民主是人类社会的美好诉求。我们追求的民主是人民民主,其实质和核心是人民当家作主。它是社会主义的生命,也是创造人民美好幸福生活的政治保障。文明是社会进步的重要标志,也是社会主义现代化国家的重要特征。它是社会主义现代化国家文化建设的应有状态,是对面向现代化、面向世界、面向未来的,民族的科学的大众的社会主义文化的概括,是实现中华民族伟大复兴的重要支撑。和谐是中国传统文化的基本理念,集中体现了学有所教、劳有所得、病有所医、老有所养、住有所居的生动局面。

(二)社会层面的价值取向

"自由、平等、公正、法治",是对美好社会的生动表述,它反映了中国特色社会主义的基本属性,是中国共产党矢志不渝、长期实践的核心价值理念。自由是指人的意志自由、存在和发展的自由,是人类社会的美好向往,也是马克思主义追求的社会价值目标。平等指的是公民在法律面前一律平等,其价值取向是不断实现实质平等。它要求尊重和保障人权,人人依法享有平等参与、平等发展的权利。公正即社会公平和正义,它以人的解放、人的自由平等权利的获得为前提,是国家、社会应然的根本价值理念。法治是治国理政的基本方式,依法治国是社会主义民主政治的实现途径。要弘扬社会主义法治精神,保证人民平等参与、平等发展的权利,维护社会公平正义。

### (三)个人层面的价值准则

"爱国、敬业、诚信、友善",是公民必须恪守的基本道德准则,也是评价公民道德行为选择的基本价值标准。爱国是基于个人对祖国依赖关系的深厚情感,也是调节个人与祖国关系的行为准则。它同社会主义紧密结合在一起,要求人们以振兴中华为己任,促进民族团结、维护祖国统一、自觉报效祖国。敬业是对公民职业行为准则的价值评价,要求公民忠于职守,克己奉公,服务人民,服务社会,充分体现了社会主义职业精神。诚信即诚实守信,是人类社会千百年传承下来的道德传统,也是社会主义道德建设的重点内容,它强调诚实劳动、信守承诺、诚恳待人。友善强调公民之间应互相尊重、互相关心、互相帮助、和睦友好,努力形成社会主义的新型人际关系。

## 二、世界观、人生观、价值观教育

### (一)世界观教育

世界观是指人们对整个世界总的根本的看法。由于人们社会实践水平、所处的历史阶段、知识结构以及思维方式不同,对世界的认识有所不同,世界观也有所不同。世界观在人的精神世界中居于核心地位,世界观决定和支配人的人生观、价值观、道德观和政治观等。世界观教育是思想政治教育内容中带有根本性的教育,是思想政治教育的基本内容之一。

马克思主义世界观是马克思主义对自然界和人类社会总体的和根本的看法,是迄今为止人类历史上最科学最先进的世界观。其基本内容就是马克思主义的辩证唯物主义和历史唯物主义。其科学性、先进性在于它吸收了人类创造的一切优秀成果,揭示了自然、社会和人的思维发展的一般规律。思想政治教育要引导和帮助人们学习和掌握马克思主义基本原理,懂得辩证唯物主义和历史唯物主义的基本原理;要引导和帮助人们学习毛泽东思想、邓小平理论、"三个代表"重要思想、科学发展观和习近平新时代中国特色社会主义思想。马克思主义世界观是我们认识世界和改造世界的强大思想武器,有助于我们提高看问题的能力,从而正确认识事物发展变化的规律。

世界观教育就是教会人们正确认识物质与意识的关系,正确认识世界,树立科学的思想,养成科学的态度,使人们在认识世界和改造世界的过程中,想问题、办事情能够从客观实际出发;教育人们在改造客观世界的过程中改造主观世界,实现认识与实践、改造主观世界与改造客观世界的统一。教育人们以科学的态度及科学的发展观认识、观察和分析问题,重视理论与实践的结合,树立实践的观点,到实践中去解决实际问题。

(二)人生观教育

人生观就是人们对人生目的和意义的根本看法和态度。人生观与世界观是密不可分的,人生观是世界观的组成部分。进行世界观教育,必须落实到人生观的教育上,因为人生观是世界观在看待人生问题上的应用和推广,是世界观的核心。人生观教育的内容主要有以下四方面。

**1. 理想信念教育**

理想是人们在实践中形成的、有可能实现的、对未来社会和自身发展的向往与追求,是人们世界观、人生观、价值观在奋斗目标上的集中体现。信念是人们在一定的认识基础上确立的对某种思想或事物坚信不疑并身体力行的心理态度和精神状态。理想信念可以调动人们进行社会主义现代化建设的积极性、创造性,增强民族凝聚力、向心力,激发人们奋勇拼搏、顽强进取和艰苦奋斗的昂扬志气。树立崇高的理想信念也是有力抵制和克服各种错误思想的精神武器。理想内容包括社会理想、道德理想、职业理想和生活理想,最重要的是社会理想。理想信念教育始终是人生观的核心要素,理想信念决定着人们的政治价值选择和评价,决定着人们政治价值观的性质和方向。

## 2. 人生态度教育

人生态度是一个人在实现人生理想的过程中，在处理复杂多变的人生矛盾时，比较一贯的立场、观点和方法。人生态度是人生观深刻且直观生动的表现和反映。人生态度形成后，对世界观与人生观的巩固或变革具有明显制约作用。人生态度是一个人在实现人生理想的过程中，在一定的社会生活环境中，经过自我的生活体验所形成的关于人生问题的比较稳定的心理倾向。我们对待自己到底是什么倾向？我们要的是积极的、乐观的人生态度。为此，我们要进行认知、情感方面的教育，使受教育者正确认识人生价值所在，从而达到对自己的积极认可，树立正确的人生态度。

## 3. 人生道路教育

人生道路是指人们在度过自己一生的生命历程中所走的道路。实现人生价值，应该走什么样的人生道路，每一个人都有自己的选择，只有把为人民服务作为一生的追求，才会使自己身后留下闪光的人生足迹。

### （三）价值观教育

价值观是人们对于各种客体满足主体需要的有用性、积极意义所进行的评价以及根本看法。

## 1. 价值观是对个人与社会相互意义的判断

价值观是我们对周围的人，一切事物的是非、美丑、善恶的评判，它体现的是主体人的需要与客体物质满足这种需要之间的关系。我们进行价值观教育，首先，必须要以人民群众利益为基础，每个人都是人民群众的组成部分，每个人的个体价值的实现，必须依赖于人民群众整体价值的实现，人民群众整体价值实现了，每个人的价值才能得以实现。对个人的价值评判主要取决于他对社会所做的贡献。

## 2. 价值观教育要引导人们形成集体主义价值观

集体主义价值观强调集体利益高于个人利益，并不排斥、否定个人的正当利益，坚持自我价值和社会价值的统一。个人的价值必须依赖于社会的价值，我们为社会做出贡献，社会发展了，物质财富增加了，精神文明发展了，我们每一个人才能得到最大的满足。同时，社会必须尊重每一个公民的生存和发展权利，使每个人享受合理的要求，产生合理的利益追求，从而使社会和个人两者的价值实现相统一。

**3. 价值观教育要坚持义与利统一观**

社会主义义利观的"义"是指崇高的理想境界和高尚的精神生活,"利"是指国家利益、集体利益和在国家、集体利益之下的合法的个人利益。人们应该遵守道德义务,在道德上和利益上相统一。一方面,国家利益、集体利益是满足个人利益的保障和前提,是个人利益的集中表现;另一方面,没有个人利益的实现,国家利益、集体利益也难以充分发展。国家利益、集体利益是比个人利益更重要、更根本的利益,每一个人的命运都是与国家的、集体的命运紧密相连的。坚持义与利的统一,也就是要掌握一定的道德规则,达到道德上的自律,在道德自律下,通过合法的劳动,实现利益最大化。

## 三、爱国主义教育

进行爱国主义教育是思想政治教育的重要内容。爱国主义是一个历史范畴,在社会发展的不同历史阶段具有不同的内容。在当代,爱国主义体现人民群众对祖国的一种深厚感情和崇高精神。它是同促进历史发展、维护国家独立和广大人民的根本利益密切联系在一起的。爱国主义是中华民族的优秀传统和美德,是中国人民团结奋斗的一面旗帜。爱国主义往往使我们跨越利益关系、阶级情感,跨越团体纠纷而达到空前的凝聚力。爱国主义是中华民族的光荣传统,是推动中国社会前进的巨大力量,是各族人民共同的精神支柱,是社会主义精神文明建设主旋律的重要组成部分。爱国主义教育是提高全民族整体素质的基础性工程,是引导人们特别是广大青少年树立正确理想、信念、人生观、价值观,促进中华民族伟大复兴的一项重要工作。爱国主义教育内容包含中华民族悠久历史教育,弘扬优秀传统文化教育,国情教育,民族自尊心、自信心、自豪感教育,勤俭建国、艰苦创业教育,国防教育和国家安全教育,民族团结、祖国统一教育等。

## 四、政治观教育

政治观是指人们对国家结构、政治制度、国家的内外方针、政策、路线等政治方面的根本立场、根本态度和根本看法。因此,政治观教育是思想政治教育的重要内容,是思想政治教育的可靠保证。政治观教育就是教育者通过教育活动,把社会所提倡的主导政治观转化为受教育者个体的政治品德,也就是要使受教育者形成社会所需要的政治品德和政治行为。这种教育活动,又叫政治社会化。任何统治阶级要想维护并巩固其统治,就必须努力通过政治社会化使成员接受他的政治准则、政治观念,并承担起相应的责任和义务,培养人们形成正确的政治观念、政治立场、政治方向、政治纪律,以提高政治敏锐性和鉴别力,统一人们多元的政治观念及是非观念。政治观教育包括以下三方面内容。

(一)基本国情教育

基本国情主要是指一个国家的社会性质及其所处的社会发展阶段,是指一国相对稳定的总体的客观实际情况,即那些对社会和经济发展起决定性作用的最基本的、最重要的发展因素和限制因素,它常常决定着该国长远发展的基本特点和大致轮廓。中国的最基本国情是我国仍处在并将长期处于社会主义初级阶段,这是党制定路线、方针和政策的基本依据。历史表明,党制定的路线如果符合基本国情,这条路线就会得到人民的坚决拥护,就会引导革命和建设事业取得胜利,反之就会导致失败。进行基本国情教育,帮助教育对象全面了解基本国情,不仅可以使他们知道党在现阶段的路线以及据此制定的方针、政策是什么,更重要的是还使他们明确在现阶段党为什么要制定这样的路线、方针和政策,增加了教育对象对党的路线、方针和政策的认同感。

(二)党的基本理论基本路线基本方略教育

党的十九大就新时代坚持和发展中国特色社会主义的一系列重大理论和实践问题阐明了大政方针,并将习近平新时代中国特色社会主义思想确立为党必须长期坚持的指导思想。学习贯彻党的基本理论的首要政治任务,就是深入学习贯彻习近平新时代中国特色社会主义思想。党的基本路线是党和国家的生命线,坚持党的基本路线是我们事业能够经受风险考验、顺利实现中国梦的最可靠的保证。党的十九大,提出了新时代坚持和发展中国特色社会主义的基本方略,即"十四个坚持"。党的基本理论、基本路线、基本方略是我们党带领人民推进改革开放的历史进程中形成的。新时代贯彻党的基本理论、基本路线、基本方略,关键在深化,关键在落实。

### (三)形势与政策教育

形势与政策教育是思想政治教育的重要内容,其主要任务是帮助教育对象认清国内外的形势,全面准确地了解、掌握党和国家的路线、方针和政策,增强建设中国特色社会主义事业的自信心和责任感。进行形势与政策教育,就要经常向人们分析国际国内形势的发展,宣传党的各项方针、政策,注意引导人们运用马克思主义的立场、观点和方法来观察和分析形势,正确认识形势发展中的主流和支流、全局和局部、现象和本质之间的关系,防止绝对化、片面化和表面性。

## 五、民族观教育

马克思主义民族观是科学的无产阶级的民族观,也是无产阶级关于民族问题的世界观和方法论。马克思主义民族观教育是促使人们形成科学民族观的实践活动。它是一项系统工程,涉及民族意识的生成、民族政策的执行、民族观念的教育和民族理论的接受等各方面。所以,只有系统调节各个方面的要素,才能促进人们科学民族观的形成,把他们培养成促进民族社会发展的建设者和接班人。

改革开放40多年来,特别是西部大开发以来,尽管民族地区的经济社会取得了明显的进步和发展,但由于民族地区的历史文化和地理位置等原因,民族问题依然较为突出。经济方面,东西部社会发展差距在逐步扩大,经济水平和产业结构的差距明显;同时,民族地区内部差距的拉大,民族地区城乡"二元化"经济社会结构差异加大,现代化的大城市生活与落后的农牧区生活并存,先进的现代能源开发和航空航天工业与落后的天然游牧原始农耕并存,这造成民族问题的突出和民族矛盾的加剧。政治方面,民族区域自治制度不断得到加强完善。民族认同和国家认同互动趋势增强,但民族区域自治权力的分配和具体的落实情况还有待进一步的发展完善,民族认同自身存在一些问题,国家认同教育也相对滞后。文化社会方面,民族文化得到了较快的发展,文化卫生、医疗保险等社会事业取得了飞速的发展,民族文化遗产的保护和开发也取得了较大进步,民族特色旅游更是空前繁荣。但还存在一些不法出版物进行民族分裂宣传,伤害民族感情,引发民族矛盾。这些现实民族问题的存在,严重影响到我国的社会安定和民族的团结。

科学的民族观是不会自发形成的。马克思主义民族观是科学的理论,这种科学的理论不可能在人们思想观念中自发形成,需要用各种渠道和方式进行教育和灌输。进行马克思主义民族观教育可以使人们正确地认识民族问题,有利于加强民族团结,抵制民族分裂,贯彻民族政策,进而促进我国社会主义和谐社会的建设,促进中国特色社会主义事业的发展和进步。

### 六、道德观教育

道德是以意识形态为基础的人们在共同生活中形成的行为准则和规范。道德观教育包含以下几方面内容。

**(一)以为人民服务为核心、以集体主义为原则的社会主义道德观教育**

为人民服务是社会主义道德区别于其他道德的显著标志。为人民服务也是社会主义道德要求的集中体现。思想政治教育要培养人们成为有道德的人,就要培养人们为人民服务、为社会奉献的精神。弘扬集体主义精神,集体主义是社会主义的道德原则。要把集体主义精神渗入社会生活的各个层面,提倡个人利益服从集体利益、局部利益服从整体利益、当前利益服从长远利益,要旗帜鲜明地反对个人主义、本位主义、损公肥私和损人利己的不道德行为。同时,我们要教育人们提倡社会主义道德,反对个人主义,从价值导向上引导人们坚持以集体利益、国家利益为重,坚持社会主义方向,全面推进建设中国特色社会主义的伟大事业。

**(二)爱祖国、爱人民、爱劳动、爱科学、爱社会主义的"五爱"教育**

"五爱"是社会主义道德的基本要求,也是社会主义道德规范。爱祖国作为社会主义的道德要求和价值取向,是评价人们行为是否有价值的标准。爱祖国要教育和引导人们热爱祖国的河山、文化、历史、优良传统,关心祖国的前途和命运,把个人命运同祖国命运紧密地联系在一起,具有强烈的民族自豪感、自尊心和自信心。爱人民是社会主义的道德核心,是为人民服务的重要体现,是国民道德的基本要求和基本行为规范。爱劳动是社会主义道德区别于一切剥削阶级道德的重要标志,是社会主义社会最起码的公民公德。爱科学就要崇尚科学,掌握科学知识,投身到科教兴国的事业中去。爱社会主义既是一条政治规范,又是社会主义道德的一项基本要求,是爱祖国、爱人民的具体体现。

(三)大力弘扬社会主义核心价值观,全面推进社会公德、职业道德、家庭美德和个人品德教育

2019年10月,中共中央、国务院印发了《新时代公民道德建设实施纲要》,这是切实加强公民思想道德建设的最新举措。要求我们"以习近平新时代中国特色社会主义思想为指导,紧紧围绕进行伟大斗争、建设伟大工程、推进伟大事业、实现伟大梦想,着眼构筑中国精神、中国价值、中国力量,促进全体人民在理想信念、价值理念、道德观念上紧密团结在一起,在全民族牢固树立中国特色社会主义共同理想,在全社会大力弘扬社会主义核心价值观,积极倡导富强民主文明和谐、自由平等公正法治、爱国敬业诚信友善,全面推进社会公德、职业道德、家庭美德、个人品德建设,持续强化教育引导、实践养成、制度保障,不断提升公民道德素质,促进人的全面发展,培养和造就担当民族复兴大任的时代新人"。[①]

(四)广泛开展网络道德教育

美国未来学家阿尔温·托夫勒在《第三次浪潮》一书中指出:"电脑网络的建立与普及将彻底地改变人类生存及生活的模式。而控制与掌握网络的人,就是人类未来命运的主宰,谁掌握了信息、控制了网络,谁就拥有整个世界。"互联网的传播使整个社会生活产生了重大的变革。

网络道德教育的内容,主要是树立科学的网络观。网络道德教育应注重从道德角度引导教育对象正确地认识计算机和网络,提高教育对象对网络信息的辨别能力。同时对网络道德建设、管理与使用特别是用户的网上活动与道德关系保持清醒的认识。网络道德教育还包括网络道德规范教育。即建立什么样的网络道德规范以及如何对待这种规范与社会伦理规范的冲突,旨在使人们明确,哪些网络行为是应该的、倡导的、鼓励的或允许的,哪些是反

---

[①] 《中共中央国务院印发新时代公民道德建设实施纲要》,载《人民日报》,2019年10月28日。

对的、禁止的。倡导在网上平等、友好相处,合理、有效利用网络资源,网络活动参与者互利互惠,具有责任感和道德羞耻心,不逾越网络"道德底线"——不从事有害于他人和社会的网络活动等。今天,我们的思想政治教育如果不从这一时代特征出发,就会失去思想阵地。习近平总书记指出:"现在,媒体格局、舆论生态、受众对象、传播技术都在发生深刻变化,特别是互联网正在媒体领域催发一场前所未有的变革。读者在哪里,受众在哪里,宣传报道的触角就要伸向哪里,宣传思想工作的着力点和落脚点就要放在哪里。"[①]为此,我们要从实际出发,按照习近平总书记的重要讲话精神,针对不同对象,制定并实行具有中国特色的、与中华传统美德及社会主义道德相互兼容、切实可行、行之有效的网络道德规范。

### 七、法治观教育

加强民主与法治教育是新时期思想政治教育的重要内容之一。要建立健全社会主义法制,必须进行法治观教育。其内容包括我国社会主义民主和法治建设的基本方针、民主意识、法律基本知识、革命纪律的教育等。对人们进行法治教育必须与民主教育结合起来。进行社会主义民主与社会主义法治教育,首先应帮助全体公民增强当家作主的政治责任感,正确运用民主权利。通过法学理论教育,人们掌握马克思主义法学的基本观点,在思想上树立起法律权威,理解宪法是民主制度的产物,帮助人们树立正确的权利义务观念,树立国家主人翁意识。只有大力加强法治教育,才能把法律交给人民,使之成为广大公民的行为规范和维护社会安定的有力武器。要使人们懂得,社会主义民主是在中国共产党集中统一领导下的民主。在社会主义制度下,人民享有广泛的民主和自由,同时又必须遵守社会主义纪律和法制,不允许以任何借口搞极端民主化和无政府主义。我们要有针对性地进行法律、法规的教育,引导和帮助人们懂得什么是守法,什么是违法,明确是非界限,在全社会逐步做到有法可依、有法必依、执法必严、违法必究。同时要使人们懂得坚决同无政府主义、极端个人主义、资产阶级自由化等非民主现象作斗争是

---

① 《习近平在视察解放军报社时强调坚持军报姓党坚持强军为本坚持创新为要 为实现中国梦强军梦提供思想舆论支持》,载《人民日报》,2015年12月27日。

每个公民和社会团体必须履行的宪法和法律规定的义务。只有通过民主与法治教育，才能使整个社会形成一个全民学法、知法、懂法、执法、遵纪守法的新局面。

法治观教育是"认同"法律规范、"接受"法律规范和"消化"法律规范的教育的过程，是培养自觉、自愿的守法精神和塑造体现民主、正义、效率、公平等现代法治理念的教育的过程。以社会主义法治理念指导法治社会建设，就要深刻理解和把握社会主义法治理念的本质要求，坚持依法治国、执法为民、公平正义、服务大局、党的领导，这五个方面相辅相成，体现了党的领导、人民当家作主和依法治国的有机统一。要确立一切权力属于人民、来自于人民的理念，把实现好、维护好和发展好最广大人民群众的根本利益作为一切工作的出发点和落脚点。要坚持以人为本的理念，就要坚持公平正义。公平正义是社会主义和谐社会的一个基本特征，也是社会主义法治的价值追求。在建设法治社会的实践中，要把公平正义作为制定法律和进行制度安排的重要依据，从源头上防止社会不公正现象的出现与扩大，坚持用社会主义法治理念武装头脑、指导实践，把建设法治社会的过程作为学习和实践社会主义法治理念的过程，使各方面都能够坚持和实践社会主义法治理念，坚持社会主义法治的正确方向。不断强化服务大局的各项措施，为社会主义经济建设、政治建设、文化建设、社会建设、生态文明建设提供强有力的法治保障。

**八、心理健康教育**

心理健康教育是思想政治教育的前提性内容。现代思想政治教育是一种涉及人们认知、情感、意志和信念的特殊社会活动，必须以心理教育为起点和前提。在政治、思想、道德和法纪教育的过程中，人的心理状况始终起着维持、调节和统合的作用。心理健康教育就是通过对人们良好心理素质的培养，使人们形成健康的心理品质，为思想政治教育其他内容的实施提供赖以依靠的基础和平台。

心理健康教育主要是提高受教育者心理素质的教育。随着我国改革开放的深入和社会主义现代化建设的飞速发展，社会竞争越来越强，变化节奏也在加快，工作、学习、生活的紧张度增加，人们的心理压力也日益凸显出来。一些人缺乏应有的心理承受能力，难以承受过重的心理负荷，有的甚至产生了一定程度的心理疾病。因此,心理健康教育的内容,就是进行心理健康教育和指导,使受教育者形成良好的个性、健全的人格、健康的情感、乐观的心态、坚强的意志,特别是要增强受教育者在激烈的竞争中勇于进取、不怕挫折、自强自立、艰苦创业的意志品质和能力。

总之,在对思想政治教育内容进行总体归类和层次划分的基础上,研究各基本构成要素在思想政治教育中的地位及相互关系,从而使内容形成一个清晰、稳定、合理的结构,使各要素相互渗透、相互联系、有机结合、功能互补。我们要根据其各自的地位和作用,对其进行整合并按照系统论的整合性、有序性和动态性要求,发挥思想政治教育的整体效用。

1. 简述确定思想政治教育内容的依据。
2. 简述思想政治教育主要内容的发展沿革。
3. 简述社会主义网络道德建设的重要意义。

# 第五章
# 思想政治教育载体

思想政治教育实践活动不是在真空中进行的,它总是要通过一定载体才能进行。教育内容的实施、活动的开展、任务的完成,都离不开一定的载体。在实际工作中,思想政治教育者都会不自觉地用到载体,但并不是每一个教育者对载体都有明确认识。全面把握思想政治教育的载体,并根据新媒体时代,社会主义市场经济条件下所出现的新情况以及思想政治教育的不同内容,选择合适的载体,是补足新时代思想政治教育短板,建构具有中国特色思想政治教育话语体系的一个重要方面。

## 第一节 思想政治教育载体概述

载体本是一个科技术语,最早出现于化学领域,后来广泛应用于科学技术和社会科学的各领域。具体到不同的学科,对载体概念内涵的界定及其运用就出现很大的差别。从现有文献看,"载体"概念被引入思想政治教育领域是在1992年。[1] 随后的二、三年中,又有若干篇论文专门讨论思想政治工作载体,由此拉开了思想政治教育载体研究的序幕。载体作为一种承载并传递信息、内容的工具,蕴涵一定的方法和形式,并成为联系教育主体与教育对象的特定途径。

思想政治教育载体进入思想政治教育理论的视野时间不长,目前对思想

---

[1] 杨广慧:《探索新路子 寻找新载体》,载《思想政治工作研究》,1992年第10期,第10～12页。

政治教育载体的理论研究还比较薄弱。本章从思想政治教育的环境角度论述思想政治教育载体,属于广义上的思想政治教育载体理论。

## 一、思想政治教育载体的含义

马克思说过,观念的东西不外是移入人的头脑并在人的头脑中改造过的特制东西而已。思想政治教育过程是在一定的客观环境中思想政治教育者通过某种形式、手段向思想政治教育对象传输符合社会发展要求的思想观念、政治观点、道德规范等,使教育对象具备社会所要求的思想政治品德及其行为的过程。所谓环境,是指人类主体的活动赖以进行的自然条件、社会条件和文化条件的总和。马克思主义认为,"人创造环境,同样,环境也创造人"。[1] "环境是一种巨大的精神力量,对于控制人们的行为具有巨大的约束力"。[2] 所谓思想政治教育环境,是指对思想政治教育活动以及思想政治教育对象的思想政治品德形成和发展产生影响的一切外部因素的总和。正是在思想政治教育环境中,教育主体与教育对象之间才能通过一定形式、手段联系起来。

概括地说,思想政治教育载体是指为思想政治教育活动提供教育支撑并承载思想政治教育信息的环境,以及在此基础上展开的一系列传导思想政治教育活动的一切形式和手段。承载和传导是思想政治教育载体的两个基本功能。思想政治教育载体表现形态和类型多种多样,综合承载和传导两项功能,我们把思想政治教育载体分为人文环境载体和自然环境载体两大类。

## 二、思想政治教育载体的价值

思想政治教育载体是思想政治教育过程的综合组织形式或具体的活动形式,是思想政治教育过程各要素相互联系的枢纽,是各要素相互作用实现的形式。思想政治教育载体的价值,主要体现在以下五个方面。

第一是传输信息。从信息论角度看,思想政治教育过程,也是一个信息获取、传递、加工、贮存、转换的过程。思想政治教育载体的重要功能恰恰在

---

[1] 《马克思恩格斯选集》(第1卷),北京:人民出版社,1995年,第92页。
[2] 陈秉公:《思想政治教育学原理》,沈阳:辽宁人民出版社,2001年,第285页。

于承载教育信息,在教育者与受教育者之间实现传递和沟通。恰当有效的载体能够使教育者与受教育者双方在最短的时间内达到对教育信息的最真实、最全面的传递和掌握。

第二是增强效果。从教育心理学角度看,无论是人的思想意识的形成,还是人的品德的形成都必须依赖社会实践。社会实践是思想意识和品德形成的基础,推动和加速思想意识的转化和优良品德的形成。思想政治教育载体为思想政治教育提供了丰富的社会实践环节和其他辅助环节,对落实思想政治教育内容,实现思想政治教育目的,在强度、速度、广度、深度等方面具有烘托、提高、深化和增强的巨大作用。

第三是减少阻力。从思想政治教育开始,以至整个思想政治教育过程中,受教育者都会产生各类"意义障碍",如对教育者的信任度不高,对教育目的和内容的真实性、科学性不信任或对教育的方式方法不满意等。受教育者的"意义障碍"始终是影响思想政治教育效果的心理阻力。思想政治教育载体是承载教育因素的工具和中介,具有客观性、真实性、相容性,是消除受教育者"意义障碍"的最佳方式。科学地使用载体往往能够使思想政治教育工作,因及时消除受教育者的"意义障碍"而取得事半功倍的效果。

第四是辩证互动。思想政治教育载体的使用,增加了教育者与受教育者联系与沟通的机会,有利于双方互相启发、互相影响、互相制约、互相激励、共同进步。运用思想政治教育载体有利于教育者与受教育者,在教育实践的基础上实现"双主体"互动,得到情感交融和人格升华的效果。

第五是检测评估。思想政治教育载体对思想教育决策和效果具有检验和测评功能。这项功能不是所有思想政治教育载体都具有的,它主要是动态载体即思想政治教育活动和过程载体功能。"活动和过程"类载体,一方面能够承载教育因素,推动思想政治教育目标实现;另一方面,也能作为对受教育者和整个思想政治教育的实践表现,检测教育的效果。

## 第二节　思想政治教育载体的形态

就其现实表现而言,思想政治教育载体的具体形态,大致可以划分为人文环境载体和自然环境载体两大类。无论是什么环境载体,它们本身都包含并承载着丰富的思想政治教育内容和信息,都共同作用于现实社会中的思想政治教育实践活动,服务于稳定社会秩序、协调社会关系、维护社会繁荣稳定的人类发展之目的。

### 一、人文环境载体

所谓人文是指人类社会的各种文化现象。人文环境,专指由于人类活动产生的周围环境,是人为的、社会的,如人文景观、网络环境、舆论环境等。思想政治教育的人文环境载体是指教育主体在一定的环境支撑下,有目的、有计划地向教育对象传导思想政治教育信息的一切形式和手段。它主要包括管理载体、文化载体、活动载体、大众传媒及网络载体。了解和把握这些载体的丰富内涵和主要特点,对于我们在理论和实践中进行有效的思想政治教育是十分必要的。

#### (一)管理载体及其特点

思想政治教育管理载体即"以管理为载体"之意,是指寓思想政治教育内容于管理活动之中,通过建立合理的规章制度和有效的运行机制,以达到提高人们的思想道德素质,规范人们的行为,调动人们的生产、工作、学习积极性的目的。这种方法实质上是以现代管理为手段,对人们进行严格纪律的熏陶,使思想政治教育由"虚"落到"实"处,使人们在严格管理的长期实践中逐渐养成良好思想政治品德和行为习惯。正确运用管理载体,有助于增强思想政治教育的效果,实现思想政治教育的目标。管理载体的特点,主要体现在以下四个方面。

其一是强制性。管理所依托的组织纪律、规章制度等对人与人之间的关系进行调适、对人的行为进行规范。凡是管理都要借助一定的权力来保证执行,如采取行政的、经济的、法纪的手段进行管理,一般都具有相当的严肃性,都对全体成员具有强制的约束力,人们必须依章办事,否则就要受到相应的惩罚。

其二是普遍性。管理活动可以遍及生活的各领域,各领域的思想政治教育都可利用管理开展教育工作。作为思想政治教育载体的管理活动与人们的工作、学习、生活息息相关,具有广泛的覆盖面。

其三是组织性。思想政治教育以管理为载体,就是在实施思想政治教育过程中必须依托一定的组织机构,遵循一定的规章制度,只有如此,才能有效地对人力、物力、财力等思想政治教育资源进行优化配置,使人们从他律走向自律,最终实现提高人员素质的组织目标。没有一定的组织性,思想政治教育根本不能实施,也就不能称其为教育了。

其四是综合性。现实中的思想政治教育工作不仅需要多管齐下,齐抓共管,而且必须综合运用多学科的知识。而任何管理活动也要受多种因素的综合影响,并要通过综合解决各种复杂的矛盾以达到系统的协调和目标的实现。作为思想政治教育载体的管理活动比纯技术意义上的管理更具有综合性,管理者不仅要考虑物的因素,还要考虑人的因素;不仅要考虑人的工作,还要考虑人的思想、意识、道德表现;不仅要考虑人的八小时以内,还要考虑人的八小时以外等。由此可见,管理载体具有更强的综合性。

(二)文化载体及其特点

所谓思想政治教育文化载体是指能承载社会文化的事物,寓思想政治教育内容于文化建设之中,通过增长知识与提高素质,以提高人们的思想认识和觉悟水平。它在内容上一般包括物质文化、制度文化、精神文化三个层面,如建筑风格、地理环境、规章制度、行为规则、价值观念等;在形式上又具体区分为企业文化、校园文化、社区文化、村镇文化、军营文化和家庭文化等。文化载体的特点。主要体现在以下四个方面。

其一是民族性。在人类文化发展过程中,各民族形成的渊源和途径不同,形成了特定的民族心理、风俗习惯、宗教信仰、道德风尚、伦理意识、价值观念、行为准则、生活方式、传统精神等。文化的民族性使得文化载体具有浓郁的民族特色。

其二是渗透性。作为一种思想政治教育载体,文化本身就蕴含着丰富的思想政治教育内容,这些内容通过文化能在不知不觉、有意无意、潜移默化中影响教育客体的语言和行动。

其三是全面性。凡有人的地方就有文化,文化遍及社会生活的各个领域。它无时不在,无处不在,纵向到底,横向到边,全方位、多角度地影响每一个人。如自然科学技术、经济可保障人的生存,道德、政治法律可维护社会关系及秩序,艺术可自由表达人的情感,宗教可给人以信仰。

其四是可塑性。文化载体的可塑性,突出地表现在培育企业精神、塑造企业形象、形成优良校风、增强社区凝聚力等各方面。文化的主体是人,人的活动不仅产生了文化,而且还不断改变文化的存在方式,并创造出新的文化形态,使文化呈现出可塑性。

另外,文化载体还具有共享性。文化载体可以由它的成员共享,否则文化就不能传播,社会成员之间也将无法沟通与合作。

### (三)活动载体及其特点

所谓思想政治教育活动载体,是指思想政治教育工作者为达到一定的思想政治教育目的,以广大人民群众为主体,通过开展各种活动,寓思想政治教育内容于活动之中,使人们在参与活动的过程中潜移默化地受到感染、熏陶和教育。它包括一般社会活动,如文化活动、社会服务、社会调查、参观访问、精神文明建设等。它通过人们直接参与实践的方式,把思想政治教育落实到基层,吸引力大,感染力强,是思想政治教育不可忽视的一个重要方法。根据活动载体的内容,可以将其划分为四种类型:参观游览型、文化娱乐型、业务融合型、理论学习型。而活动载体的特点,主要体现在以下四个方面。

其一是间接性。运用无意识教育、形象教育的方法,使受教育者由被动转为主动地参与教育活动,潜移默化地对人施加一种心理刺激,启迪人的美好心灵,培养人的道德情操,使受教育者充满愉悦之感,从而产生"润物细无声"的教育效果。

其二是目的性。作为思想政治教育载体的活动,主要围绕党在各个时期的中心工作展开,以全面提高人的素质为根本目的,因而具有很强的目的性。活动载体目标越明确,就越能增强思想政治教育的针对性与有效性。

其三是群众性。群众是活动的主体,广泛地发动群众主动参与,是活动能否成功的前提条件。丰富多彩、形式多样、生动活泼的各种活动,不仅满足了广大人民群众的多种需求,而且使群众在活动中得到了教育。

其四是实践性。活动本身可以说就是思想政治工作方法理论的实践形式,因而具有实践性。活动的实践性体现在三个方面,首先,活动的开展是思想政治工作方法理论接受实践检验并从中总结规律的过程;其次,活动使人的思想认识在实践中不断深化、提高;再次,活动的开展本身往往就是把改造客观世界和改造主观世界统一起来的实践活动。

(四)传媒载体及其特点

传媒环境是社会舆论环境的一个方面,借助人际传播媒介、组织传播媒介特别是大众传播媒介的传播而形成。传媒环境是影响人们意识和行为的强大的舆论力量,是进行道德评价的重要手段。大众传播媒介是人们传递信息、交流思想情感的一种载体,如报纸、杂志、广播、电影、电视、录音、录像以及当今兴起的计算机网络、通讯卫星等,以其特有的优势——传递迅速、纷繁多样、具体形象、信息量大、涵盖面广、导向性强等特点,广泛而强烈地影响着当今社会的方方面面,包括人们思想观念、政治观点、道德品质的形成与发展过程。所谓思想政治教育传媒载体是指思想政治教育寓大众传播媒介之中,向受教育者承载、传递思想观念、政治观点、道德品质等信息。传媒载体主要有以下三种类型。

其一是印刷媒介载体,包括报纸、杂志、书籍等。它们主要是借助文字符号进行传播。印刷媒介的出现是人类传播史上的一次巨大革命,其优点在于如下四点。一是易深度化,信息量大。二是造价低廉,制作简便。三是便于选择与携带。四是便于保存。缺点主要表现在:一是时效性差,对事件的反应速度远远慢于广播、电视;二是传播不广,受文化程度的限制;三是生动性和感染力弱,这是比较广播、电视来说的。

其二是电子传媒载体,包括广播、电影、电视等。电子媒介的出现是人类传播史上又一次革命,意味着信息时代的到来。广播载体的优势在于:传递迅速,时效性强;覆盖面广;声情并茂,感染力强。广播的劣势主要是转瞬即逝,不易留存,且选择性弱。电视载体除时效性强以外,还具有如下特点:一是可信度高,现场感强;二是它是家庭生活的一种方式。电视的劣势首先是想象力弱。电视信息传播具有形象、直观、直接的特点,观众感知客观事物无需发挥多大想象力,无需调动多少生活体验和知识储备。其次是易流于表面化和浅薄化。电视属告知型媒体,不适于对信息进行分析、解释、说理,不适于表现深刻的事理和复杂的内容。现在的网络载体在很大程度上克服了电视的这些缺陷。

其三是互联网载体,即网络载体。在"信息爆炸"的今天,人们借助于互联网,可以贮存、处理大量信息。在工作中逐步建立互通互联的国际网络,可以在世界范围内实现信息的共有共享。信息的共有共享,是互联网的内在特征,它具有增值性和不因共享而减少的特征。和传统的思想政治教育载体相比,网络载体具有如下的特征和优势。一是多样性。网络上的内容丰富、形象、生动,覆盖面非常广,几乎覆盖了我们工作、生活的各个领域,具有强烈的审美性和艺术感染力。二是实时性。通过网络传播信息,具有传统方式无法比拟的速度优势。三是开放性。网络是一个开放的平台,人们可以自由地发布信息、发表言论、收发数据、获取信息,虽然目前可以使用行政手段加以控制,但效果非常有限。而开放网络的出现在很大程度上削弱了国家对信息的控制,为个体对国家和社会的基于实力平等的挑战提供了可能。四是隐蔽性。互联网具有很高的包容性和延伸性,由此营造了一个具有很高隐蔽性的虚拟空间。

### 二、自然环境载体

自然环境又叫物理环境,是指人类社会存在和发展的自然条件的总和,如日月星辰、江河湖海、山川平原等。自然环境是人类赖以生存和发展的条件,也是人们生存和发展的物质基础。所谓思想政治教育自然环境载体是指自然环境中承载着丰富的思想教育内容,使教育对象受到潜移默化的影响。它的作用方式是潜在的、基础性的,而不像人文环境载体那样是直接的和本质性的。如祖国美好的自然环境蕴涵着丰富的教育内容,能培养人们的爱国主义的思想感情。

自然环境作为思想政治教育载体不仅为人的健康成长提供必需的各种物质条件和进行思想政治教育活动的场所,更为重要的是它还对人们的思想有一定的影响,古今中外的教育家都十分重视这种影响,"借山光以悦人性,借湖水以静心情"。然而,自然环境对人的作用不是单一的,它可以通过人们的实践活动反过来改造自然环境,为自己的发展创造更有利的外部条件。正是在人与自然环境这种交互作用中,人自身才得到不断完善,人的思想政治品德由不成熟转变为成熟。

此外,在现实的思想政治教育实践中,连接思想政治教育主体和思想政治教育内容的具体载体,还有语言载体、行动载体、传统载体以及现代载体,等等。

## 第三节　思想政治教育新载体的选择与开发

互联网、大数据技术和人工智能突飞猛进的发展,给人们社会生活带来新变化,使得信息传播方式不断发展,思想政治教育进入一个崭新的阶段。互联网的迅猛发展,改变了舆论的生成方式和传播方式,给人们价值观念交流交融交锋带来了前所未有的影响,很多问题因网而生、因网而增,互联网关系到国家政治、文化和意识形态安全。习近平总书记指出,"谁掌握了互联网,谁就把握住了时代主动权;谁轻视互联网,谁就会被时代所抛充","过不了互联网这一关,就过不了长期执政这一关"。[①] 较之于传统的思想政治教育,很多学者把这种新型思想政治教育方式称之为网络思想政治教育。互联网引发的信息传播方式,摆脱了时间和空间的限制,有学者称这种传播方式,"既是阵地又是平台,既是环境又是载体,既是工具又是一种新的生存方式"。[②] 如何综合利用这些新载体平台,借助新载体带来的便利,推动互联网这个最大变量变成我国思想政治教育事业发展的最大增量,抓住新时代思想政治教育的领导权,是思想政治教育工作现阶段所要解决的重要理论和实践问题。

近年来,新的信息化手段在有的行业已经得以应用,人工智能、5G 等技术走进了人们的视野,取得很好的效果,这也为当前利用互联网开展思想政治教育提供了可能性。如,《人民日报》利用大数据技术、自然语言处理等技术进行内容纠错;新华社推出的 AI(Artificial Intelligence,人工智能)合成主播具有与真人相同的播报能力,有的宣传机构还推出了 Vlog(Video Blog,视

---

[①] 中共中央宣传部编:《习近平新时代中国特色社会主义思想学习纲要》,北京:人民出版社、学习出版社,2019 年,第 151 页。

[②] 刘书林:《思想政治教育学原理专题研究纲要》,北京:人民出版社,2018 年,第 173 页。

频博客)、VR(Virtual Reality,虚拟现实)宣传形式,取得了很好的宣传实效,这说明我们已经具备了成熟利用网络新媒体和新的信息化技术手段的能力来开展思想政治教育。信息技术给教育领域也带来了巨大变化,电化教育、PPT、慕课、翻转课堂、网络金课等促进了思想政治教育方式的巨大变革,提高了思想政治教育的时效性。接下来将尝试以网络新媒体、大数据技术、人工智能为例,谈思想政治教育新载体的选择与开发。

**一、网络新媒体**

网络新媒体也可以直接简称为新媒体,是"继报刊、广播、电视等传统媒体以后发展起来的新兴媒体形态,是利用数字技术、网络技术、移动技术,通过互联网、无线通信网、有线网络等渠道以及电脑、手机、数字电视等终端,向用户提供信息和娱乐的传播形态和媒体形态"。[①]

1994年4月,我国实现了与因特网全功能连接,此后互联网用户每年以100%以上的速度递增。第44次《中国互联网络发展状况统计报告》显示,截至2019年6月,我国网民规模达8.54亿,互联网普及率达61.2%。随着信息社会不断发展,以互联网为技术支撑的新兴媒体,借助智能手机在社会中随处传播资讯,对人们的影响越来越大。我们在日常生活中随处可见QQ、微信、微博、客户端等新媒体,抖音、网络直播平台、问答社区等也受很多人青睐,甚至有的人以此为生计,特别是当前全程媒体、全息媒体、全员媒体、全效媒体的发展,使思想政治教育面临着一场前所未有的革命,如果不能正视这个事实,就会导致思想政治教育工作的边缘化。互联网技术日新月异的发展,使信息沟通的广度和速度得到了扩宽和提升,为人们提供了广阔、高效的活动空间,人们沟通交流的途径发生了翻天覆地的变化,交往的空间也在网络"四维"延伸,网络从一个信息交往平台演变成了一个虚拟的公共空间。互联网成为了意识形态斗争的主战场,给思想政治教育工作带来许多新情况、新任务、新课题。

习近平总书记指出,"很多人特别是年轻人基本不看主流媒体,大部分信

---

① 陈万柏、张耀灿主编:《思想政治教育学原理(第3版)》,北京:高等教育出版社,2015年,第108页。

息都从网上获取"。① 广大受众特别是年轻受众多以互联网作为主渠道获取信息,互联网成为新兴的舆论阵地,网络思想政治教育的地位和重要性日益凸显。网络在深深地影响人们的思维、生产、生活方式的同时,也影响着人们的行为、心理和"三观"的涵育,这对当前思想政治教育提出了更高的要求。以高校思想政治教育为例,在传统的思想政治教育工作中,教师是教育的主体和实践者,教材是学生接受教育的主要源头。网络新媒体的出现使教育形式、教育方法和教育内容显得更加灵活多样,思想政治教育工作不再局限于某些特定的时间或空间,教师和学生可以使用微信、微博、QQ等新媒体,随时随地传播和接受思想政治教育内容。由于思想政治教育载体的新变化,思想政治教育的内容也在发生改变。网络的便捷快速使用使思想政治教育的资源实现共享,同时也带来了多元化和复杂化的思想,大量的网络内容从一定程度上消解了某一思想的权威性。随之而来的是思想政治教育的管理方式也发生了变化。在大量不加辨别的信息涌进之后,学校、管理者的相关思想政治教育的信息很可能受到干扰和弱化,参差不齐的网上信息无疑给思想政治工作的管理带来前所未有的挑战。

(一)网络新媒体的特点

有学者认为,网络新媒体具有"交互性与及时性、海量性与共享性、多媒体与超文本、个性化与社群化"②的特点。也有的将其概括为"自发性、突发性、公开性、多元性、冲突性、匿名性、无界性、难控性"③等特点。以下主要从时效性、互动性、解构性、虚拟性来论述。

第一,时效性。网络新媒体的实效性在于信息的传播不受时间和空间的限制,只要有发送信息的设备和信息的传输信号,任何拥有设备的人员都可以随时随地接收发送的信息,这些信息不是传统意义上的文字和图片,音频和视频也可以即时发送,甚至多种语言之间、语言和文字之间也实现了瞬时

---

① 《习近平关于全面深化改革论述摘编》,北京:中央文献出版社,2014年,第83页。
② 陈万柏、张耀灿主编:《思想政治教育学原理(第3版)》,北京:高等教育出版社,2015年,第109页。
③ 新华通讯社课题组编:《习近平新闻舆论思想要论》,北京:新华出版社,2017年,第208页。

转变。由此,将新媒体平台打造成为思想政治教育的新载体和新媒体的进步地位关系密切,网络新媒体的时效性强化了思想政治教育的活力和新鲜性,这不仅可以加快思想政治教育内容的传播速度,也可以及时更新思想政治教育的内容,紧贴思想政治教育的热点和难点并有针对性地展开工作。

第二,互动性。网络新媒体的互动性是指任何使用新媒体手段的主体都可以在网络平台上以各种形式互动,如,发布信息、评价或者回复信息等。平台上的任何参与者都可以是信息的主体。新媒体的互动性为思想政治教育提供了好的时机。如,人们常在电商平台上购物,作为商家,最为关注的除了销量以外,还特别重视顾客的好评,有的商家直接宣传"好评达10W+",以此来吸引更多的顾客。为什么商家会这么在意顾客的网上评价?更深层的原因在于顾客的好评具有对其他潜在顾客的宣传功能。一句"亲,真的很不错,下次还会来"带来的经济效应远远超过商家花费数十万广告费进行海量宣传的效果,并且这种心口相传带来的"一传十、十传百"的广告效应更为可信。

在课堂教学中,相对于传统的思想政治教育课堂,网络新媒体平台无需参与主体的个人真实信息,更无需参与者在场,没有了面对面发言的顾虑,学生更敢于在媒体平台上表达自我、畅所欲言和抒发情感。尤其是那些有影响力的"意见领袖"发表观点和看法后,社会大众有的选择"网络围观",有的害怕被孤立而选择附和"意见领袖"的观点。这时教育者可以围绕相关的话题和议题,通过平台留言和互动把握受教育者的思想动态和心理特点,因人而异地开展思想政治教育。教育者和受教育者不仅仅局限于课堂教学或者面对面的交流,还可以在闲散零碎的时间里完成思想政治教育。

第三,解构性。相对于传统的思想政治教育,新媒体时代网络的内容不再是某些专业人群编写,上至古稀老翁、下至学龄孩童,任何网民都可以采集、编辑、发布,如,微博"随手拍",微信"朋友圈"信息发布,可以不带文字。智能手机即时通信功能的覆盖,使信息的发布可以随时、随地、随身,这种开放式、低门槛的信息发布模式和平等化的信息参与,消解了信息的权威性和中心性,从很大程度上提升了网民参与的积极性,同时也降低了网络内容的审核门槛,话语权获得成本较低,这种情况下专业的思想政治教育工作者的权威形象也逐渐被消解。不仅如此,网络空间上还充斥着零散而琐碎的海量信息,内容良莠不齐,合法信息和非法信息并存,健康信息与不良信息并存,使网络新媒体带有先天缺陷,话语方式表现为"自话自说""我行我素"的横冲直撞。"这样无秩序的话语权膨胀所导致的价值观念的冲击无疑是破碎的、混杂的、不成体系的,也无法很好地承担价值引领和建构的功能"。① 一些思想尚不成熟的年轻群体,对良莠混杂的海量网络资源,难辨真伪,其中的虚假信息和不良信息极易导致其认知偏差,而人们更加倾向于选择与大多数人群相一致的行为,从而避免因为出现特立独行的行为和言论而被大多数人群所孤立,导致"沉默的螺旋"效应,对一些人造成误导,对其思想造成冲击,对其世界观、人生观、价值观的形成产生消极影响。

马克思主义认为,"不是人们的意识决定人们的存在,相反,是人们的社会存在决定人们的意识"。② 当前社会从传统走向现代、从农业走向工业、从封闭走向开放,社会转型带来多样化的社会意识,各种伪马克思主义、反马克思主义思潮纷沓而来,新自由主义、历史虚无主义、拜金主义、享乐主义不甘示弱,亨廷顿的"文明冲突论"、福山的"历史终结论"等思想潜移默化地影响着人们,形成了对人们价值观念的解构。

第四,虚拟性。这一特点也是互联网传播的共性。互联网是一个无形的时空和社会,活动主体虚拟化。人们在网上自由地交友、学习、购物、娱乐、评论、恋爱等,其活动的范围和活动的内容涉及现实社会的绝大部分,这些活动超越了时空限制以及现实社会中人的主观能动性和物质方面的局限。活动主体的年龄、容貌、身材、职业、性别等表现为抽象化、虚拟化,早期网上的一句名言赤裸裸地揭示了这一现象——"没有人知道你是一条狗"。关于主体角色的虚拟性,网络新媒体可以说虚拟程度更深,从 QQ 的"声与声"互动,到一个图片、一个视频、一个符号交往,其背后是"天使"还是"魔鬼"人们难以区分。媒介话语表达的多样性、网络语言的自由性、由数字技术造成的德性转移和知性变迁,恶化了网络生态环境;网络的开放性和虚拟性导致了与现实社会传统伦理在承载主体身份认同上的差异;网络匿名性使得网络成员摆脱了现实生活中角色的种种制约,道德主体就被虚拟化了,在网络交往中带上

---

① 夏一璞:《互联网的意识形态属性》,北京:首都经济贸易大学出版社,2015 年,第 81 页。
② 《马克思恩格斯文集》(第 2 卷),北京:人民出版社,2009 年,第 591 页。

了"面具",不需要现实社会中的"身份证"的实名认证,交往者在社会中承担的社会角色发生了变化,社会道德责任的约束性弱化;加上网上规章制度建设的相对滞后性,网上违反社会公德甚至违法犯罪的非理性的越轨行为频频发生,主要表现为责任缺失、道德滑坡和行为失范等,因此加强网络文明、网络道德建设的必要性凸显。

### (二)高校思想政治教育工作面临的挑战

高校是思想政治教育的主要战场。面对网络新媒体的时效性、互动性、解构性、虚拟性的特点,思想政治教育的作用再次被加强,思想教育工作者要因势利导,趋利避害。如果说时效性等特点具有网络思想政治教育的普遍性的话,那么由于肩负着立德树人的根本任务,高校思想政治教育工作又具有其特殊性。2016年,在全国高校思想政治工作会议上,习近平总书记提出了"要运用新媒体新技术使工作活起来,推动思想政治工作传统优势同信息技术高度融合",进一步强调了当前加强网络思想政治教育的现实紧迫性。

第一,传统思想政治教育方式受到冲击。在以往的思想政治教育和教学中,由辅导员、思政课教师构成的教师队伍是思想政治教育的主体,他们依靠渊博的知识和丰富的经验因而具有领导权。然而,反观以往的教育方式无非是以思政课的满堂灌输、辅导员苦口婆心的说服等教育方式为主,这种方式受教师的授课水平、学术水平、表达水平等各方面因素的影响。以往教育方式采用的教学方式、方法、理念等往往局限于当下的问题,理念更新慢。互联网丰富的知识冲击了传统的思想政治教育方式,网络思想政治教育的诸多特点,迎合了青年学生接受新奇事物的心理需要,倒逼思想政治教育方法的变革和创新。除此之外,计算机、手机、视频、传感器、移动物联网、云计算等设备可以对学生的日常网络生活进行全景式的数据化处理,从而及时、准确地掌握大学生思想政治状况的真实全貌。

第二,增加了思想政治教育的工作内容。高校思想政治教育工作者要运用新媒体新技术,推动思想政治工作传统优势与信息技术高度融合。高校思想政治教育工作者要运用网络新媒体对学生开展思想引领、价值取向引导、学习指导、生活辅导、心理咨询等工作,做好网络职业生涯规划与就业创业指导、网络党课、网络团课、网络心理辅导等,传播先进文化,构建网络思想政治教育重要阵地。在教育工作者原有的"三点一线"(教室—食堂—宿舍)的现实工作场所基础上,又增加了虚拟的互联网,教育工作者"两眼一睁,忙到熄灯"后,还要关注班级QQ群、微信群、朋友圈学生们的网络"发声",把握学生的心理动向。这不仅加大了思政工作的难度、增加了工作强度和工作时间、费事、费力,还在客观上要求教育工作者自觉学习新的网络技术。

(三)网络思想政治教育阵地建设

2012年11月,党的十八大胜利召开,中国特色社会主义进入了新时代。党的十八大明确指出:"加强和改进网络内容建设,唱响网上主旋律。"[1]这是以习近平同志为核心的党中央对加强网络思想文化阵地建设的新部署。党的十九大将思想政治教育提高到文化自信的高度,提出了"加强互联网内容建设,建立网络综合治理体系,营造清朗的网络空间"。[2]习近平总书记从意识形态的引导和舆论宣传方面来加强网络思想文化阵地建设,强调培养和践行社会主义核心价值观,发挥社会主义核心价值观对国民教育、精神文明创建等的引导作用,加强阵地建设和管理,做到守土有责、守土负责、守土尽责,把社会主义核心价值观融入经济社会发展各方面,转化为人们的情感认同和行为习惯,使各类意识形态阵地始终成为传播先进思想文化的坚强阵地,决不给错误思想观点提供传播渠道。

思想政治教育阵地建设中,"要解决好'本领恐慌'问题,真正成为运用现代传媒新手段新方法的行家里手"。[3]首先,要注意思想舆论领域红色、黑色、灰色"三个地带"的转化。在思想政治教育中,要守住红色地带主阵地;管控黑色地带中主要是负面的东西,大大压缩其地盘,逐步推动其改变颜色;争取灰色地带,使其转化为红色地带,做到"敢转敢管、敢于亮剑,与否定党的领导、否定中国特色社会主义制度等错误言行作不懈斗争"。[4]其次,采取有效

---

[1] 《中国共产党第十八次全国代表大会文件汇编》,北京:人民出版社,2012年,第30页。

[2] 习近平:《决胜全面建成小康社会夺取新时代中国特色社会主义伟大胜利——在中国共产党第十九次全国代表大会上的报告》,北京:人民出版社,2017年,第42页。

[3] 《习近平关于全面深化改革论述摘编》,北京:中央文献出版社,2014年,第83页。

[4] 中共中央宣传部编:《习近平新时代中国特色社会主义思想三十讲》,北京:学习出版社,2018年,第219页。

措施优化网络及新媒体环境。根据有关网络及新媒体的法律法规,依法加强对网络及新媒体的管理制度;建立健全网络及新媒体的管理;建立健全网络及新媒体道德规范,积极开展网络及新媒体道德教育,引导和规范人们的网络行为;建立和健全红色网站运行机制,开辟思想政治教育新阵地,使网络成为思想政治教育的重要手段,坚持不懈地开展网上"扫黄"工作,严防有害信息在网上传播。只有这样,才能优化网络和新媒体环境,使网络和新媒体成为思想政治教育的促进因素。① 最后,服从服务于国家重大战略,强化新媒体的积极影响。一个时代有一个时代的问题,一代人有一代人的使命。例如,改革开放已经进行了40多年,容易的、皆大欢喜的改革已经完成了,好吃的肉都吃掉了,剩下的都是难啃的硬骨头。因此,在思想政治教育中,要注重运用互联网新媒体,加强对改革的正面宣传和舆论引导,为顺利推进全面深化改革营造良好的环境。思想政治教育用鲜活生动的网络语言,把党的大政方针表达出来,潜移默化地开展舆论引导,起到"春风化雨、润物无声"的作用,增强思想政治教育的吸引力、感染力和传播力。

## 二、大数据技术

人类数据与信息的传递、加工从人类结绳记事就开始了,这一古老的生活生产元素随着我们对信息处理、传递和交流速度的加快,愈发显示出其改变世界的力量。信息与数据的力量得以大爆发,有赖于互联网技术的突飞猛进以及它进入人类生产生活的程度。

"大数据开启了一次重大的时代转型。就像望远镜让我们能够感受宇宙,显微镜让我们能够观测微生物一样,大数据正在改变我们的生活以及理解世界的方式,成为新发明和新服务的源泉,而更多的改变正蓄势待发"。② 大数据是要在巨大的数据库和海量的信息中寻找有价值的信息和内容,再对这些信息进行分类、整理、分析和合并,从中获得新的知识,创造新的价值。大数据的重要意义不仅仅在于海量的信息,更在于从对海量信息的筛选和处

---

① 陈万柏、张耀灿主编:《思想政治教育学原理(第3版)》,北京:高等教育出版社,2015年,第117~118页。

② [英]维克托·迈尔-舍恩伯格、肯尼思·库克耶:《大数据时代》,盛杨燕、周涛译,杭州:浙江人民出版社,2013年,第1页。

理过程中，得到更有价值的信息。通过对整理后的数据进行观察，得出事物的发展趋势，有效预测发展方向和规避风险等。无疑，大数据的发展也影响了新时代思想政治教育工作，大数据成为思想政治教育新的载体。

第一，大数据提升思想政治教育工作的精准性。提升思想政治教育工作的精准性不仅仅包含个性化、量身定制化的教学内容，同时还包括可以针对某一社会现象进行精准分析。一方面，思想政治工作者可以通过在线教学记录和搜索受教育者的学习时间和学习内容，记录教育者的教学内容和学生的学习行为，根据数据信息的分析和量化，反映教育者的思想政治教育特点，发现受教育者的学习规律，判断受教育者的学习需求、学习风格和学习行为，从而更针对性地进行教学输出，推荐适合个体的有针对性的教学服务，为受教育者提供个性化学习体验。另一方面，当教育者对某个社会热点或话题感到迷惑或不安时，思想政治教育工作者可以将这些信息在大数据环境下抽象，将复杂的社会现象具体化，借助图片和数据传递给思想政治教育对象，以令人信服的数据正确看待当下社会现象、社会热点和各类思潮，辩证看待社会现象，从而逐步树立正确的思想观念和价值取向。

第二，提升思想政治教育工作的科学性。大数据教育平台能够将大量的、碎片化的思想政治教育信息加工后传授给受教育者，以受教育者能够接受的方式，或给受教育者以愉悦的学习体验，来调动受教育者学习的主动性和自觉性。同时，大数据可以通过智能化的思想政治教育平台传输优质的教学内容，如，"学习强国"学习平台可以精准推送学习信息，在为受教育者提供最新的知识信息的同时，打造自主化的思想政治信息交互模式，便于教育者与受教育者之间、受教育者相互之间开展互动交流，使受教育者在学习中遇到的各种问题可得到及时解答，增强了教育资源利用的科学性。

第三，提升思想政治教育工作的智能化。一方面，对思想政治教育工作质量进行评价，扩大思想政治教育工作质量评价的范围与深度。通过对大数据的分析，可以从教育的各个环节和方面真实反映大学生的思想政治状况，进而反思和重构思想政治教育工作的方法、手段和结果，优化思想政治教育工作的方式和方法。另一方面，大数据可以评价和监管思想政治教育的质量，实现思想政治教育工作质量评价的标准化、数据化和信息化，将抽象的思想政治教育工作具体为数字、图片和图表，从而提高思想政治教育工作的智能化。

将大数据运用于思想政治教育工作中这一现状,逐步被学界所认可和接受,然而各种数据数量之大、种类之多也给思想政治教育工作带来全新的挑战。大数据能否有效地在思想政治教育工作中发挥作用,还需要考虑数据的收集、加工和管理能力。通过在线的学习和互动,大数据可以记录教育对象的思想政治品德方面的学习情况,然而,受教育者日常的邮件信息、网站留言评论等数据却无法收集,收集到的信息是否有价值、是否有效也是必须考虑的问题。同样,对于大数据的加工和管理也是必须要考虑的关键问题。如何跨部门多口径有效地获得信息,对收集到的信息如何进行分析,如何进一步挖掘信息的价值,如何全面和精准地将数据应用到思想政治教育工作中等这些问题,还需既懂思想政治教育、又懂大数据分析的复合型人才。而收集信息,还需要考虑到隐私和安全,不随意泄露用户的个人信息等。要想充分合理地使用大数据资源,如何进一步增强大数据的收集、加工和管理能力都是需要逐步解决的问题。

### 三、人工智能

通常意义上讲,人工智能研究的一个主要目标是使机器能够胜任一些需要人类智力才能完成的复杂工作。随着技术的不断进步,人工智能在很多方面超过了人类智力能胜任的工作,如,人脸识别系统、语音识别系统、计算机的复杂运算等。人工智能在问题求解、逻辑推理、语言处理、智能信息检索等领域具有得天独厚的优势。它通过大数据对信息进行统计和计算,对真实世界的事件作出反应和预测,数据量越大,人工智能的智能程度越高。人工智能的诸多特点,一定程度上解决了思想政治教育中的诸多问题。

第一,拓展思想政治教育的空间。2019年国务院《政府工作报告》中提出了"发展'互联网+教育',促进优质资源共享"。在政府政策引导下,"互联网+教育"已经延伸到广大农村和边远地区,截至2019年6月,我国农村地区网民在线教育使用率已经达到17.6%,并且以AI技术为驱动的个性化教学成为未来在线教育的发展方向。在"互联网+教育"的推动下,人工智能技术的使用无疑会拓展思想政治教育的空间,促进智能化的教育资源的共享。人工智能通过对教学过程的智能支持,可以进一步整合思想政治教育的数据信息,可以使教学资源得到全方位、立体性、科学化的运用,可以对受教育者的学习过程进行监测和评估,可以助力教育者和受教育者之间的即时互动,快速生成个性化和定制化的学习方案。

第二,引领思想政治教育模式的创新。人工智能对于资源的处理与技术的反馈具有无可比拟的优势,基于此可以建构智能化的教育系统,这种系统可以促进思想政治教育模式的创新。依靠人工智能技术的先进的语义识别能力和视频、音频资料的高清采集能力,网上测评能够实现自主开放、互动智能。同时,人工智能具有超强的视频感知能力,能够依据受教育者表情感知其对学习内容的喜欢或讨厌程度,接受或拒绝程度,从而及时更新相关推送内容,个性化和量身定制的学习内容变得触手可及,深度学习和终身学习得到更高支持。不仅如此,通过人工智能技术还可以追踪思想政治教育各要素的发展态势,因此,要及时做好舆论引导和控制。

第三,促进教师队伍的职业化发展。人工智能技术为思想政治教育教师专业化和职业化发展开辟新思路和新动力。人才选聘时,智能筛选申请人员基本信息,包括思想政治素养、道德品行、心理素质以及专业能力情况等,智能推荐专项岗位的合适人选,为教师的选聘工作提供候选人。根据思想政治教育工作的实质树立行业规范,提高教师队伍的准入门槛,优化教师的人员组成结构。不仅如此,人工智能依赖自身先进的智能系统辅助思想政治教育者的工作内容,同时还依据教学实际辅助思想政治教育工作者生成更符合思想政治教育的教学内容和教学方法,提升教师队伍的领军者地位。人工智能通过选拔教师队伍和辅助教师的教学内容进而促进思想政治教育教师队伍的职业化发展和提升其社会认可度。

互联网、大数据技术和人工智能突飞猛进的发展,给人们社会生活带来新变化,使得信息传播方式不断发展,思想政治教育进入一个崭新的阶段。在互联网时代,新媒体既是阵地又是平台,既是环境又是载体,既是工具又是一种新的生存方式。

## 第四节　思想政治教育载体建设

习近平总书记在全国高校思想政治工作会议上指出,"提升思想政治教育亲和力和针对性,满足学生成长发展需求和期待",[1]这就为思想政治工作寻找合适的载体提供了思想指导。思想政治教育的载体并不是固定不变的,随着社会历史条件的变化和思想政治教育的发展,思想政治教育的载体也必然发生变化。新形势下加强和改进思想政治工作要求思想政治教育主体一定要重视载体建设,认识它在思想政治工作中的价值;一定要选好载体、创造载体、用好载体;一定要注重运用群众喜闻乐见的、传统与现代结合的、受众面广的、对群众有吸引力和影响力的载体。这是增强思想政治工作针对性、有效性的重要途径。

### 一、思想政治教育载体建设的原则

认识和把握载体并不是目的,目的是基于对载体的认识和把握,实现对载体的有效调节、控制和驾驭,对思想政治教育对象进行有效的思想政治教育。具体而言,思想政治教育载体建设的具体原则,主要包含以下五个方面。

(一)思想性原则

无论采用何种载体,都要把思想性放在第一位。失去了思想性,再新的载体也没有意义,甚至还会产生负效应,载体吸引力越大,负效应也越大。思想政治教育载体的一切活动,都应当围绕思想性展开。鲜明的思想性并非要人板起脸孔、刻板说教,没有生气,而是可以追求手段的多样性和生动性。多样性是为了发挥多种活动的互补作用,多侧面地反映思想性;生动性是根据不同年龄、性别和文化层次等特点,分别安排不同活动,并提高表现力,适应人们的鉴赏能力和爱好,用强烈的吸引力去表现思想性。为了保证鲜明的思想性,党、政、工、团应协调行动,各级领导既共同组织,又亲自参加,保证活动的正确引导,通过健康向上的活动促进人们的思想道德不断进步。

(二)目的性原则

目的性原则是指思想政治教育载体的确定和运用,必须与思想政治教育

---

[1] 习近平:《把思想政治工作贯穿教育教学全过程开创我国高等教育事业发展新局面》,载《人民日报》,2016年12月9日。

的根本目标保持一致，必须有明确的目的性。目的性原则是由思想政治教育活动的目的性所决定的。思想政治教育是一项教育人、培养人的社会实践活动，它作用的对象是人。思想政治教育的目的就是提高人的精神品质。思想政治教育载体是思想政治教育活动的形式，其运用理所当然地应该为实现这一目的服务。思想政治教育的目的性要求思想政治教育载体的确定和运用必须具有明确的目的性。坚持目的性原则，首先，必须根据思想政治教育的根本目的选择和运用思想政治教育载体。其次，思想政治教育载体的运用必须有明确的目的性。运用某一载体或某些载体要达到什么目的，教育者应该心中有数，只有这样，载体的运用才能达到预期的效果。如果目的不明确，载体的运用可能就流于形式。

(三) 渗透性原则

人的思想观念的形成与发展的复杂性决定了思想政治教育是一项极其艰巨的任务。思想政治教育从目标的界定、内容的选择到载体的建设都必须突出思想政治工作的长期渗透性。任何急功近利，重眼前轻长远，满足于活动的外部热化和轰动效应的做法都会使思想政治工作处于低起点上徘徊不前，难以从更高更广更深的角度实施渗透。因此，思想政治教育载体建设必须着眼于全方位、多维度的渗透，间接渗透方式的优点是可以潜移默化地作用于教育对象。因此，加强思想政治教育载体建设必须坚持渗透性原则。

(四) 系统性原则

思想政治教育功能的大小，关键在于其载体在教育方针指导下能否构成和谐的整体，实现德育效果的最大化。正确地综合运用多种思想政治教育载体必然会产生独立运用单一载体不能产生的新的教育力量，因此不但要整合学校内部的各种载体资源，而且学校、家庭、社会以及大众传播媒介必须加强联系，互相促进，形成思想教育、政治教育和道德教育网络，形成载体综合效应，使载体能经常处于一种良性运行状态，从而保证目标的实现。因此，加强思想政治教育载体建设必须坚持系统性原则。

### (五)效益原则

效益原则是指在选择和运用思想政治教育载体时,要特别注意讲求实际效果和利益。也就是说,选择和运用某一载体,要以该载体能否取得实效来确定。由于思想政治教育活动是一种特殊的复杂的精神劳动,它期待通过形成和改变教育对象的心理和行为作为回报,其效益的表现形态也较为特殊,具有与一般的生产劳动效益、经营活动效益不同的特点。因此,思想政治教育活动的效益,不能简单地用经济学的效益模式来分析,而必须用辩证的思维方式,从多角度、多方位、多层次来考察。思想政治教育效益是显性效益和隐性效益的统一;是直接效益和间接效益的统一;是近期效益和远期效益的统一。思想政治教育效益的表现形态和特征是丰富的、多层面的。思想政治教育者绝不能只看到思想政治教育的显性效益、直接效益、近期效益,而看不到它的隐性效益、间接效益、远期效益;绝不能因为思想政治教育的效益经常表现为间接性,常常不能马上见到成效,就否认思想政治教育的价值。

## 二、思想政治教育载体建设的流程

### (一)自觉设计载体

思想政治教育的对象是人们的思想政治行为,仅靠传统方式、经验摸索是做不好这项工作的,必须通过各种途径形成自觉。思想政治教育载体的自觉设计,关系到思想政治教育的意识,明确载体设计是一门科学,必须按载体的自身规律、教育对象的思想特点、心理活动规律合理设计载体。另外还要在理论上有足够的准备,要对思想政治教育者进行专门的载体知识培训,使他们在理论上弄清思想政治教育载体的特点、运作规律等基本问题,这样就可以为自觉设计提供保证。

### (二)规划载体布局

思想政治教育载体种类繁多,形式多样,但并不是杂乱无章、随意发展的。过去我们对思想政治教育载体认识模糊,载体的分布不尽合理,存在许多不平衡现象,比如学校中的思想政治教育载体相对多一些,利用率高一些,而社会中的思想政治教育载体则相对分散,利用率也不高;评比类载体多一些,而活动类载体偏少;对思想政治教育的外部强制类载体多一些,而对教育对象的自主参与类载体偏少;自发产生的载体多一些,自觉设计的载体偏少。这些载体的不合理分布客观上制约了思想政治教育载体的整体效果,需要对之进行科学规划,根据教育环境条件、教育目标要求、教育对象的特点等因素重新设置思想政治教育载体,使全社会的思想政治教育载体形成一个纵横有序的网络系统,全方位对教育对象施加综合教育影响。

(三)规范载体运作

载体运作是对载体的利用过程,载体运作的水平直接影响思想政治教育的效果,因此,必须抓好载体运作环节。首先应该规范载体运作程序。载体运作程序主要包括优选载体设计方案,寻找并确立最佳的载体设计,设置针对性强的思想政治教育载体,对载体运作对象的确定与动员,思想政治教育载体的正式运作与调控,载体运作效果的评估、总结。载体运作的程序之间相互影响、层层推进,每一步骤的活动效果都会对载体运作最终效果产生重要影响,所以不能偏废。其次,强化载体的序列化、工程化运作。载体设置是一个十分丰富完善的系统,系统内各组成部分既有各自独特属性,又会对其他组成部分产生这样或那样的影响,并在不断的交互作用过程中提高系统的整体机能。所以,在运用思想政治教育载体过程中,必须在理性上把它作为系统工程,在实践上注意不同载体的综合使用,根据教育任务的需要有机组合载体,建立各具特色的序列化思想政治教育载体。

(四)科学管理和利用载体

思想政治教育是一门科学,思想政治教育载体建设必须遵循科学规律,提高管理的科学化水平。具体措施是载体管理制度化。既要建立完善的思想政治教育载体档案册,对不同种类的载体进行性质归类、特点归纳、适用范围规定、注意事项的总结,又要确定载体检查的标准,对载体设计、运作以及效果进行有计划、有针对性的检查,并使之制度化,有意识地对载体活动进行积极调控。注意提高对思想政治教育载体的理论研究水平,切实保证载体运作的教育效果,是思想政治教育载体管理科学化的重要保障。

### 三、思想政治教育载体建设的构想

思想政治教育载体形式多样,有些载体便于思想政治教育主体的把握,而有些载体需要社会各方面通力合作。这里我们重点把握文化载体和传媒载体的建设问题。

#### (一)思想政治教育以文化为载体的建设

思想政治工作以文化为载体的具体形式,主要有企业文化、校园文化、社区文化、村镇文化、军营文化、家庭文化等。

首先,开展企业文化建设。搞好企业文化建设,对于促进思想政治工作,具有重要的作用。企业文化和思想政治工作在许多方面都是相同、相通和相融的。新形势下,发挥企业文化在企业思想政治工作中的作用,要着重解决以下三个方面的问题。

第一,利用企业文化的参与效应和务实品质,为解决思想政治教育中的"两层皮"和"假大空"现象提供新的思路。企业文化的中心是构建以企业精神为核心的人文系统。这在客观上就对各级管理者有一定要求,要求他们在关心物质、时间、信息、组织与制度等要素的同时,还必须关心意识要素,进而将企业总体目标与精神构建统一起来,这既是企业文化建设的内在要求,也是思想政治工作所刻意追求的。这也为形成党政工团齐抓共管的思想政治工作氛围,提供了可能。一旦如此,"两层皮"现象即可以顺势得以解决。

第二,利用企业文化的平等效应,为思想政治工作提供平等和谐的人文环境。平等是领导与员工沟通的桥梁,也是实现思想政治工作目标的基础。企业文化将职工视为企业主体和极为特殊的管理要素,重视人的价值,强调以人为中心的管理,着重人的思想情感以及合理追求。从实践意义上讲,这对思想政治工作者的思想作风和业务知识,提出了更高层次的要求。

第三,利用企业文化的良好气氛和效应,为增强思想政治工作吸引力和感染力提供有效载体。企业文化十分重视文化氛围,重视情景效应,如赏心悦目的厂容、厂貌,和谐的人际关系,甚至一首激人奋进的厂歌、一个刻骨铭心的仪式、一幅有感染力的宣传画,都会极大地激发职工的团体意识,强化其自豪感和归属感,催人向上。

其次,开展校园文化建设。校园文化是指在学校育人环境中,以学生为主体,以教师为主导,以促进学生成长和提高全员文化素质及审美情操为目标,由全体师生员工在教学、科研、管理、生产、生活、娱乐等各个领域相互作用中共同创造出来的一切物质和精神的成果。健康向上的校园文化是学校教育十分重要的不可缺少的组成部分之一,是育人的一条重要途径,对社会主义精神文明建设和全面贯彻党的教育方针产生积极的作用。

校园文化建设要坚持"硬件"建设与"软件"建设相结合。在校园文化建设中,既要抓好文化设施、文化队伍、社团组织、文化环境等校园文化"硬件"的建设,又要抓好校园精神、文化心理、文化制度等校园文化"软件"的建设,两者不可偏废。同时也要因校制宜,充分挖掘校园现有潜力。

再次,开展村镇文化建设。《关于进一步加强农村文化建设的意见》对加大农村文化建设力度,建立农村文化建设的长效机制提出了明确的目标和要求。加强农村文化建设必须做到以下几个方面。

第一,加大文化资源向农村倾斜与强化农村舆论阵地相结合。农村这块阵地,正确的文化思想不去占领,就会让错误有害的腐化的思想沉渣去霸占。因此,我们一是要加大文化资源向农村的倾斜,改善、提升农村公共文化基础设施条件和服务水准,逐步改变城乡文化发展不平衡现象。二是要进一步控制和强化文化舆论阵地。引导农村文化的价值走向,促进社会的和谐稳定;同时要加强在农村的"打黄扫非"活动力度,防止农村成为文化垃圾的集聚地。三是要引导农民群众加强道德自我约束。采取"好事大家传、坏事大家管、歪风大家纠、村事大家办"的方式,引导农民破除陈规陋习,倡导文明新风。

第二,挖掘农村本土文化元素与引进新型文化理念相结合。文化既有时代性、多面性特征,又蕴涵个性化、本土化的特点。一方面要以各种形式与方式引进富有时代气息的先进文化和思想理念,改造旧有陈腐、不合时宜的陈旧观念,多方面多层次地组织开展各种新型文化活动,更新和丰富群众文化生活。另一方面要深入挖掘农村传统和地方特色文化元素,并重新赋予其新的形式或时代内涵,进一步发展升华。要大力扶持地方农民文艺团体,繁荣农村文化市场,让传统文化与地方特色文化在发展中生存、在发展中兴旺。

第三,积极开展文化下乡活动。当前,应努力增大"三下乡"工作的力度,积极开展文化下乡活动,为农村的村镇文化建设、思想政治工作雪中送炭。帮助农民建立文化队伍,培训文化骨干,加强文化阵地建设,发动和组织农民开展群众性文艺体育活动等。村镇文化建设能够反映中国农民精神面貌,丰富人民群众的社会生活,满足人们日益增长的精神文化生活需要。它为农村的改革开放,农村的经济建设和社会发展提供了强有力的精神动力和智力支持。要重视和研究村镇文化建设,为和谐的新农村建设作出贡献。

最后,开展社区文化建设。社区是现代城市的社会细胞群。随着改革开放的深化和社会主义市场经济的逐步建立,我国城市居民的社会生活发生了巨大的变化,城市社区思想政治教育对象、工作载体和工作内容都相应发生了复杂而深刻的变化,体现出不同的特点:社区思想政治工作的对象多样化;社区思想政治工作,大多沿用传统的工作载体,即开展诉诸理性的思想教育活动,工作方式简单,只停留于单向的信息交流;社区思想政治工作对象的思想矛盾多样化。

根据社区思想政治工作的现状,开展社区思想政治工作,主要可采取如下对策。一要充分发挥基层党组织的战斗堡垒作用,构筑在党委统一领导下各方面齐抓共管的思想政治工作领导体制。二要以科学理论为指导,以提高社区居民的整体素质为目的,构筑起行之有效的社区教育机制。社区思想政治工作的关键在于开展长年的社区教育活动。因此,可充分利用社区内的基层党校、文明学校、文化学校等阵地,对社区居民进行思想道德教育和科学文化教育;可抓住青少年这个重点,建立学校、家庭、社会相结合的立体化教育网络;可建立居委会、街道、驻区单位共同参与的多渠道、多层次的市民教育网络,实行全方位的教育。三要构筑起满足社区居民需求的服务机制。以社区服务中心为依托,在社区服务工作中树立服务意识。无论是卫生清扫、管道疏通、电器维修,还是送菜送米、服侍老人,都要以优质服务取胜。同时围绕中心,排解社会难点,帮助下岗工人再就业。四要构筑起科学、文明、规范的社区管理机制。只有寓教育于服务和管理之中,充分发挥社区群众的精神文明建设的主体作用,社区的思想政治工作才能进家庭,到人头,落到实处,取得实效。

(二)思想政治教育以传媒为载体的具体要求

在思想政治教育实践中运用传媒载体,需要注意以下几点。

其一,把握传媒的政治方向,制定传播目标,以集中宣传和典型宣传的方式开展思想政治工作。以传媒为载体开展思想政治工作,首先必须保证大众传媒旗帜鲜明地坚持党的基本理论基本路线基本方略,在思想上、政治上、行动上与党中央保持高度一致。思想政治教育要制定相应的传播目标,运用集中宣传和典型宣传相结合的方式在全社会开展思想动员工作。集中宣传就是运用报刊、电视、广播等各种传媒就同一主题以不同形式在一个时期内反复大量地进行宣传,力求做到人人皆知。典型宣传就是结合某一宣传主题抓住某个具有典型性的突出人物和突出事例进行深入详尽地宣传报道,以榜样的力量影响人、鼓舞人,使典型人物的思想化为整个社会的行动,以达到思想政治教育的目的。

其二,发挥各种传媒的不同优势,各取所长,互相补充,全方位开展思想政治教育。印刷传媒载体要求其读者具备一定的文化水平,所以它的传播对象主要是党政干部和知识分子,他们适合进行理论教育。要完整、准确地理解理论的内容,全面正确地领会和掌握党的路线方针政策。切忌断章取义,歪曲理解。在进行理论教育时,一定要联系实际,引导人们运用马克思主义的立场、观点和方法观察问题、解决问题,防止出现脱离实际的教条主义倾向。电子传媒载体只要求其听众、观众具备一定的视听力,它的传播对象是社会的各个阶层。鉴于这种情况,各种传媒要根据不同的受众需求,采取不同的传播技巧开展思想政治工作。广播、电视、电影应注意作品中的思想性。可以说,我们的文艺工作者,在很大程度上也是思想政治工作者,具有培根铸魂的重要使命。因此,在进行文艺创作时,应以群众喜闻乐见的形式表现人物与情节,诉诸情感,以情动人,由此去吸引听众和观众。同时,在作品中要有意识地宣传社会主义核心价值观,弘扬中华民族的优良传统,使群众在潜移默化中受到教育。互联网的发展也为思想政治工作提供了新的载体和渠道。在互联网上进行信息传播,时效快,可随时更新,即时播发,范围广,容量大,成本低。互联网还可以用多媒体形式传播信息,集文字、图片、录音、录像等多种表现形式于一体,赏心悦目,可视性强,现代感强,增加了新闻宣传的吸引力。传播者和受众还可以随时在网上进行交流,浏览者可以及时反馈意见,有利于加强双方交流,密切彼此联系,有利于提高思想政治工作的针对性和实效性。

其三,有针对性地加大网上宣传力度,提高宣传质量。互联网作为一个在全球范围内近乎开放的系统,是一个跨越地域的交往场所。用户可以直接与任何愿意向网上提供信息的"信息源"联系,调阅自己感兴趣的内容或进行对话,而不必经过海关。要使互联网兴利除弊,为我所用,最重要的是要研究互联网的特点和规律,加大网上宣传力度,提高宣传质量,大力宣传党和政府的路线、方针、政策及中国特色社会主义文化,使噪音成不了声势,兴不起风浪。具体有以下几种做法。

一要积极扩大网上宣传。不仅要有计划有步骤地组织党报党刊和有实力的电台电视台开设自己的网络版和主页,还要鼓励国家机关、事业单位、人民团体在网上建立自己的宣传主页,发挥各方面优势,及时宣传政策法规,及时传达党和政府的声音。

二要加强对网上信息的监控和分析,提高宣传的针对性和宣传质量。要及时了解网上信息,特别是有关重大事件和涉及意识形态内容的信息。对别有用心的攻击,对网上的一些有害信息,要针锋相对,澄清是非曲直,进行"解毒""消毒"。对于网上反映出的干部群众特别是青年知识分子和青年学生的片面、偏激或糊涂观点认识,要摆事实,讲道理,开展平等的谈心交流,注意避免板起脸来教训人。

三要加强管理和规范。有关信息部门要切实加强对网上各种主页和网站的管理引导以及对非法反动信息的防范。要研究建立网上新闻发布管理制度和对一些有影响的较大网站的信息引导机制及其自律机制。

当前,国际互联网的迅猛发展,为思想政治教育提供了新的载体和渠道,同时也给思想政治工作带来了严峻挑战,增加了意识形态管理和文化市场管理的难度。习近平总书记一再强调,新时代的思想政治教育,"要运用新媒体新技术使工作活起来,推动思想政治工作传统优势同信息技术高度融合,增强时代感和吸引力"。[①] 基于此,我们要采取切实措施,扬长避短,有针对性地加大网络思想政治教育工作的力度,使互联网成为思想政治工作的有力武器,开辟新时代思想政治教育的新阵地。

---

[①] 习近平:《把思想政治工作贯穿教育教学全过程开创我国高等教育事业发展新局面》,载《人民日报》,2016年12月9日。

1. 简述思想政治教育载体的含义和特点。
2. 简述思想政治教育主要载体的含义及其特点。
3. 简述思想政治教育载体的价值。
4. 简述思想政治教育载体建设的原则。
5. 简述网络新媒体的特点。
6. 简述信息化时代高校思想政治教育所面临的挑战及对策。

# 第六章 思想政治教育行为

思想政治教育行为是思想政治教育学基本问题的重要论域之一。作为人类在改造自然的过程中逐渐习得的一种重要的社会实践活动方式,思想政治教育行为,一方面具有人们在日常生活中之实践行为的一般属性;另一方面,它又具有基于思想政治教育这种特殊的人类社会实践活动的内在规定性。这种规定性,不仅体现在思想政治教育行为自身的党性和意识形态色彩上,这一点,我们可以从前面阐述的思想政治教育内容体系中,获得较为明确的感知;而且,也体现在思想政治教育领导、思想政治教育管理以及思想政治教育评估等诸般实践环节上。基于此,我们审视思想政治教育行为,在明确其基本内涵,梳理其发展脉络,剖析其表现形式的基础上,也需要从领导、管理和评估等维度,对其进行全面而深入的分析与探讨,以建构和不断优化有利于保证思想政治教育实践顺利推进的行为范式。

## 第一节 思想政治教育行为概述

### 一、思想政治教育行为的含义

正如前面章节我们所述及,思想政治教育从其本身的内涵层面来说,是作为一种教育者提高受教育对象的思想政治觉悟和社会道德素质的,以帮助其成长为国家和民族所需要的德才兼备的社会主义事业建设者和接班人为目的的,以思想引领和道德教化为宗旨,以意识形态为核心内容的,有目的、有计划和有组织的社会实践活动而存在着的。这种社会实践活动,是以人们的思想政治教育行为作为其基本范畴的。

思想政治教育行为,虽然从发展演变的基本逻辑上讲,是同思想政治教育实践如影随形,不可须臾分离的一个概念。但是,理论的逻辑和现实的发展轨迹,在有些时候却并不总是环环相扣的。从学理的层面来看,在现实的社会生活中,人们对于思想政治教育行为之范畴的关注和理论建构,就远远地滞后于其对于活生生的思想政治教育实践活动的省思。根据相关学者的研究成果①,并结合具体文献资料,我们知道,思想政治教育行为之范畴,最早是以思想政治教育行为管理之概念形式出现的,意指"对人施加影响,使其举止行为适合社会、集体的要求,既有益于社会,又有益于个人,既促进社会的进步,又促进个人的成长"。② 在这里,虽然"思想政治教育行为"的范畴已经问世,但其实际意义则侧重于管理维度,是指对受教育者的行为进行思想政治教育管理。

到了20世纪90年代末,学界对于思想政治教育问题的研究,开始涉及行为、思想行为以及思想与行为的关系问题的界定等层面。其中,有学者"将思想与行为作为思想政治教育学的基本范畴"③来加以强调。也有学者,将思想与行为的关系作为思想政治工作的基本原理,提出思想政治工作的根本秘密是"思想支配行为",④同时系统阐述了思想与行为的相互关系。然而,遗憾的是,此时的学界"仅在思想与行为作为一对范畴的角度进行了探讨",并没有"深入探讨思想政治教育行为问题"。⑤

进入21世纪以来,学界开始尝试着从人学的维度,基于"思想政治教育从社会需要到现实的个人的需要"的转变,有意识地推动思想政治教育的研

---

① 本章关于"思想政治教育行为"之内涵和渊源的阐述,主要参考了刘红梅和孙其昂两位学者撰写的《思想政治教育行为内涵及其研究价值》一文,该文刊载于《思想教育研究》,2017年第12期,第12~16页。
② 邱伟光、程延文、英烈编著:《思想政治教育管理学》,成都:四川人民出版社,1992年,第274页。
③ 刘红梅、孙其昂:《思想政治教育行为内涵及其研究价值》,载《思想教育研究》,2017年第12期,第13页。
④ 孙其昂:《思想政治工作基本原理》,南京:江苏人民出版社,2002年,第66页。
⑤ 刘红梅、孙其昂:《思想政治教育行为内涵及其研究价值》,载《思想教育研究》,2017年第12期,第13页。

究"从'活动'这一概念范畴出发,转向对思想政治教育中'现实的人'的研究"。[①] 这种研究视域的变化,一方面反映了学者们对于思想政治教育问题研究旨趣的变化和考虑问题之深度的拓展;另一方面,也表征着思想政治教育学科化建设工作所取得的新进展。而这种进展,既为当今学界对于思想政治教育行为问题的研究奠定了坚实的基础,为我们清晰界定思想政治教育行为的内涵与实质准备了素材,也为我们进一步提炼思想政治教育行为的研究价值,提供了启示。

就其基本运行机制而言,我们对于思想政治教育行为的关注,往往是从对其基本内涵的界定工作开始的。那么,到底应该如何界定思想政治教育行为这一概念呢?我们认为,对于这个作为体现一般意义上的人类实践行为和特殊意义上的意识形态规定性之辩证统一的思想政治教育基本概念和"元范畴",我们应该在系统总结前期学术研究成果和实践经验的基础上,秉持在思想政治教育学科视域下的矛盾普遍性和特殊性相结合的思维路径,对思想政治教育行为进行界定。具体而言,我们认为,所谓思想政治教育行为,是指在人类思想政治教育实践的过程中,作为主导方的教育者,立足于人们的思想意识空间视域,对于作为受教育对象的主体所进行的,旨在提升其思想政治觉悟和社会道德水平,并最终实现为国家和民族培育德才兼备的建设者和接班人之基本目的的,有计划、有组织和有内涵的一种思想实践活动方式。

从以上对于思想政治教育行为之内涵的厘定情况来看,作为思想政治教育学科的一个基本范畴,思想政治教育行为,首先在根本上是人们的一种思想实践行为。而且,这种思想实践行为,同其他社会科学研究领域中的实践行为,在本质上存在着显著的区别,即它具有鲜明的政治和意识形态属性。这种属性,按照有关学者的说法,是由政治活动的性质、方向和方法构成的,是由特定的政治主体所采取的,其主要的信息传播方式,是教育。与此相对应,其目标的实现,便建基于围绕着人们的思想意识展开,在主导层面的教育者和主体层面的受教育者之间所进行的信息输入、诠释、交流、碰撞、融合,再到消化和吸收的过程之中。而正是在这种以人们的思想意识为介质的社会

---

[①] 刘红梅、孙其昂:《思想政治教育行为内涵及其研究价值》,载《思想教育研究》,2017年第12期,第13页。

意识形态的传播与建构的过程中,为特定阶级、政党和政治团体服务的思想政治教育实践,才得以顺利进行,并逐渐实现目标的。因此,从这一维度出发,我们认为思想政治教育行为,在其本质上,可谓一种立足于特定"政治社会关系维系与再生产的"①社会实践方式。就其实现的具体路径而言,这种社会实践方式,则主要是通过"主流意识形态思想对个体大脑空间的占有,使个体具备社会所要求的政治素养,遵守社会行为规范"②来实现的。并且,这种实现方式,又进一步通过其"在学校系统的开展,培养国家的后备力量",③从而逐步完成其对于符合特定阶级、政党以及特定社会政治团体需要的思想意识、价值观念等主流价值观念的传播以及特定社会政治关系的再生产之目的。

### 二、思想政治教育行为的形式

作为一种思想实践活动方式的思想政治教育行为,在其外延上主要表现为,承载思想政治教育实践过程的有形的实践行为模式。具体而言,根据其含义所厘定的基本边界,我们可以将这种思想政治教育行为的外化模式,大致划分为领导行为、传播行为、管理行为和评估行为等四种形式。其中,思想政治教育传播行为,主要是指思想政治教育实践过程中的教育者和受教育者,围绕思想政治教育的内容,所进行的信息输入、处理和输出等互动行为。相关内容的主体环节,我们在思想政治教育的内容部分已有涉及,为避免重复,该部分不再赘述。因此,在此处,我们主要是对思想政治教育行为的其余三种存在形式,即思想政治教育的领导行为、思想政治教育的管理行为以及思想政治教育的评估行为,进行解读。

回顾近百年来中国共产党发展壮大的光辉历程,我们知道,思想政治教育,可谓党的工作的重要部分,是党的优良传统和政治优势。加强党对思想

---

① 刘红梅、孙其昂:《思想政治教育行为内涵及其研究价值》,载《思想教育研究》,2017年第12期,第13页。
② 刘红梅、孙其昂:《思想政治教育行为内涵及其研究价值》,载《思想教育研究》,2017年第12期,第15页。
③ 刘红梅、孙其昂:《思想政治教育行为内涵及其研究价值》,载《思想教育研究》,2017年第12期,第15页。

政治教育工作的领导，是思想政治教育不可缺少的重要环节，也是做好思想政治教育工作的根本。基于此，研究思想政治教育行为，我们首先必须关注思想政治教育的领导行为。那么，何为思想政治教育领导行为呢？简言之，所谓思想政治教育的领导行为，即指作为思想政治教育领导的核心力量，中国共产党引领和指导思想政治教育实践活动，以确保其正确发展方向和取得实效的行为方式。就其渊源而言，中国共产党自诞生以来就是思想政治教育的核心领导力量。党对思想政治教育的领导，体现在党的政治领导、思想领导和组织领导中。

党的思想领导，就是坚持马克思列宁主义、毛泽东思想、邓小平理论、"三个代表"重要思想、科学发展观和习近平新时代中国特色社会主义思想，以实事求是的思想路线去认识和解决党的建设的实际问题，去认识和解决中国革命和建设的实际问题；教育引导党员和群众按照马克思主义世界观去认识和改造世界，提高工作的主动性、有效性和执行党的路线、方针、政策的自觉性。要保证党的思想领导，必须坚持马克思主义在思想战线和意识形态领域的指导地位。在新的历史时期，我们一方面要巩固和发展党的十一届三中全会以来的路线，坚持党的基本路线不动摇，克服前进道路上的种种困难，推动经济发展和社会全面进步；另一方面又要面对世界范围内的各种思想文化的相互激荡和科学技术的迅猛发展，和西方国家对我国进行"西化""分化"的挑战，思想战线和意识形态领域的任务十分艰巨。因此，必须加强思想政治教育，用科学的理论武装人们的头脑，保证党的思想领导。

党的组织领导，就是按照民主集中制的原则，主要通过建立和健全党的组织，充分发挥各级党组织的战斗堡垒作用；通过培养、选拔、任用和管理党员干部，按照革命化、年轻化、知识化、专业化的要求建设好党的各级领导班子；通过组织、教育和管理党员队伍，提高党员素质，使每个党员充分发挥先锋模范作用等，来保证加强党的自身建设，坚持和改善党的政治和思想领导，保证党的路线、方针、政策的全面贯彻和具体落实，保证党的决策的民主化、科学化，以及保证理顺党内各种关系，协调各级党组织的活动，保证党在不同历史阶段的任务和最终目标的实现。

党的政治领导为组织领导和思想领导指明了方向和道路，思想领导和组织领导是政治领导的保证。这三者辩证统一、密切联系，有机地构成了党的领导的全部内容。党对思想政治教育的领导也主要表现为政治上、思想上和组织上的领导。

在思想政治教育行为模式之中,除领导行为和传播行为外,思想政治教育管理也是一个重要的组成部分。我们知道,就其存在方式而言,思想政治教育活动就是一个有着众多的人,众多组织参与的活动,是一个组织严密的活动。因此,思想政治教育本身也需要组织、需要具体的管理。何为管理?从组织行为学的维度看,所谓的管理,就是指一个组织为了实现一定的目标,有效地利用人、财、物,为提高社会效益或经济效益所采取的组织措施或手段。基于此,我们便可以将思想政治教育管理,界定为思想政治教育组织为了实现思想政治教育目标,转变思想政治教育对象的思想认识,对思想政治教育进行科学计划、指挥、协调、监控的组织措施和行为模式。它贯穿于思想政治教育的全过程,是思想政治教育系统的重要组成部分,也是整个思想政治教育过程的关键因素。

思想政治教育评估,也是思想政治教育行为系统的重要成分以及贯穿于整个思想政治教育过程中的主要因素。所谓评估,是指衡量人物或事物价值的活动,它存在于社会生活的各个方面,在社会各个运作层面上对活动主、客体起着方向引导与调整的作用。与此相对应,所谓思想政治教育评估,是指根据一定的价值标准,采用一定的方法,对思想政治教育活动的发展变化、教育效果以及与思想政治教育活动相关的各种条件因素,进行价值判断的实践范式和行为模式。同思想政治教育管理一样,思想政治教育评估,也是贯穿于思想政治教育整个过程的一个关键环节。具体而言,思想政治教育评估,主要包括以下几个要素。第一,思想政治教育的评估主体。思想政治教育评估主体有广义和狭义之分,广义的思想政治教育评估主体指评估的操作主体和管理主体,操作主体指思想政治教育的评估人员,管理主体是组织管理评估工作的领导和管理人员。狭义的思想政治教育评估主体专指操作主体。第二,思想政治教育评估客体,即评估对象。第三,思想政治教育评估原则,即思想政治教育评估活动中必须遵循的基本准则和要求。第四,思想政治教育评估指标体系。第五,思想政治教育评估方法体系。第六,思想政治教育评估的程序等。

## 第二节　思想政治教育领导

### 一、思想政治教育领导的含义

党政军民学,东西南北中,党是领导一切的。思想政治教育作为党的一项重要工作,也必须坚持党的领导。习近平总书记明确指出,"党委要保证高校正确办学方向,掌握高校思想政治工作主导权,保证高校始终成为培养社会主义事业建设者和接班人的坚强阵地。各级党委要把高校思想政治工作摆在重要位置,加强领导和指导,形成党委统一领导、各部门各方面齐抓共管的工作格局"。[①] 党的思想政治工作发展的历史和实践证明,加强党对思想政治教育的领导是加强思想政治教育工作的关键。

通俗地说,领导的含义之一就是行使权力。权力是领导者实施活动的基本条件。领导的权力包括两部分,一是他在组织中所具有的职权,二是个人的高尚品质和各种才能在部属中产生的影响力和威望。思想政治教育领导强大的威力,一靠以理服人,二靠思想政治教育者以身作则。这就要求,一方面,思想政治教育要以教育对象的实际水平为起点,注意心理接触,通情达理,以理服人;另一方面,要求思想政治教育者以身作则,思想正、行为端、素质好,在教育过程中起表率作用,这对增强思想政治教育的威力和效果起着重要作用。

另外,领导最本质的含义就是为人民服务,这是中国共产党的一贯思想。作为思想政治教育的领导者更要体现出为人民服务的本质特点,只有全心全意为人民服务,才能得到人民群众的拥护和爱戴,只有得到人民群众的信任,思想政治教育才能发挥其真正的威力。

### 二、思想政治教育领导的路径

在新的历史时期,国内外环境的变化以及经济社会发展的现代化,使得

---

① 《习近平谈治国理政》(第二卷),北京:外文出版社,2017年,第379页。

日常生活中的思想政治教育实践活动愈来愈多,并日益呈现出高度的综合性和复杂性,其基本问题的解决和效益的发挥,也就越来越依赖于党的正确领导,因此加强和改善党对思想政治教育的领导越来越具有重要意义。具体地说,党对思想政治教育领导的实现,主要可以通过以下两种途径。

第一,党委重视是前提。党对思想政治教育的领导,其前提条件是党委一班人都要高度重视这项思想政治教育工作。不仅在思想认识上,把思想政治教育看成经济工作和其他工作的生命线,而且在行动上要把思想政治工作放在党委的重要议事日程。各级党委要定期分析群众的思想动态及其发展变化趋势,依据实际情况制订教育计划落实具体措施,使党的思想政治工作做到有布置、有检查、有总结。

第二,立足基层是保证。加强党的基层组织建设,充分发挥战斗堡垒作用,是搞好思想政治教育,加强党对思想政治教育领导的重要措施。基层党组织的战斗堡垒作用首先表现为保证监督,主要指党的基层组织在本单位与生产、行政部门的关系上所处的地位和所发挥的作用。也就是保证监督本单位认真贯彻执行党的路线方针政策和行政部门的指令,全面完成生产和工作任务,保证党员干部和其他工作人员严格遵守党纪国法等。其次,还表现为共产党员和党员干部的先锋模范作用,即带头作用、骨干作用和桥梁作用。共产党员生活在人民群众之间,和广大人民群众有着天然的血肉联系,要积极主动地宣传、解释党的方针政策和决议,使群众理解并自觉执行。同时共产党员要及时了解人民群众的要求和愿望,及时向党组织反映,更好地为群众谋利益。共产党员先锋模范作用是基层党组织战斗堡垒作用的突出表现,是实现党的领导的重要途径和方式。

### 三、思想政治教育领导的贯彻

从实践的层面来说,思想政治教育领导的贯彻,其主要依托便是思想政治教育领导体制的建构及其职能的发挥。具体来说,所谓领导体制,是指领导系统上下左右之间的权力划分,以及实施领导职能的形式和组织制度。一个好的领导体制,可以为领导者和领导集体能动作用的发挥创造条件。反之,不仅会压抑其主动性和首创精神,而且还可能使良好的愿望走向反面。因此,加强党对思想政治教育的领导必须有一定的领导体制作保证。

首先,我们要明晰贯彻思想政治教育领导的基本要素。具体而言,这些要素主要包括三个方面。其一是必须坚定不移地坚持党对思想政治教育的领导。思想政治教育是党的政治优势和优良传统,是革命和建设事业取得胜利的法宝,是实现党的领导的重要条件。思想政治教育的具体领导体制应与各条战线所实行的领导体制相一致,不能也不必另搞一套,但党的领导核心作用和党对思想政治教育的领导地位必须坚持。在坚持党的领导核心地位的同时,还要坚持党委在思想政治教育中的核心地位并真正发挥其领导作用。其二是必须强调党政同心协力、建立党政工团齐抓共管的思想政治教育体系。思想政治教育是全党全社会的事情,只有在党的统一领导下,党政工青妇共同努力,各部门密切协作,才能把思想政治教育抓好。其三是必须坚持建设一支少而精的高素质的专职政工干部队伍,使他们成为思想政治教育的一支骨干力量。最后,坚持领导体制建设的科学性。思想政治教育是一门治党治国的科学,需要科学理论的指导。由理性化到制度化,是思想政治教育现代化的必然要求。思想政治教育体制的确立,要有利于其学科的建设发展和学科队伍的建设。

其次,我们要把握思想政治教育领导的抓手。这些抓手主要包括四个方面。其一是党组织对思想政治教育负主要责任,党政主要领导要亲自抓。习近平总书记在党的十九大报告中明确指出:"党政军民学,东西南北中,党是领导一切的,是最高的政治领导力量。"[①]对于新时代的思想政治教育工作而言,坚持党的领导,不仅必要,而且是一项非常紧迫的历史责任。各级党委首先是主要负责同志一定要深入实际,调查研究,总结经验,精心指导,督促检查,加强和改进新时代的思想政治教育。有些需要各方面配合的工作,党委要统一研究,统一部署,协调行动。这就指明了党组织和党政主要领导在思想政治教育领导体制中的重要地位与责任。其二是充分发挥行政、生产和业务部门的作用。生产业务活动,是人民群众的基本实践活动。许多思想问题,也是由于生产业务中的矛盾引起并在生产和完成业务工作的过程中发生的。在社会主义市场经济条件下,人们的许多思想问题,仅靠说服教育是不

---

① 习近平:《决胜全面建成小康社会 夺取新时代中国特色社会主义伟大胜利》,载《人民日报》,2017年10月28日。

够的，需要借助经济的、行政的、法律的措施才能得到解决。因此，必须强调将思想教育与经济工作、业务工作结合起来一起去做。这就要求生产和业务管理干部自觉担当起思想政治教育的责任，和思想政治教育部门协调一致，共同做好思想政治教育工作。其三是认真协调党委各部门和群众组织的作用。毛泽东曾经指出，思想政治工作，各个部门都要负责任，共产党应该管，青年团应该管，政府主管部门应该管，学校的校长教师更应该管。正是在这种思想的指导下，各级党的组织、宣传、纪检等部门，工会、共青团、妇联等群众组织，都形成了自己做思想工作的传统，积累了丰富的经验。在新的历史条件下，各级党委要把这些力量统一调动起来，加强领导，协调步伐，使整个思想政治工作战线形成一个强有力的工作网络。其四是牢记党的群众路线，依靠和动员广大群众来做思想教育工作。群众路线是党的根本工作路线，思想政治教育也要相信群众、依靠群众，发动群众自己教育自己。群众中的骨干，生活在群众之中，最熟悉群众的情况，最了解群众的思想。依靠他们，就可以及时、准确地掌握人民群众的思想脉搏，迅速而有效地解决群众的思想问题。通过他们，向群众宣传、解释党的政策，群众更易接受，从而更广泛地对群众起到教育和动员作用，使思想政治教育收到更好的效果。

## 第三节  思想政治教育管理

### 一、思想政治教育管理的作用

思想政治教育是一个复杂的系统工程，是一个不断发现问题、分析问题、解决问题的过程，也是一个不断实施管理的过程。离开思想政治教育的管理行为，思想政治教育就不可能顺利进行。科学而有效的管理行为，是思想政治教育顺利进行和实现目的的必要条件，具有重要的作用。具体而言，思想政治教育管理的作用，主要体现在预测、协调和控制等三个方面。

第一是预测作用。"凡事预则立，不预则废"。思想政治教育管理是影响思想政治教育效果，影响思想政治教育目标实现的重要因素之一。思想政治教育总是在一定的环境中进行的，加强思想政治教育的管理就要对思想政治教育对象在复杂的社会环境中产生的思想意识变化加强预测。思想政治教育者必须切实把握教育对象的思想实际,及时纠正教育对象偏离社会要求的错误思想和行为,有效控制思想政治教育的过程,以保证思想政治教育的有效进行,达到思想政治教育的预期效果。

第二是协调作用。思想政治教育管理是思想政治教育的重要环节,也是思想政治教育目标实现的重要因素。思想政治教育目标的方向性决定了思想政治教育管理的方向性。因此,思想政治教育能否落到实处,除了需要物质保障及配套措施的完善,积极正确的思想意识方向也起到关键作用。思想政治教育的管理就是在思想政治教育的过程中,发挥对思想政治教育对象思想意识的导向作用,运用启发、监督、批评等方法,把教育对象的思想和行为引导到符合社会要求的正确方向上来。同时,思想政治教育管理通过民主的说服教育、相互沟通的方式,可以对人们的情绪进行调控,对人们的人际关系进行有效调整,及时协调人们的利益关系,化解矛盾,从而提高人们的思想觉悟,建立新型的人际关系,使人们相互理解、相互关心,促进和保持社会的和谐与稳定。

第三是控制作用。在思想政治教育过程中,教育内部因素与外部环境不断发生着变化,各种干扰因素不断出现会使思想政治教育活动发生偏差,这就需要思想政治教育管理能够采用一定的控制手段及时纠正思想政治教育活动过程中出现的偏差。思想政治教育管理的控制主要是按照思想政治教育的计划标准衡量计划的完成情况和纠正计划执行的偏差,以确保计划目标的实现,或适当修改计划,使计划更加适合实际情况,确保思想政治教育的效果。思想政治教育管理在控制思想政治教育的同时及时将教育活动信息反馈到思想政治教育管理组织,为其指导管理活动,调整管理目标并提供依据。思想政治教育活动要能够取得预期效果,达到预期目标,思想政治教育的管理者和管理组织就必须及时掌握教育活动和管理活动的动态信息,以保证思想政治教育活动的正常进行。

### 二、思想政治教育管理的原则

所谓思想政治教育管理的原则,是指思想政治教育具体管理活动中所必须遵循的贯穿于思想政治教育管理过程始终,并且指导和约束着整个思想政治教育具体管理工作的准则与规范。具体而言,思想政治教育管理的原则,主要涵摄以下四种。

第一是人性化原则。所谓思想政治教育管理的人性化原则,是指在思想政治教育管理中坚持尊重人、依靠人、理解人、关心人、发展人的管理理念并贯彻到思想政治教育管理的各个环节中,始终把广大人民群众的物质和精神需要作为思想政治教育管理的基本立足点和归宿。管理是一种普遍存在的活动,又是一项以人为主导的活动,人在管理活动中起着核心的作用。科学有效的管理不仅要合理配置好人力和物力,而且更重要的是要协调好管理内部人与人的关系,实行人性化的科学管理,不断提高管理效率。思想政治教育管理也是一种管理工作。思想政治教育说到底是做人的工作,思想政治教育管理的主体与客体也是人,人是思想政治教育管理活动的核心。这就要求思想政治教育管理树立以人为本的管理观念,只有这样才能有效进行思想政治教育。首先,思想政治教育管理以人为本的原则要求在思想政治教育管理过程中要使人们认清自己在思想政治教育管理中的主体地位,增强人们的主体意识,高度重视被管理者的个性发展,只有这样才能更好地把社会的发展和人的发展有机地结合起来,最大限度地开发人的潜能,培养人的创新能力,不断提高思想政治教育的管理水平。同时,思想政治教育管理以人为本的原则还要求在思想政治教育管理中把管理与人们的正当利益有机结合起来,关注和重视人们的正当利益,贴近人们的生活实际,把思想政治教育与具体的经济工作、业务工作有机结合起来,以增强思想政治教育的有效性。

第二是系统性原则。系统性原则是指系统要素之间相互关系及要素与系统之间的关系,要以整体为核心进行协调,局部服从整体,使整体效果最优化。思想政治教育的过程是一个复杂的系统工程,包括教育主体、客体、教育内容和方法等多个基本因素和确定教育目标、制订教育计划、选择教育机制、指导受教育者践行社会要求、检查总结等一系列基本环节。这些因素和环节按一定的内在联系构成完整的教育过程体系。思想政治教育中的各个因素组成一个动态的组合。这就决定了整个思想政治教育过程体系必然呈现不稳定性特征,必须采用系统的方法从整体上对其进行动态的、层次性的把握。

第三是民主性原则。马克思主义认为,人的主观能动性在实践中发挥着重要的作用,规定着实践朝着既定的目标发展。人的主观能动性说明人在思想政治教育实践活动中决不会消极地接受教育。这要求思想政治教育必须平等地对待主体的能动性,在思想政治教育管理中坚持平等的原则。思想政治教育管理的民主性原则要求必须始终坚持发扬民主精神、民主作风,坚持民主做法。同时要尊重受教育者的人格和权利,关心他们的学习、生活和工作,平等沟通,广开言路,在法治的基础上不断改进工作。

第四是有效性原则。有效与否,是思想政治教育预期目标能否实现的关键,同时也是检测和评估思想政治教育管理成功与否的重要尺度。坚持思想政治教育管理的有效性原则,就是强调重视思想政治教育的评价管理,对思想政治教育的现状及其效果作出评价和判断,以便全面了解思想政治教育决策的执行。这要求管理者从客观实际出发,对决策方案和教育计划进行可行性研究,在教育过程中通过一系列措施和方法对教育活动进行监督、调控,建立和完善信息反馈机制与评价机制,科学总结思想政治教育,使管理者获得准确的结果,以便进行科学分析和正确评价。

### 三、思想政治教育管理的流程

思想政治教育管理目标,是通过一定的程序实现的,其中确定目标计划、组织实施、监督检查、总结调整以及贯穿于全过程的信息反馈,是思想政治教育管理的基本流程,它们通过一定的组织机构、制度,环环紧扣、协调进行,以最终实现思想政治教育之目标。

第一,确立目标计划。思想政治教育管理,是从确立目标计划开始的,它必须在思想政治教育管理科学思想指导下,对管理对象的思想实际以及管理过程的诸要素的各种可能做出全面的综合分析,并把总体目标转化为可供选择的系列计划方案。最后,实现总体目标,要求计划的制订必须有一定的科学依据,要采用科学预测的方法和手段,而且要实行目标责任制,同时计划要建立在丰富的信息基础上,做到方向明确、内容切实可行。

第二,组织实施计划。组织实施计划是指通过组织、指导、协调教育和激励把计划落到实处。组织实施的过程是一个相当复杂的过程。这个过程要受到许多外力作用以及内部不协调的影响,因此在完成过程中要充分发挥科学管理的作用,充分运用环境中的优良因素,同时要有明确完整的计划,建立严密的控制机构,加强控制功能,确保实施工作顺利进行和管理目标实现。

第三,规范监督检查。监督检查是指对组织实施过程中目标计划的准确性,实施阶段效果,实施职能的发挥程度通过反馈分析和修正,使管理者及时发现目标计划在实施阶段的实际效果、与目标的差距及问题的症结。检查环节要有一套科学制度、措施,运用现代科技所提供的手段,讲究检查的基本性、多样性,而且要经常化、制度化。

第四,总结调整计划。总结调整是思想政治教育管理的终结环节,它是在科学管理思想指导下,在检查基础上,对实施和检查环节所获得的信息进行系统研究,系统处理,以实事求是的态度对前几个环节的工作做出全面的评定——总结经验教训。总结调整工作必须要有明确的指导思想,有一定的组织机构。

第五,注重信息反馈。思想信息反馈贯穿于管理过程,渗透在管理过程的各个环节。所谓信息反馈是把这个系统的输出信息再引向输入端,并对信息的再输出产生影响,其特点在于根据过去的情况来调整未来的行动。思想信息反馈在思想政治教育管理中具有重要意义,它有利于掌握教育对象的思想动向,保证决策的正确贯彻执行,还能够使整个思想政治教育系统运动协调发展,从而取得思想政治教育的最佳社会效益。因此思想政治教育管理信息反馈要制度化、社会化,要保持信息渠道畅通。

### 四、思想政治教育管理的方法

根据管理学一般原理和思想政治教育活动实践,思想政治教育管理的实践方法,主要有以下三种。

第一种是目标管理法。目标管理法是根据思想政治教育的基本任务和教育对象思想的实际状况,制定一定时期思想政治教育目标,并加以展开落实到思想政治教育组织系统中各个部门和各个工作人员,确定各个部门和个人的目标以及为实现目标而展开的一系列的组织、激励、控制等方法。

第二种是全面质量管理法。全面质量管理法是组织思想政治教育系统中的全体人员,综合运用现代教育管理技术成果,控制影响思想政治教育过程及其效果的各种因素,以保证和提高思想政治教育效果质量的方法。

第三种是网络管理法。网络管理法是运用网络计划技术而进行管理的现代化管理方法。教育网络管理法指把思想政治教育工作分成各种具体的任务，然后根据各种具体任务的内在顺序进行排序，通过网络的形式对整个教育活动进行统筹规划，并按轻重缓急进行协调，以便用最少的人力、物力、财力和时间来完成整个工作的预定目标的方法。

运用网络管理能够把整个工作的各个项目的时间顺序和相互关系清晰地表明出来，并指出完成任务的关键环节和路线。既便于把握全局又便于抓住重点，从而有效地对整个计划的执行进行系统控制和监督。

### 五、思想政治教育管理的范式

现代思想政治教育管理，批判继承了中外思想政治教育管理的方法，坚持人性化以及柔性管理等实施原则，结合现代管理理论、系统论、信息论等管理理论，形成了具备自身特色的现代管理行为范式。

第一，民主范式。思想政治教育是思想政治教育主体、客体双向互动的过程。现代社会条件下，随着社会化程度的提高，受教育者的自主性、民主性不断增强，必然给思想政治教育的管理带来挑战。传统思想政治教育管理过于强调管理的权威化和自上而下的训导。思想政治教育是思想教育、思想交流、思想管理的有机结合，以一种居高临下的态度或方式加以管理，极易引起人们的逆反心理，影响思想政治教育的效果。现代思想政治教育管理模式是一个教育与管理相结合的模式，是一个民主的模式，群众参与的模式。因此，当前的思想政治教育管理应该抛弃过去"训导"式的管理，充分发挥管理集体的作用，善于调动受教育者的积极性，善于吸收其他管理者的意见，集思广益，实施民主的管理。

第二，常规范式。现代管理具有鲜明的规范化特征，具有规章明确、原则性强、操作性强、体系健全、机制协调、运行有序等特性。思想政治教育管理作为现代管理的重要内容，常规型的思想政治教育管理，要求管理者必须以客观事实为依据，从管理的思想实际出发，遵循思想活动发展规律，在管理过程中遵守科学程序规范，确保用公认的客观准则，分析判断事物，使思想政治教育管理协调有序顺利地进行。在思想政治教育管理中，要善于把原则性的目标转化为既可以具体把握又具有可接受性的规格或标准，形成一套系统、完整的规章制度。

第三，渗透范式。思想政治教育管理过程是教育者与受教育者之间相互影响、相互渗透的双向过程。一方面,教育者在思想政治教育中发挥主导作用;另一方面,受教育者在思想政治教育过程中又发挥着主体作用。我们在强调发挥教育者主导作用的同时,必须重视发挥受教育者的主观能动性,重视激发他们的主体性和积极性。思想政治教育管理的渗透性模式是指在思想政治教育管理过程中遵循人的思想发展规律,把思想政治教育的管理渗透到人们的经济工作、业务工作中去,与各种具体工作有机结合,同时多途径地了解受教育者的内心世界,积极创造各种条件,让受教育者在参与实践中得到切身感受,用潜移默化的形式循序渐进地对其进行教育和管理,追求"春风细雨,润物无声"的效果。思想政治教育管理的渗透性模式可以在管理中采用社会调查,参观访问和创建文明城市、文明社区、文明单位、文明校园活动等多种形式开展。

## 第四节 思想政治教育评估

在实践中,为了保证思想政治教育目的、计划的顺利实现,必须及时掌握思想政治教育的信息反馈,对思想政治教育实施有效的调控。思想政治教育评估,既是思想政治教育过程的基本环节,又是思想政治教育信息反馈的基本方式。

### 一、思想政治教育评估的作用

首先,思想政治教育评估是思想政治教育实践中的重要环节。思想政治教育是指教育者根据党在某个时期的总的任务,在分析各种情况的基础上,制订规划并实施规划的过程,而思想政治教育的评估则是根据一定的思想政治教育的客观尺度对这一过程的结果进行评判的过程。通过正确的评估,分清哪些是积极的因素,哪些是消极的因素,以促进整个思想政治教育改进、加强和创新。

其次,思想政治教育评估是促进思想政治教育科学化的需要。思想政治教育是一门党性和实践性都很强的综合性科学。思想政治教育本身,具有自己的学科特征和固定体系。如果缺乏科学的评估,思想政治教育的体系就是不完备的。在一定意义上,思想政治教育的评估就是思想政治教育的反馈。没有反馈的思想政治教育评估,就没有科学化的思想政治教育。

再次,思想政治教育评估是思想政治教育科学研究的需要。思想政治教育的科学研究就是对思想政治教育的实际进行观察、分析、综合,从而把握思想政治教育的内在规律性。在研究的过程中,要有一定的评估标准的指导,不然的话,分析和综合就不能进行。在评估标准的指导下,分析、综合思想政治教育材料的过程,实际上也是一种评估。

## 二、思想政治教育评估的特征

思想政治教育评估,除了遵循评估活动的一般规律,具有现代评估活动的一般特征之外,还具有其自身的特点。具体表现在三个方面。

第一是导向性特征。评估的目的在于改进和完善,思想政治教育的评估是有计划、有组织的自觉活动,是以一定的目标需要、愿望为准绳的价值判断过程。思想政治教育评估,通过对思想政治教育现状的调查、分析、描述与评价,能够及时发现和总结思想政治教育取得的成绩和存在的问题,从而使思想政治教育沿着正确的轨道运行。

第二是动态性特征。思想政治教育评估的动态性表现在多个方面。首先,思想政治教育效果的滞后性决定了评估具有动态性。思想政治教育的效果往往在实施教育之后一段时间才能体现,所以评估活动要经常性地开展。其次,评估本身就是一个动态的过程,包含着确定目标、收集资料、分析资料、形成判断、反馈指导等一系列的步骤。最后,评估过程中的调整也表现为动态性特征。在评估过程中通过有意识地调整指标体系的设计,加强某些指标的权重等行为,都表现出对现定方案的进一步修正和完善。

第三是系统性特征。这是由于思想政治教育效果作用范围的广泛性决定的,思想政治教育效果的形成既要受到思想政治教育活动内部各系统之间相互作用的影响又要受到社会客观条件的制约。因此,思想政治教育的评估既要充分估计社会大环境对思想政治教育的影响又要十分注意对教育活动中各个环节和各种影响做出分析和评价,做到局部和整体有机结合。其次,思想政治教育评估的对象具有一定的层次性,在评估时对不同层次的教育对象应有不同的要求。

### 三、思想政治教育评估的要素

一般来说,一个较为完整的思想政治教育评估结构,主要包括以下四个方面要素。

第一是对教育者的评估。思想政治教育者在整个思想政治教育的过程中居于主体地位,起主导作用。对教育者的正确评估,是提高教育者素质,提高思想政治教育有效性的重要因素。对教育者的评估包括对教育者的素质的评估,即对教育者的政治素质、思想素质、道德素质、智能素质和心理素质做出正确的评价并在此基础上提出改进的措施和意见。评价教育者不仅要正确评价其素质,而且必须对其教育的效果做出公正的评价。教育效果的评估包括,评价教育者的思想政治教育是否达到思想政治教育的目标,是否提高了受教育者思想道德素质,是否产生良好的社会效果等。

第二是对受教育者的评估。对受教育者的评估,是思想政治教育评估过程中的中心环节的重点内容。对受教育者的评估,是做好思想政治工作的前提,只有对受教育者作出认真调查研究和切实评估才能够对受教育者的思想现状做出科学的分析,制定出科学的教育目标和计划。其次,对受教育者的评估,也是检验思想政治教育效果的重要途径。思想政治教育目标是否实现,任务是否完成,思想政治教育经验教训的总结必须通过科学公正的评估。正确评估受教育者,必须坚持唯物史观,运用评估的理论和方法,对受教育者做出客观的实事求是的评价。

第三是对思想政治教育活动过程的评估。对思想政治教育活动过程的评估,主要是考察思想政治教育活动的过程是否正常。评估的内容包括,考察思想政治教育的目标和计划规定的内容是否付诸了实施;了解思想政治教育组织和教育者如何根据思想政治教育目标的要求组织活动;检查思想政治教育活动采取的措施是否得力;总结教育活动的经验教训。

第四是对思想政治教育组织部门的评估。思想政治教育是党的工作的组成部分,是党领导下的教育实践活动。党的教育部门统管所辖单位或地区的思想政治教育的全局,对思想政治教育负有决策、实施、检查和督导的重大责任,对思想政治教育的全局具有决定性的影响。对思想政治教育组织部门的评估包括,对思想政治教育工作规划及其检查、督导和落实的评估,对思想政治教育工作的管理以及相关制度和规定是否科学与合理的评估,对思想政治教育队伍的思想建设、作风建设和组织建设的评估等。

### 四、思想政治教育评估的标准

思想政治教育的质量和效果到底应如何评估,其中最重要的是评估的标准。思想政治教育实践的社会效果包含丰富的内容。思想政治教育的社会效果既要满足思想政治教育最高主体的要求,即满足党的基本路线和社会发展的要求,又要满足思想政治教育对象的要求,即满足受教育者自身发展的需要。基于此,我们认为,思想政治教育评估的实施,其主要标准,具体表现在以下三个方面。

第一,是否有利于社会生产力的发展。思想政治工作的根本目的和任务是发展社会生产力。因此,评价教育效果的标准,当然也是发展生产力。值得注意的是,不能把社会生产力标准简单化,把单位的经济效益等同于社会生产力。单位的经济效益和社会生产力既有联系,又有区别。在大多数情况下,两者是一致的。在特定条件下,也会呈现不一致现象。因此在评价时必须把单位的经济效益放在社会的经济效益和社会生产力发展这个总天平上加以衡量。

第二,是否有利于人的全面发展。人是生产力中最活跃的因素,人的全面发展是人的彻底解放的根本标志。思想政治工作是用共产主义思想教育人民群众,使群众树立正确的世界观,能用马列主义的立场、观点、方法分析各种社会现象,正确认识社会发展规律,正确认识党的路线、方针、政策,正确认识人民群众在社会历史发展进程中的地位和作用。是否有利于人的素质提高、人的潜能发挥、人的全面发展,也是检验思想政治教育成败的一个根本标准。

第三,是否有利于党和国家的方针路线的贯彻和执行。除此之外,是否有利于社会主义精神文明建设、有利于调动人民群众的积极性等都是思想政治教育评估的根本标准。

### 五、思想政治教育评估的原则

思想政治教育评估的实施,其基本原则是关于思想政治教育评估的具有普遍意义的客观规律的认识,是指导评估正确进行的重要依据。具体而言,思想政治教育评估的实施,需要遵循以下四个方面的原则。

第一是方向性原则。方向性原则是决定并保证思想政治教育评估活动性质和方向的准则。坚持方向性原则就是要坚持思想政治教育评估的正确导向。思想政治教育具有鲜明的政治性,思想政治教育评估方向性原则首先就要坚持党性原则,即紧紧围绕党的根本宗旨和党的中心任务这个根本点来进行评估。坚持评估的标准与内容必须反映党的奋斗目标和各个时期的总任务。其次,思想政治教育的评估必须保持明确的评估目标。思想政治教育评估目标是思想政治教育目的和任务的体现。因此,思想政治教育的评估要始终以目标为准则,保持目标不偏移,贯彻方向性原则。

第二是求实原则。要真实准确地反映思想政治教育的效果,就必须从实际出发来进行评估,评估的对象必须是客观存在的,能反映思想政治教育活动的真实情况,这就要求思想政治教育的评估深入实际,掌握大量的材料进而比较鉴别,认清评估客体的本质,做出符合实际的评估结论,同时坚持立场与方法的正确,这样才会不被假象迷惑,并避免评估好的方面而回避缺点的倾向,只有这样,才能做到实事求是地进行思想政治教育评估。

第三是全面性原则。全面性原则是指要对思想政治教育实践效果做出综合性评估。思想政治教育的内容是多方面的,效果也是多种多样,评估标准也不是单一的。只有坚持全面性原则,才能从总体上对一个单位的思想政治教育效果做出全面的客观的评价。这一原则要求我们在实施评估时,对各类成果都要评估,这样才能实事求是地反映教育者的实际工作和受教育者思想的真实变化,才能对成绩、对问题做出准确的讨论。

第四是历史性原则。思想政治教育评估的历史性原则,是以唯物史观为基础,强调把评估对象放到一定的社会历史条件中去作具体分析,从中找出对象与社会历史条件之间的联系。思想政治教育实践是一个不断发展、不断深化的过程。在其发展过程中,会受到各种条件的影响。因此,要注意这个发展过程及其所受的影响,才有助于做出正确的评估。超越当时的历史条件进行评估,就会出现偏差,即夸大思想政治教育的作用,或贬低思想政治教育的作用。

### 六、思想政治教育评估的指标

思想政治教育评估的信度和效度,在很大程度上依赖于指标体系的科学性。建立科学客观可行的评估指标体系,是保证思想政治教育评估之可信和有效的核心问题。

一方面,要了解评估指标体系的含义。指标在《现代汉语词典》的解释是计划中规定达到的目标。指标是由目标决定的,不存在没有目标的指标,目标反映全貌,指标反映局部,目标和指标是一个相对的要领,一个目标可能是比它大的管理系统中同目标中的一个指标,一个指标也可能是它所包含的子系统的一个目标。在思想政治教育评估中,对教育评估对象的价值判断(目标)转化为评估对象的构成要素的价值判断的过程实质上即对目标进行分解,直到末级指标具有直接可测性或达到其他分级标准,所有这样的指标集体,叫作指标体系。所谓思想政治教育评估的指标体系,指各个评估指标相互区别,相互联系,相互制约,相互作用构成的能够反映思想政治教育效果的指标集体。

另一方面,要注意把握构建思想政治教育评估指标体系的具体环节。设计和构建思想政治教育行为的评估指标体系,是一项政策性很强的工作,必须严肃而认真地把握好每一个基本环节。具体而言,思想政治教育行为的评估指标体系,一般包括三个环节。

第一个环节,是指标体系的拟定。一般包括选择评估指标、指标体系的论证与测试以及指标体系的试行与修订等三个步骤。其中,选择评估指标的方法有分解法和归纳法。所谓分解法,即根据评估的目的先确定评估的范围和内容,再把这些内容按其属性划分为若干项目,然后将项目继续分解到直接加以考察和测量的具体指标,这样就建立起了一个完整的指标系统。而归纳法则是将评估对象所具有的能够反映评估目的和能够说明自身状况的特征指标一一列举出来,然后按其性质归类汇总成不同的指标和项目,形成一个能够体现评估要求的多层次指标体系。

第二个环节,是指标体系的论证与测试。指标体系初步确定后,要对指标体系做广泛的论证,一方面要听取专家和群众的论证意见,另一方面还要进行信度和效度测试,以使指标体系更加完善,更加具有科学性。所谓信度,是衡量指标体系可靠性的指标。而效度,则是衡量指标体系有效性的指标,是检验指标体系是否有效、实用的主要途径。信度和效度的测试是检验指标体系是否准确、符合实际的必经阶段,两者都是对指标体系进行测试不可缺少的重要环节。

第三个环节,是指标体系的试行与修订。经过论证和测试的评估指标体系,要选择有代表性的实验点进行试行,对其加以检验。试行结束后,首先要做进一步的分析和修订,修订内容包括对其完整性的检验,补充遗漏。其次还要分析指标与指标之间是否重叠、交叉、存在因果关系,进行指标的重新组合,再次,分析权重与等级的确定是否合理,能否反映指标的实际内容和重要程度。最后分析指标分解是否符合实际的可能和需要,对操作繁琐的评估指标予以修改。

### 七、思想政治教育评估的方法

思想政治教育评估的实施方法,是思想政治教育领导管理机构实施思想政治教育评估,实现评估目的的手段。思想政治教育评估要根据目的的需要和评估对象的不同特点,选择采用不同的评估方法。具体而言,思想政治教育评估的实施,主要有四种方法。

第一种是系统分析法。所谓系统分析法,是指根据系统论的基本原理,采用系统分析技术,对作为系统工程的思想政治教育进行分析和评估的方法。依据相关性原则,在评估思想政治教育时,要把其看成相互联系、制约的整体,将教育活动中的主体、客体和各要素联系起来进行分析。既要看到教育者在教育中的主导作用,又要看到受教育者的主观能动作用,还要注意分析周围环境对教育的客观影响和制约作用,并努力将它们联系起来全面分析,全面总结,以切实增强教育的实效。

第二种是效益评定法。思想政治教育的质量如何,可以通过对其效益的计算获得比较确切直观的把握。所谓效益就是投入与产出之间的比率。对于思想政治教育来说,产出即是教育的效果和收益之和。所谓效果就是教育活动产生的有效结果。收益即是教育效果转化而来的精神和物质。效益用公式表示就是,效益=(教育效果+教育收益)÷(耗费时间×投入力量)×100%。这说明,思想政治教育收益的高低不仅与效果和实际收益的大小有关,还与投入的时间和力量有关。当教育的效果和收益一定时,教育时间越短,投入力量越少,教育的效益越高,教育的质量也必然随之提高。

第三种是实践检验法。实践检验法是一种以总结经验和调查研究为主的方法。主要包括四个步骤。其一是听取工作汇报。在评估的过程中,评估人员首先要听取被评估人员或单位的报告,向被评估人员和单位提出各种问题,评估对象应该根据实事求是的原则进行回答,也可以采取书面报告的方式进行汇报。其二是实际考察。实际考察是实践检验法的重要环节和基础。评估者在评估的过程中应该深入到群众,深入到基层工作,详细了解群众的思想状况、工作状况、生活状况。观察人们的思想政治品德状况和精神面貌,听取群众的意见,并且对人民群众进行必要提问和考察。其三是抽样调查。选择思想政治教育的某一个环节或者某一个部门进行详细调查和剖析,尽可能取得必要的准确的数据。其四是追踪调查。就是对流动的教育对象进行跟踪式调查。调查教育对象在不同的思想政治教育环境中的思想政治状况。

第四种是情景模拟法。情景模拟法是一种评价人的思想指向和能力层次的方法。它的基本思路是,把人的思想素质和能力素质分解成若干判断指标和评价标准,然后将评估对象投入模拟场景和模拟工作状态中,通过观察、研究评估对象处理假设情况时的表现,对其思想素质和能力素质进行定量分析、测定和评估,从而确定评估对象的素质等级。情景模拟法,是一种科学的人才考核方式,经常被用于干部选拔和人员招聘。在思想政治教育评估中,情景模拟法主要应用于对教育者和教育对象思想政治素质的评估。

思考题

1. 简述思想政治教育行为的含义及其表现形式。
2. 简述思想政治教育领导的实现及其体制。
3. 简述思想政治教育管理的实践原则和方法。
4. 简述思想政治教育评估衡量指标体系的构建。

# 第七章 思想政治教育过程

思想政治教育过程理论是思想政治教育学理论体系的核心。思想政治教育过程是一个由多种要素构成的、由其内在矛盾推动并按其内在规律辩证发展的过程,有其自身的特点和发展规律。研究和掌握思想政治教育过程及其结构、机制,有助于为思想政治教育过程的开展提供科学的理论依据。

思想政治教育过程结构是思想政治教育系统各构成要素及其在思想政治教育系统内由于矛盾运动和交互作用而形成的若干子运行系统的有机组合。优化思想政治教育过程结构,对于发挥思想政治教育过程系统的整体功能、增进思想政治教育的实际效果具有重要的作用。

思想政治教育过程机制是思想政治教育过程中思想政治教育系统及其各个侧面、各个层次的整体功能和运行规律,是思想政治教育运行过程中各构成要素由于某种机理而形成的因果联系和运转方式,包括动力机制、接受机制、沟通机制、内化机制、管理机制等。

## 第一节 思想政治教育过程概述

### 一、思想政治教育过程的含义

思想政治教育过程是教育者根据一定社会的思想政治品德要求和受教育者思想政治品德形成发展的规律,对受教育者施加有目的、有计划、有组织的教育影响,促进受教育者产生内在的思想矛盾运动,以形成一定社会所期望的思想政治品德及行为的过程。这一过程的实质就是把一定社会的思想观念、价值观念、道德规范转化为受教育者个体的思想政治品德。对思想政治教育过程这一概念的理解,应包含如下三方面。

第一,思想政治教育过程是一种活动过程,是思想政治教育活动的展开、运行、发展的流程。活动是思想政治教育过程的基础,思想政治教育过程可以看作由教育活动或单独、或先后衔接、或横向呼应所构成的。

第二,思想政治教育过程是一种有目的的活动过程。它是依据一定的社会要求和受教育者精神世界发展的需求及其思想实际所确定的思想政治教育目标组织起来的。思想政治教育过程就是教育者和受教育者借助一定的教育手段、方式进行互动,实现思想政治教育目标的过程,也就是通过教育,使受教育者在思想政治行为规范上逐步达到社会要求的过程。

第三,思想政治教育过程是教育者和受教育者共同参与、相互作用的过程。教育者和受教育者是思想政治教育过程的两个主要因素,无论离开了哪一个方面,教育过程都不能成为完整的过程。过去在对思想政治教育过程进行研究时,人们常常强调教育者的主导作用,这无疑是正确的,今后也还要继续强调。然而,忽视受教育者在这一过程中的主体能动性,却是不对的。因为教育者施加的教育影响,只有在受教育者发挥主观能动性予以积极接受的情况下,才能真正产生作用。因而在思想政治教育过程中,应特别重视将教育者的组织、引导、教育,与受教育者能动的认识、体验和践行相结合,使之成为内在的统一过程。

## 二、思想政治教育过程的特征

思想政治教育过程作为一种相对独立的教育过程,有自己的特征,这已成为研究者们的共识。但它又是一个非常复杂的教育过程,具有多方面的属性,因而研究者们的认识又很不一致。概括起来,近几年比较具有代表性的观点主要有:社会性与可控性、集体性与实践性、严格要求与个性发展、教育与自我教育、长期性与反复性、多端性、同时性和全面性、渐进性、塑造与改造的统一性、教育与自我教育的统一性等。[①] 这些提法从不同侧面描述了思想政治教育过程的属性,对我们认识思想政治教育过程有一定的帮助。但是这

---

① 陈万柏:《思想政治教育过程特征的再认识》,载《理论月刊》,2002年第7期,第23页。

些属性是否都是思想政治教育过程所特有的,值得进一步研究。

大多数学者认为,思想政治教育过程是要解决一定社会的思想政治品德要求与受教育者思想政治品德水平之间的矛盾,以促进人的思想政治品德向符合社会要求的方向发展,进而促成人的全面发展。在这一过程中,思想政治教育以外的其他因素对人的思想政治品德及其发展也会产生多方面的复杂的影响。相对于影响人的思想政治品德及其全面发展的其他因素以及影响方式而言,思想政治教育过程具有以下明显的特征。

其一是长期性和复杂性。从思想政治教育的发展来看,教育过程是一个不断循环往复、螺旋上升的无限过程。这首先是因为个体思想政治品德作为经常表现出来的稳定的心理特征,其形成是一个长期积累和发展的过程。可以说,任何一种思想政治品质的形成,都不是一两次教育或实践所能实现的,都需要在多次反复甚至无数次的实践、认识、再实践、再认识,不断加深体验、深化理解的过程中才能实现。而一个人的思想政治观点的形成与发展,也需要经过一个由浅入深、由低到高、由简单到复杂的逐步深化过程。这决定了个体思想政治教育是一项长期的、细致的、艰苦的工作。其次,思想政治教育过程的社会性决定了个体思想政治品德的形成必然受到很多因素制约,有些因素还可能冲淡、抵消思想政治教育的作用,这使个体思想政治品德每提高一步,都伴随着激烈的思想矛盾斗争,有时还可能反复。因此,思想政治教育不能一蹴而就,也不可能一劳永逸,这就需要反复地进行教育。当然,这种反复不是简单的重复,而是在一个更高的起点上,结合新的内容,不断地深化。同时,由于社会在不断发展,人的思想也在不断变化,思想政治教育时时面临着许多新情况和新问题,旧的矛盾解决了,新的矛盾还会产生。因此,就某个具体的思想政治教育过程而言,教育任务实现了,教育过程也就终结了。但就整个思想政治教育而言,其过程永远也不会终结,而是不断地深化、发展、运动,这也正体现了思想政治教育过程的长期性与反复性的特征。思想政治教育的长期性和反复性的特征告诉我们,在思想政治教育过程中,任何急功近利或企图毕其功于一役的实用主义态度,都是违背教育的客观规律的。

其二是计划性和正面性。与一般的社会环境的影响相比,思想政治教育过程对人的思想政治品德的影响具有明确的计划性和鲜明的正面性特征。就计划性而言,一般社会环境因素对人的思想政治品德的影响,往往是自然的、盲目的、无序的,很难加以控制,而且其作用非常复杂,既可能是积极的,也可能是消极的。而思想政治教育则是根据一定的社会要求和受教育者精神世界发展的需求及其思想政治品德发展的实际,自觉组织教育活动,是一种有目的、有组织、有计划的教育影响过程,从总体上讲其影响是积极的,具有明确的计划性。与计划性密切相关的另一个特征是正面性。所谓正面性,是指思想政治教育影响总是选择积极的价值内容和最有利于受教育者发展的教育方式。思想政治教育要促进社会和人的全面发展,其价值内容体系必然是由既有利于社会进步又有利于个人生活幸福的部分所组成。在思想政治教育过程中,我们坚持用社会主义核心价值观教育人民、引导人民,培育有理想、有道德、有文化、有纪律的公民,就集中体现了我国思想政治教育的积极的、正面的思想政治价值。教育内容的正面性是区别一般环境影响和思想政治教育影响的又一个重要标志,舍此便无所谓思想政治教育。因此,在思想政治教育过程中,应始终旗帜鲜明地坚持积极的、正面的思想政治价值的选择和引导。

其三是社会性和引导性。任何思想政治教育过程都不是独立于社会之外的封闭的过程,都不是在单一的环境中展开的。受教育者作为生活在特定的社会关系中的个体,其思想政治品德受到来自社会各方面的影响。这种影响有来自教育内部的,也有来自社会客观环境的;有与社会发展方向和教育目标相一致的积极因素,也有与社会发展方向和教育目标不相一致甚至背道而驰的消极因素。随着大众传播媒介的广泛流行,社会信息对受教育者的影响将进一步增大。这种影响对于思想政治教育会产生增强、深化或干扰、抵消的作用,这便是思想政治教育过程的社会性特征,也是我们从事思想政治教育必须面对的一个现实。

思想政治教育的社会性影响,要求我们在思想政治教育过程中注重引导性,发挥受教育者的主体能动性。因为非如此就不能有实质性的教育效果。因此,思想政治教育过程应充分注意实现教育对象主体的思想政治品德的建构与思想政治教育主体的思想政治价值引导的统一。然而,如果将思想政治教育过程与个体思想政治品德形成发展过程进行比较,我们应该承认,是否存在"思想政治价值引导"是两者的一个重要区别所在。现代思想政治教育理论认为,在思想政治教育过程中,存在教育者和受教育者两个主体,只有发挥两个主体的主体能动性,教育才能取得好的效果。这并不是说两个主体的地位是一样的,作用是相同的。事实上,虽然思想政治教育者主体性发挥的出发点和最终归宿都是为了更好地发挥受教育者的主体性,但是受教育者思想政治素质的塑造所需要的价值内容和良好环境,毫无疑问需要教育者去精心组织和安排,教育者在教育过程中起着重要的引导作用。引导性特征要求教育者在进行思想政治教育时,要考虑到受教育者的整体思想政治品德发展水平,既不提出超越教育对象思想政治品德发展实际的教育要求,也不做其发展的尾巴,而是确定适宜的发展目标,引导受教育者的思想向社会主义现代化所要求的方向发展。

### 三、思想政治教育过程的阶段

思想政治教育过程是一个由若干阶段衔接而成的动态系统。学术界关于思想政治教育过程阶段的观点主要有"三阶段论""四阶段论"和"八阶段论"。

第一,"三阶段论"。邱伟光和张耀灿主编的《思想政治教育学原理》中,将思想政治教育过程划分为"内化阶段、外化阶段、反馈调节和重新教育的阶段"。其第三阶段实质上是一种更高程度的内化过程,是新的思想政治教育的开始。[1] 陈万柏、张耀灿主编的《思想政治教育学原理》中,认为思想政治教育过程从总体上可分为"制定方案、实施、评估三个阶段"。[2] 如上所述,关于"三阶段论"的两种观点虽内容不同,但从本质上,均阐明了教育者对受教育者施加教育影响时所必须遵循的一般工作程序。

第二,"四阶段论"。沈壮海认为,思想政治教育过程由四个基本的子系统构成。这四个子系统即子过程分别是"思想政治教育者的意识活动过程、思想政治教育者的实践活动过程、思想政治教育对象的意识活动过程、思想政治教育对象的实践活动过程"。[3]

---

[1] 邱伟光、张耀灿主编:《思想政治教育学原理》,北京:高等教育出版社,1999年,第101页。
[2] 陈万柏、张耀灿主编:《思想政治教育学原理(第3版)》,北京:高等教育出版社,2015年,第138~142页。
[3] 沈壮海:《思想政治教育有效性研究(第2版)》,武汉:武汉大学出版社,2008年,第9页。

第三,"八阶段论"。思想政治教育过程是由若干相对独立的阶段有机组成的具体过程,各个阶段错落有致、相互关联、循序渐进,体现出过程的完整性和阶段的独立性。其过程基本是由问题阶段、准备阶段、沟通阶段、启发阶段、转化阶段、提高阶段、解决阶段、评价阶段等构成,这一系列阶段有机结合,构成了思想政治教育的整体过程。①

综上所述,以上观点都各有其道理。不同的是,"四阶段论"从宏观视角系统论述了思想政治教育过程的内在结构及其运作流程,凸显了思想政治教育过程的整体性和持续性。"八阶段论"将思想政治教育过程阐述得更加详细,但实质上是对"三阶段论"内容的细化,本应归纳概括于"三阶段论"之中。不可否认,教育者与受教育者的确是思想政治教育过程中的两大重要构成要素,在说明过程阶段时必须将其作为重点内容予以把握。但思想政治教育过程理论作为一个系统性、连续性、复杂性的理论体系,如果仅从这两者出发,只关注施教与受教的过程,未免会忽略其他因素,造成教育过程的"前后断裂"。因此,我们认为,对思想政治教育过程阶段的阐述,既要从教育的全过程出发,又要重点把握教育者和受教育者的双向互动关系。可见,从思想政治教育的"宏观过程"和"微观过程"入手进行分析,相对而言能够更加客观、完整地掌握思想政治教育过程这一系统的理论内容。

鉴于思想政治教育过程的复杂性,我们认为可以将思想政治教育过程分为宏观过程和微观过程。所谓思想政治教育宏观过程,是指思想政治教育从开始策划到评估反馈的全过程。所谓思想政治教育微观过程,就是指思想政治教育施教的过程。如图7-1所示。需要注意的是,这里的宏观过程和微观过程是一个过程的不同阶段而不是两个过程,微观过程蕴含在宏观过程之中。这一区分有利于深入分析思想政治教育过程中不同要素及其相关关系,也有利于化解在这个问题上的不同意见。实际上,在此前关于思想政治教育过程的讨论中已经蕴含着思想政治教育的"宏观过程"与"微观过程"的思想,只不过大家没有明确提出并将其结合起来展开分析。沈壮海的专著《思想政治教育有效性研究》,是从"有效性"的视角对思想政治教育的宏观过程进行了全面分析,而韦冬雪的《思想政治教育过程矛盾和规律研究》则侧重从思想

---

① 李玉春:《思想政治教育过程的阶段分析》,载《思想教育研究》,1997年第3期。

政治教育的微观过程进行了深入的探讨。

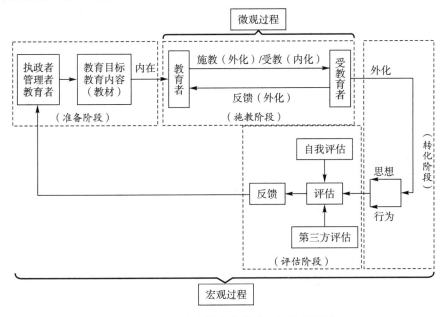

图 7-1　思想政治教育宏观过程与微观过程

思想政治教育宏观过程是从全局和战略层面对思想政治教育进行把握，这一过程主要包含准备阶段、施教阶段、转化阶段和评估阶段。这四个阶段彼此相连，环环相扣。

第一，准备阶段。准备阶段是思想政治教育的起点所在，是思想政治教育在正式实施之前的阶段。这个阶段又可分为决策环节和备教环节。决策环节是指执政者（统治者、执政党等）会同政府管理部门以及专家学者（教育者）一起，根据国家发展现实状况和人才培养需要，就思想政治教育的目标、内容、任务、方法等进行研究，并作出相关决定的过程。这个过程的实质是把执政者的意志上升为国家意志，并将其转化为政策文件、教学大纲和教材。人们通常讲思想政治教育的本质特征是意识形态性或政治性、阶级性，根源就在这里。备教环节是指教育者在接受教育教学任务以后，按照教育教学的相关要求（大纲、教材）做好教学准备的过程。在此过程中，既包括教育者对于教育教学内容的学习和掌握（内化），又包括教育者对于教育对象的了解和预设，并根据实际情况对教育内容和教育方法进行准备和调整。

第二，施教阶段。施教是将教育教学计划付诸实践的过程，是思想政治教育的中心环节,也是思想政治教育的微观过程。这一过程既是教育者的"外化"过程,也是受教育者的"内化"过程。教育者和受教育者在这一个过程中承担着不同角色,其中"教"育者是主导,"学"生是主体,教育者使尽浑身解数地"教",就是为了让学生能够更好地"学",正是通过教育者的"教"和学生的"学"才构成了"教育"的完整内容。

第三,转化阶段。转化阶段是受教育者在接受教育之后的反应,包括两个方面或环节,一是思想转化环节,这是受教育者在接受教育者的灌输之后在思想观念和心理层面产生的变化。二是行为实践环节,这是思想指导行为的"外化"环节。转化阶段是思想政治教育的关键环节,能不能实现预期目标也主要通过这一环节体现出来。

第四,评估阶段。评估阶段是思想政治教育的重要内容,包括过程评估和结果评估。过程评估既可以是对思想政治教育的全过程的评估,也可以是对其中某个局部过程或某些要素的评估(比如教育者的投入或状态、受教育者的参与度和满意度、受教育者的思想政治状况或行为表现等)。评估的目的是为了发现不足,提出改进意见,并把评估结果反馈给相关部门或教育者,从而为下一次教育获得更好效果提供依据和意见。因此,反馈是评估的一个环节,不必单独作为一个阶段。

综上分析,我们可将思想政治教育宏观过程分为"四个阶段,即准备阶段、施教阶段、转化阶段和评估阶段,这些阶段包括前后相连的六个环节,即决策环节、备教环节、施教环节、转化环节、评估环节和反馈环节"。[①]

## 第二节 思想政治教育过程结构

思想政治教育过程结构是指思想政治教育系统各构成要素及其在思想政治教育系统内矛盾运动和交互作用而形成的若干子运行系统的有机组合。思想政治教育过程是一个复杂的、多因素的动态组合系统,空间上的并存性

---

① 李辽宁、张婕:《思想政治教育过程及其内在矛盾新论》,载《学校党建与思想教育》,2019年第11期,第21页。

和时间上的继起性是思想政治教育过程结构最显著的特征。合理的思想政治教育过程结构对于更好地发挥思想政治教育过程系统的整体功能、增进思想政治教育的实际效果具有重要意义,因此,分析思想政治教育过程结构有利于认识和把握思想政治教育过程的本质和规律。思想政治教育过程结构功能的实现过程实质上就是思想政治教育过程基本结构矛盾的转化与解决过程。思想政治教育过程结构功能的优化有待于思想政治教育过程结构的优化。思想政治教育过程作为一个完整的系统,它的结构优化也必须系统化。

## 一、思想政治教育过程结构概述

### (一)思想政治教育过程结构的概念

**1. "结构"的定义**

探讨"思想政治教育过程结构"首先得明确"结构"的定义。"结构"一词原本是一个工程术语,17世纪以前,仅限于建筑学,随后扩大到解剖学和语言学。到了19世纪,斯宾塞又将"结构"一词从生物学引用到社会学。20世纪以来,随着科技的发展,这一术语广泛地被用于数理逻辑、科学哲学、人类学、社会学、物理学、心理学、语言学等学科,形成了蔚为壮观的结构主义思潮。但总的来说,结构主义者倾向于将结构看成抽象的理论模式,甚至超越经验现实,具有永恒性的特点。这种观点显然不符合唯物辩证法的基本立场,因为任何事物都是在不断运动、变化和发展的,不存在任何抽象的、永恒的、不变的图式或模式。

在社会学里,结构功能主义者将"结构"与"功能"联系起来,从事物的"结构"出发探讨事物的"功能"。社会学大师帕森斯把"结构"界定为一个社会体系的各种成分的确定布局。"结构"是由社会中最具有持久性的成分构成的(如价值观、规范、集体性和角色等)。结构功能主义学派中的重要代表莱维认为,"结构"可以界定为可观察到的一致性,从高度稳定的一致性到极短暂的一致性。"结构"有具体结构与分析结构之分。具体结构是指在理论上能够与同类其他单位在时间和空间上分离开来的成分,如家庭、公司、政府、学校等就是社会中的具体结构。所有具体结构都是社会的系统或组织。分析结构则指在理论上不能与其他单位分离开来的成分。例如,如果把行动的经济方面界说为同物品或服务的分配有关,把行动的政治方面界说为同权力和责任的分配有关,那么行动的政治方面与经济方面就是分析结构。莱维认为,在实际分析中,具体结构与分析结构是同时使用,不可或缺的。

相对来说,系统科学家和《辞海》对"结构"的理解比较容易为人们所接受。系统科学家贝塔朗菲舍去"结构"作为动词用的"构造""建构"等含义,而是专指系统的部分与秩序,把"结构"定义为系统中各组成要素或成分之间在时间或空间方面的有机联系与相互作用的方式或构成方式。《辞海》中关于"结构"有两种含义:"一种是结构即各部分的配合、组织。如物质结构、工程结构、文章结构;二是自然辩证法的术语,同功能相对,指物质系统内各组成要素之间的相互联系、相互作用的方式。"[①]

**2."思想政治教育过程结构"的含义**

在我国学术界,对于"思想政治教育过程结构"目前尚无一致认可的定义,有的学者甚至从根本上否定这一概念的科学性,认为研究思想政治教育的过程结构系将思想政治教育过程当作思想政治教育系统要素之误。[②] 正面界定思想政治教育过程结构的观点主要有两种。一种观点认为,思想政治教育过程结构具有综合性,这种综合结构分为横向综合结构和纵向综合结构。横向综合结构是由思想政治教育的"三体、一要素"——教育者、受教育者、教育环境和"媒介"(教育目的、教育内容、教育手段、教育活动)构成的相互联系的方式。纵向综合结构是思想政治教育过程的连续性与阶段性的结合。思想政治教育过程的连续性是指依据思想政治品德的发展规律,朝着思想政治教育目标的方向,持续地、连续不断地进行思想政治教育。思想政治教育的阶段性是指依据思想政治品德发展的层次和阶段,分步骤、有重点地进行思想政治教育。[③] 另一种观点认为,思想政治教育过程的结构是一个由思想政治教育过程的教育者(教育主体)、受教育者(教育客体)、教育介体和教育环体四要素,内化、外化和反馈检验三阶段和确定目标、促成转化和反馈

---

① 《辞海》(缩印本),上海:上海辞书出版社,1989年,第1317页。
② 张耀灿等:《思想政治教育学前沿》,北京:人民出版社,2006年,第146页。
③ 陈秉公:《思想政治教育学原理》,沈阳:辽宁人民出版社,2001年,第143~154页。

控制三环节共同构成的立体动态结构。①

我们认为,提出思想政治教育过程结构的概念是有其必然性和合理性的。思想政治教育首先是作为过程而存在发展的,作为一个过程,它必然有着自身独特的内在结构。至于这种内在结构的定义,上述两种观点并不恰当。显而易见的不足是其抽象程度不够,加之学术界关于思想政治教育过程的要素、阶段、环节等问题的认识多有歧见,相应地,关于思想政治教育过程结构的概念也就难以取得基本的共识。应当说,在思想政治教育过程的要素、阶段、环节等问题的研究成果尚不成熟的情况下,要给思想政治教育过程结构下定义是困难的,因此有必要进行抽象和简化,即思想政治教育过程结构是指思想政治教育系统各构成要素及其在思想政治教育系统内矛盾运动和交互作用而形成的若干子运行系统的有机组合。

(二)思想政治教育过程结构分析

若将现代系统理论和方法移植到思想政治教育系统,并运用系统论的核心——整体观,研究和剖析思想政治教育过程的各组成部分及其相互关系,可看出思想政治教育过程是一个复杂的、多因素的动态组合系统,而这一系统的组成成分是相对稳定的,运行是有序的。

从静态来看,思想政治教育过程一般由三个构成性要素(静态要素)构成。

——主体(即教育者)。主体是一定社会的教育目的的实现者,是整个思想政治教育过程的组织者和引导者。

——对象(即受教育者)。教育对象是教育效果的直接体现者。

——介体(即教育控制)。教育者向受教育者施加影响,需要通过教育控制过程,即主体对输入的教育信息进行评价筛选的选择过程。它作为连接主体和对象的纽带,是思想政治教育过程中不可缺少的因素。

从动态来看,上述静态要素之间,以及它们与环体(即社会客观环境,受教育者是具有高度社会性的个体,其思想政治品德的形成是受社会客观环境

---

① 李文辉:《论思想政治工作过程的结构》,载《理论观察》,2001年第2期,第22~24页。

这一信息源影响的,因此,社会客观环境虽然不属于构成性要素,但应该作为思想政治教育过程结构中的一个维度)相互联系、相互作用,构成了三个子系统(动态要素)。

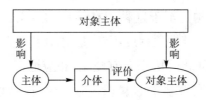

图 7-2 思想政治教育过程的施教系统结构

——施教系统。主体和对象主体分别受到环体的影响,同时,主体通过介体,在主体评价后将信息输入对象的系统,称作施教系统。如图 7-2 所示。施教系统中有纵向和横向两种流程,纵向流程是环体分别对主体和对象发生影响的过程;横向流程则体现了主体经过介体对对象施加影响的过程。系统的双向流程及其相互关联,说明这一系统是一个立体的过程,而社会客观环境这一信息源对教育者施加影响时,也直接对受教育者产生影响,说明这一系统又必然是一个开放的系统。

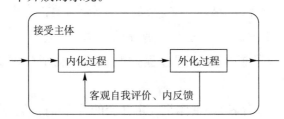

图 7-3 思想政治教育过程的接受系统结构

——接受系统。对象选择吸收(内化过程)、消化转化(外化过程),并伴有对象自我评价、内反馈的系统,称作接受系统。如图 7-3 所示。接受系统中有三个环节:一是对象根据自己的受教欲望和承受能力有选择地接受并"内化"成个体思想政治品德认识的过程;二是对象经过"知、情、信、意、行"实现个体由认知"外化"成行为的转化过程;三是对象对自己行为作出自我评价,并由此调整和控制对象思想政治品德发展方向的内反馈过程。

——反馈系统。对象主体的终极行为(思想政治教育效果的最终体现),通过社会评价反馈给主体的系统。如图 7-4 所示。反馈系统的环节包括:对象是教育效果的直接体现者;思想政治教育过程取得社会效果;对象的终极行为得到社会评价,并向主体反馈信息。

**图 7-4　思想政治教育过程的反馈系统结构**

需要说明的是,在思想政治教育过程结构中,三个构成性要素(静态要素)在空间上是并存的,缺一不可的,并与社会客观环境(环体)密不可分;三个子系统在时间上是继起的、紧密衔接的。空间上的并存性和时间上的继起性是思想政治教育过程结构的最显著的特征。正是由于这些静态要素和动态要素在思想政治教育过程系统内的相互联系和相互作用,才使思想政治教育过程得以正常展开和顺利完成。如图 7-5 所示。

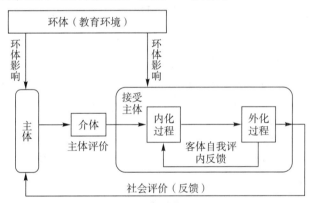

**图 7-5　思想政治教育过程的总体系统结构**

(三)研究思想政治教育过程结构的意义

首先,合理的思想政治教育过程结构有利于更好地发挥思想政治教育过程系统的整体功能,使功能在发挥过程中对结构产生积极的反作用,形成结构与功能的良性互动。结构与功能是一对相互联系的基本范畴。系统内部各要素要建立稳定联系,形成结构,才能显示出系统预设的功能。结构越优化,显示出的功能就越大,反之,若系统结构不合理,显示出的功能就越小。思想政治教育过程是一个由多个要素组成的复杂系统,如果思想政治教育过程的要素杂乱无章地联系在一起,各要素之间的信息、能量交流不畅通,相互之间没有形成良好的作用与反作用,那么,思想政治教育过程系统就不能形成一个有机整体,也就不能很好地发挥其整体功能。

其次,合理的思想政治教育过程结构有利于增进思想政治教育的实际效果。思想政治教育过程是由多要素相互联系而形成的一个结构体系。思想政治教育者只有通过合理的结构体系,才能把联系紧密、前后呼应、条理分明的思想政治教育知识教给受教育者,以便于受教育者的记忆和运用,而不是把孤零零的知识点教给受教育者。不断优化的思想政治教育过程结构还可以使受教育者在学习过程中不断注意前后知识的相互联系,积极思考和探索,将其内化为信念并转化为行为,从而提高思想政治教育的有效性。

最后,分析思想政治教育过程结构有利于认识和把握思想政治教育过程的本质和规律。恩格斯指出,"世界不是既成事物的集合体,而是过程的集合体"。[①] 过程概念具有抽象和具体两种属性。从宏观角度来看,它表示一事物在整个时空中的运行和展开,是一个整体过程,表现出无限性。从微观角度来看,它指事物在局部时空中的运行与发展,是一系列具体的过程,表现出阶段性。宏观过程与微观过程相互联系,二者构成包容与体现的关系,即整体过程包含着各个具体过程,每一具体过程的运行又使得整体过程最终得以体现。当我们将思想政治教育过程系统置于社会整体活动系统中,从动态的角度不难发现,决定这一系统存在状态的正是这一系统构成要素间的关联性活动和相互作用,即结构的动态化。申言之,过程结构系统无非就是活动过程的一个横断面,而过程系统的"解剖"结构则是活动过程的载体和承担者,系统诸要素之间的相互作用,就是思想政治教育作为过程的根本原因。因此,分析思想政治教育过程结构是我们认识和把握思想政治教育过程的必要途径。

## 二、思想政治教育过程结构功能

(一)思想政治教育过程结构功能的含义

**1. 功能的内涵**

所谓功能,是指系统内部各要素之间以及系统与特定的环境以一定的方

---

① 《马克思恩格斯选集》(第4卷),北京:人民出版社,1995年,第244页。

式相互作用时表现出来的特性和产生的效果。对于这个概念的理解,应该注意以下四个方面。

(1)功能是系统的内在属性的外部表现,是客观存在的。系统的功能取决于该系统内部各因素之间的结构与相互关系,以及该系统和环境的联系与关系。

(2)不仅要静态地考察功能,而且要动态地考察功能。由于系统的功能是否得到发挥取决于内外部多种因素的影响,因此在评价和考察功能的时候,既要研究系统本身,又要研究包括该系统在内的宏观环境及其结构联系。也就是说,既要关注功能发挥的过程,也要关注功能发挥的效果。

(3)应注意相关概念的理解与区分。目前,学界对于"功能"的内涵理解不一,而且存在着把功能与作用、能力、结果、价值、目标(目的)等互用的情况,特别是功能与作用的区别与联系往往被忽略。《现代汉语词典》将功能解释为"事物或方法所发挥的有利的作用"。可见功能与作用这两个词意思十分接近,在很多情况下是同义的,可以互换使用。当"作用"表示事物之间的相互关系,即一事物对它事物的影响时,则"作用"与"功能"不能互换。例如,在思想政治教育众多的功能中,有些是可以用"作用"来代替的,比如"凝聚功能""导向功能""调节功能""教育功能"等,分别可以表述为思想政治教育所发挥的凝聚作用、导向作用、调节作用、教育作用等,但是有些又不能直接用"功能"来代替,如"政治功能""经济功能""文化功能",如果用"政治作用""经济作用""文化作用"来替换,则含义显得很模糊。可见,对于功能与作用的关系的把握,需要注意使用场合,不能千篇一律。

(4)要区别功能的不同样态。依据不同划分标准,可以将功能划分为不同的样态,如默顿所说的"功能三态"(正向功能、负向功能、零功能)[①]、显性功能与隐性功能、表现形式上的功能和表现内容上的功能,等等。这里尤其值得关注的是最后一组样态,所谓表现形式上的功能,或称名词性的功能,它由"名词+功能"组成,这样的功能表明该功能属于哪个领域,比如思想政治教育的政治功能指的是该功能存在于政治领域而不是别的领域,经济功能、

---

[①] [美]罗伯特·金·默顿:《论理论社会学》,何凡兴、李卫红、王丽娟译,北京:华夏出版社,1990年,第99~121页。

文化功能的含义亦然。所谓表现内容上的功能指的是功能的具体效果,简言之,是动词性的功能,它由"动词+功能"组成,这样的功能直接说明了该功能的实际内容和意义。比如思想政治教育的导向功能,指的是思想政治教育具有的对人的思想进行引导的作用等。区别这两种样态的功能,对于我们合理地界定思想政治教育过程结构功能具有重要的方法论意义。

**2. 思想政治教育过程结构功能的含义**

通过以上对"功能"一词的考察,我们就可以这样来理解思想政治教育过程结构的功能。所谓思想政治教育过程结构功能,是指思想政治教育过程内部各要素之间以及思想政治教育过程与外部环境之间发生联系时所表现出来的特性以及产生的效果。从这一定义可知,思想政治教育过程结构功能分为内部功能和外部功能。内部功能包括适应功能、认同功能、享用功能;外部功能包括思想政治教育过程系统对思想政治教育环境所产生的作用,主要表现为自然性功能、政治功能、经济功能和文化功能。

### (二)思想政治教育过程结构功能的实现

思想政治教育过程结构功能的实现问题,是思想政治教育过程结构功能研究的关键问题,是其从理论研究转入实践研究的重要环节。

**1. 制约思想政治教育过程结构功能实现的因素**

(1)主体因素。主要指思想政治教育者的综合素质及其对待思想政治教育的态度。教育者在教育的过程中起主导作用。一般说来,教育者的综合素质越高,教育的效果就越好,思想政治教育功能就越能得到发挥;反之,教育者没有良好的素质,也就失去了对受教育者发生作用的基本手段。另外,教育者的态度对受教育者具有强烈的感染力和示范作用,教育者对待思想政治教育工作态度越好,就越能将自身的能力展示出来,教育效果也会越好。

(2)对象因素。即受教育者的基础条件。受教育者的基础条件是完成思想政治教育活动的必备要素。这些条件包括:受教育者的遗传素质;受教育者的经验阅历、知识水平和思想政治素质;受教育者"此在"的精神状态,即受教育者正在接受思想政治教育时的心理状态和精神状态。如果受教育者的各项素质较差,在接受教育时又完全"不在状态",其接受效果就会大打折扣。

(3)介体因素。主要是指教育目标与教育内容的科学性和时代性,以及教育手段和方法的科学性与灵活性。思想政治教育的目标和内容是思想政治教育的核心。如果教育者采用过时或者错误的理论或知识作为思想政治教育的目标和内容，不仅会降低思想政治教育结构功能实现的效率与速度，甚至还会改变思想政治教育过程结构功能的性质，出现负面效应。随着科学技术特别是互联网的发展，越来越多的技术被用在思想政治教育过程中，这些新技术的应用对于提高教育效果极其重要。

(4) 环体因素。即教育环境的质量，指教育环境的性质和水平。教育环境是一个非常复杂的系统，包括宏观环境（社会环境）、中观环境（学校环境、社区环境与单位环境）和微观环境（家庭环境）。从内容来说，它既涉及国家的政治政策导向、经济发展水平和历史文化传统，又涉及社会舆论与社会风气、制度规范、法制建设，以及人与人之间的关系等。处理好这些关系，创设良好的社会环境、校园环境、单位环境、社区环境和家庭环境，对于思想政治教育过程结构功能的实现具有重要意义。

**2. 思想政治教育过程结构功能的实现过程**

思想政治教育过程是一个不断解决矛盾，实现矛盾转化，从而形成思想政治品德主体的过程。因此，思想政治教育过程结构功能的实现过程实质上就是思想政治教育过程基本结构矛盾的转化与解决过程。我们可以把思想政治教育过程结构功能的实现过程划分为前后连续的四个阶段。

(1) 功能取向确立阶段。与一般教育的功能不同，思想政治教育过程结构功能承载着灌输和传播主流意识形态的任务，在功能取向上不容许与统治阶级的功能期待相违背。尽管在一定的社会中存在着各种各样的意识形态，代表着社会上不同阶级和阶层的根本利益，但是对于思想政治教育而言，它只能首先为统治阶级的根本利益服务，这是思想政治教育得以合法存在的基础。因此，从统治阶级的角度来看，思想政治教育过程结构功能取向确立的过程，实际上就是思想政治教育系统必然地、无条件地认同和内化统治阶级的功能期待的过程。需要说明的是，思想政治教育过程结构功能取向的确立并不是一个简单的过程，既要以统治阶级的主流意识形态为根本的指导思想和价值取向，又要能反映大多数社会成员的利益取向；既要体现统治阶级的功能期待，又要体现社会系统和思想政治教育系统自身的功能期待。正是在这多种因素的影响下，思想政治教育过程结构功能通过选择确立起自己的功能取向,并影响思想政治教育的目标和内容的选择。

(2)功能行为发生阶段。在确立了思想政治教育过程结构功能取向以后,并不是马上就进入功能行为发生阶段,而是需要一定的物质和精神投入才能转化为功能行为。这一过程受到来自社会系统和思想政治教育过程系统两方面的制约。从社会系统的制约因素看,主要是社会对思想政治教育的重视程度、社会评价和物质投入。社会对于思想政治教育的社会评价和重视程度直接影响思想政治教育行为发生的积极性效果。在物质投入方面,随着科学技术的迅速发展,思想政治教育也需要进行"硬件"方面的建设和更新,而不能只靠传统的教育手段和方法。这些都需要社会系统在思想政治教育方面进行"硬投入"。思想政治教育系统的精神和智力投入是另一个重要因素。教育者是功能行为发生的主体,教育者队伍的人数规模、专业素质对于功能行为的效果具有极其重要的,有时甚至是决定性的作用。要取得理想的功能效果,教育者必须能自觉地把统治阶级的意识形态内化为思想政治教育的教育目标、教育方针和指导原则,并选择合理有效的教育方法,激发起受教育者的学习热情,从而使社会上占主流的意识形态能够完整地传播给受教育者,为建设一个思想统一、和谐稳定的社会奠定精神基础。这个阶段是将功能期待转化为功能结果的中介环节,同时又是一个核心环节。

(3)初级功能实现阶段。思想政治教育过程结构功能行为发生以后,首先呈现的结果是个体性的功能的发挥。这一阶段同样受到主观和客观两方面因素的影响。从客观因素来看,在教育者实施思想政治教育以后,首先受到影响的是受教育者个体,这是产生初级功能结果的过程。在这个过程中,受教育者除了受到教育者施加的教育影响以外,还受到来自各方面环境的影响,包括家庭环境、学校环境和社会环境的影响。由于在功能实现过程中,受教育者个体所受到的影响是多方面的,这些影响的性质也不同,加上受教育者的个体差异,因此受教育者在接受教育(内化)以后,表现在行为上(外化)不一定完全一致。如果以教育者的功能期待为参照系,初级功能的结果至少有三种可能:一是受教育者认同教育者的教育内容,形成统治阶级所期待的思想政治品质,并以此规范和约束自己的行为,表现为"正功能";二是受教育者对教育者的教育内容或教育方法不能认同,难以作为行动的准则,表现为"零功能";三是受教育者拒斥教育者灌输的教育内容或教育方法,有相反的观点和认识,表现为"负功能"。由此可见,介体的水平和受教育者的素质对于受教育者消化教育内容以及吸收各方面带来的影响均关系重大。

(4)次级功能实现阶段。次级功能即社会性功能。之所以把个体性功能作为初级功能而把社会性功能作为次级功能,一方面,是因为社会是由个体组成的,个体性功能是社会性功能的前提和条件,没有个体性功能的发挥,就不可能有社会性功能的发挥;另一方面,对个体性功能影响很大的社会环境本身就是过去的社会性功能产生的效果。也就是说,个体性功能和社会性功能是互相渗透的,它们的划分也是相对的,难以绝对地以时间先后来区别。由于思想政治教育过程结构社会性功能的发挥受到多种因素的影响,其功能结果也就具有多样性。如果以教育的功能期待为参考标准,思想政治教育过程结构功能有三种可能:一是社会民众(受教育者)对介体反应积极,总体结果表现为"正功能";二是社会民众(受教育者)对介体反应冷淡,总体结果表现为"零功能";三是社会民众(受教育者)对介体拒斥或反感,总体结果表现为"负功能"。

总之,思想政治教育过程结构功能的实现过程便是由以上四个阶段依次连接组成,经过功能目标期待—功能行为实践—功能结果展示以后,教育者、思想政治教育系统以及其他社会群体都会对功能结果进行评估,找出存在的问题和原因,结合实际需要提出新的功能目标,而思想政治教育系统则根据各方面的功能期待,以及个体和社会的发展实际,确立新的功能取向,从而开始下一个思想政治教育过程。

### 三、思想政治教育过程结构优化

#### (一)思想政治教育过程结构优化的含义

优化,就是通过人为的改变或选择,对事物的相关变量进行调整,使事物从不理想的状态变化到理想的状态,或从低级状态进化到高级状态。与优化相关的行为和状态主要有:优化组合、优化设计、优化经济结构、优化产业结构、优化投资环境,等等。

所谓思想政治教育过程结构优化,是指通过对思想政治教育系统各构成要素、各子运行系统以及它们之间的相互关系进行人为干预和调整,使得思想政治教育过程结构更加科学和合理,以实现思想政治教育过程结构功能的最大化。这里需要注意的是,思想政治教育过程结构优化的要义是指思想政治教育过程结构系统的"整体优化",尽管各个要素、各子运行系统的内部结构的"局部优化"往往为"整体优化"所必需,但"局部优化"不具有决定性意义。这是因为,系统的外显功能是整体行为,并且局部结构优化与整体结构优化并不必然具有一致性——有时局部结构优化,同时整体结构也优化;有时局部结构优化,但是整体结构并非随之优化;有时甚至会出现局部结构非优化,但是整体结构优化的现象。

(二)思想政治教育过程结构优化的意义

**1. 从结构与功能辩证关系的角度认识思想政治教育过程结构优化的意义**

结构和功能是任何事物都具有的不可分割的属性,二者是辩证统一的关系。一方面,结构决定功能,事物的结构决定着事物功能的性质和水平,限制着功能范围的大小、作用力的强弱,同时结构的变化必然引起功能的相应变化;另一方面,事物的功能不是完全消极、被动的,具有相对独立性,可反作用于结构,事物的功能总是在同外部事物相互作用时经常发生变化,这种变化反过来可以影响结构的变化。一般来说,结构是基础,比较保守,而功能是表现,比较易变。所以,在现实中,结构的更新往往落后于功能的需要,结构限制了功能的发挥,造成了系统与环境的不和谐。此时,如果人为地调整和优化系统的旧结构,就会使系统与环境相统一,促进系统功能的充分发挥,系统就能得以发展。相反,如果结构是朝着与环境矛盾加深的方向变化,就会抑制系统功能的发挥,甚至使系统濒临"死亡"。

以结构与功能的辩证关系来审视思想政治教育过程,就会得到这样的认识:思想政治教育过程的结构决定着思想政治教育过程结构的功能,不同的思想政治教育过程结构会产生不同的功能;反过来,思想政治教育过程结构功能的优化有待于思想政治教育过程结构的优化。在思想政治教育实践活动中,人们十分在意如何最有效地发挥思想政治教育过程结构的功能,如何最完整地实现思想政治教育价值的问题,然而,解决这一问题的重要方面就是思想政治教育过程结构的优化问题。如果结构不合理,功能就发挥不充分,思想政治教育过程的价值就有可能被否定。

**2. 从改革开放以来我国思想政治教育环境的变化看思想政治教育过程结构优化的意义**

优化思想政治教育过程结构,不仅是因为世界上任何结构都需要不断调整和优化,而且是因为思想政治教育面临新的挑战。众所周知,中国特色社会主义进入新时代,这是我国发展新的历史方位。国内,我们要进行伟大斗争、建设伟大工程、推进伟大事业、实现伟大梦想,需要思想政治教育提供思想保障、精神动力;以人民为中心,在新时代促进人的全面发展,提高人的素质,需要思想政治教育不断创新。因此,思想政治教育必须符合新时代的需要,建立与新时代相适应的思想政治教育过程结构体系。国际上,全球化浪潮呈强劲态势向全球扩张,这已经成为每个民族和国家无法回避且必须面对的一个客观事实。然而,全球化的浪潮中并不仅仅是鲜花与面包,其中还不乏西方价值观的强行兜售,以及"和平演变"社会主义中国的险恶用心。全球范围内国际政治风云变幻、多极格局正在形成,冷战虽已结束,但国际范围的意识形态斗争更加隐秘、激烈,文化霸权借助全球化产生广泛影响。这样的国际环境,给思想政治教育过程结构的优化提出了更高的要求。同时,世界范围内科学技术的迅速发展和智能经济的兴起,正在深刻地改变着人类的生产方式、生活方式、人际交往方式以至思维方式,改变着各国经济和社会发展的进程,要实现中华民族的伟大复兴,就必须加快教育结构体系改革的步伐,全面提高国民素质,加强对受教育者思想政治品质、创新精神和实践能力的培养,努力造就适应新时代中国社会发展要求、有国际竞争能力的高素质劳动者和各类专门人才。思想政治教育作为教育大系统中一个重要的子系统,其过程结构也必然要发生相应的变化。

(三)思想政治教育过程结构优化的路径与对策

**1. 思想政治教育过程结构优化的路径**

一般而言,优化思想政治教育过程结构有两个基本思路:一是从思想政治教育过程系统的内部结构及其相互关系来考虑;二是从思想政治教育过程系统在社会大系统结构中的地位及其与其他社会要素的相互关系来考虑。

从内部系统看,思想政治教育过程结构包括主体、对象、介体三个基本要素。各个要素都有其特定的功能。各要素通过彼此间的密切联系和相互作用,构成不同类型的思想政治教育过程结构,也形成不同的思想政治教育结构功能。在这些结构模式中,最佳的结构模式将最有利于思想政治教育整体功能的实现。所谓整体功能,即思想政治教育过程各个组成部分的整体效能,它并不是各个单项功能的简单相加,而是各个单项功能的有机整合与有机统一,它是一个"合力"的结果。从效果来看,这个"合力"大于各个单项功能的总和。

从外部系统看,社会大系统具有层次性和结构性。生产力、生产关系和上层建筑是社会系统的三大层次。社会系统的三大层次是以生产关系(经济基础)为中间环节,内在地存在着生产力与生产关系、经济基础与上层建筑两对社会基本矛盾。这两对社会基本矛盾贯穿于社会发展的始终,决定着社会运动的性质,是推动整个社会前进的根本动力。思想政治教育作为社会上层建筑意识形态的核心部分,是社会系统结构诸要素中的一个关键性要素,它是社会经济基础和政治上层建筑的反映,为经济基础和政治上层建筑所决定,并服务于经济基础和政治上层建筑。思想政治教育的这种功能影响着社会系统结构的各个要素,影响着整个社会系统结构的运行机制,影响社会的稳定和发展。这就需要考察思想政治教育过程系统诸要素与环境的相互关系和相互作用,以及这种关系对于思想政治教育过程结构功能发挥的影响。

**2. 思想政治教育过程结构优化的对策**

我们在本章的第一节,曾对思想政治教育过程做过结构分析,这种结构分析的意义不仅在理论方面,还体现在操作层面,我们也可以针对思想政治教育过程系统的三个子系统(如图 7-2、图 7-3、图 7-4 所示)给出相应的优化对策。

(1)关于施教系统的优化。第一,在环体分别对施教主体和受教对象发生影响的纵向流程中,教育者应拓宽信息范围,减少与受教育者的"信息差",使主体与对象之间产生"共振效应"。这是因为该纵向流程是一个开放系统,受教育者所能接收的信息既有来自主体通过介体输入的,也有直接来自环体的。另外,现代传播媒介飞速发展,各种社会信息纷至沓来,其结果往往是受教育者总体接收到的信息大于教育者掌握的信息,而这种"信息差"会使教育者失去"先知先觉"的权威。因此,作为教育者,必须拓宽自己的视野,了解受教育者的所思所想,和他们形成一种相互探讨的氛围,在探讨中引导和沟通。

这样才能使教育者和受教育者之间产生"共振效应"。

第二,在施教主体经过介体对受教对象施加影响的横向流程中,教育者应确定适宜的信息频带宽度,强化积极信息,使对象产生"良性效应"。这是因为,在该流程中,主体接收到的来自环体的信息,不是由主体毫无筛选地"复制"给对象,而是经过主体评价,通过"过滤"(即教育控制)再输入给对象的。这里,作为教育者如何把握信息的选择范围(即信息频带宽度)很重要。信息频带越宽,可供选择的积极的信息就越多,受教育者接收积极信息的机会也就越多。但是,信息频带宽了,可能渗入的消极的信息也必然会增多,受教育者接收负面信息的机会也会相应增多。这一客观矛盾要求思想政治教育工作者必须根据社会对受教育者的思想政治品德目标要求和心理承受能力确定适宜的信息频带宽度。

(2)关于接受系统的优化。第一,在内化环节,教育者应提高受教育者自我选择能力,积极创造能充分发挥受教育者主观能动性的有利氛围,使受教育者在接受思想政治品德的社会要求上产生"自觉效应"。受教育者接收到外来的信息后,并非直接将这一信息"移植"于本体内部,而是经两度"过滤":一是受教育者根据自己的主观需求和欲望进行选择;二是受教育者根据自己原有的思想政治品德基础及相应的承受能力加以筛选,从而吸收并"内化"成个体思想政治品德意识。可见,受教育者不仅仅是接受教育的对象,同时也是积极活动的主体。因此,在这一环节,要通过正面引导和反面教育相结合,提高受教育者选择教育信息的能力和抵御消极信息的自身免疫能力,从而增强受教育者自我评价和自我选择的机制。

第二,在外化环节,教育者应在动态中驾驭"外化"过程的"知、情、信、意、行",做到"晓之以理、动之以情、笃之以信、炼之以志、导之以行、持之以恒",取得"综合效应"。对象通过选择吸收形成一定的思想政治品德意识后,即要实现由认知到行为的转化过程,这是教育效果的最终实现。因此,作为思想政治教育工作者,要能正确掌握和熟练驾驭这一过程,并充分认识这一过程中"知、情、信、意、行"每一环节的特定功能,即认识是先导,情感是动力,信念是支柱,意志是关键,行为是归宿。

第三,在自我评价和内反馈环节,教育者应强化受教育者自我反馈、自我调控的功能,在自我教育中取得"优化效应"。由于受教育者在认知转化为行为(外化过程)中,将经历一个自我评价和内反馈过程。因此教育者既要对受教育者施加外部的控制教育,以加深其认识、激励其情感、增强其信念、锻炼其意志、训练其行为,又要借受教育者内部反馈的机会,引导其对原有的思想政治品德认识进行自我反思、自我分析、自我评价,进而作相应的自我激励、自我誓约、自我控制和自我调节。也就是强调要引导启发受教育者自觉地进行自我教育。

(3)关于反馈系统的优化。在社会评价(反馈)环节,教育者应深入受教育者的活动领域,及时捕捉反馈信息,调控思想政治教育方位,使受教育者最终产生社会所期望的"目标效应"。

如果说信息的输入是要使受教育者形成社会所要求的思想政治品德规范的话,那么,信息的反馈则是使受教育者修正未达到或偏离社会所要求的思想政治品德规范,这两者构成了一个完整的信息系统。并且在这一系统中,两者不是在作单向的运动,而是在形成闭合回路后作连续不断的循环运动,表现为反馈信息同样可以作为输入信息。输入信息和反馈信息正是在这种周期性的相互作用中发生综合效应并体现着信息的能动性。因此,作为思想政治教育工作者,要把握受教育者的思想脉络,洞察他们的行为动态,了解他们对社会的影响和社会对他们的评价,并对这些反馈信息作分析、筛选,剔除信息的时滞效应、失真效应所产生的误差,使了解到的反馈信息具有科学性、整体性和目的性,有针对性地调节输出信息,控制思想政治教育过程,使受教育者的思想政治品德符合社会所期望的规范要求,以最终取得"目标效应"。

总之,思想政治教育过程作为一个完整的系统,它的结构优化也必须系统化。如果孤立地优化其中的某一环节,思想政治教育过程是不能产生"整体效应"的。只有综合运用,并于运行中把握,于动态中调节,才能使思想政治教育过程产生"优化效应"。

## 第三节 思想政治教育过程机制

思想政治教育过程机制是思想政治教育过程中思想政治教育系统及其各个侧面、各个层次的整体功能和运行规律,是实现思想政治教育的中介和桥梁。研究思想政治教育过程机制,对于更好地认识和遵循思想政治教育规律、科学地实施思想政治教育方法、实现思想政治教育目标无疑大有裨益。

## 一、思想政治教育过程机制概述

### (一)思想政治教育过程机制的含义

**1. 机制的含义**

"机制"又称机理,源于希腊文 Mechane。从字面上讲,"机"指事物变化的原因。机制,意指机械、机器的构造,各零部件的功能特性以及运转过程中基于一定机械原理的工作方式。后来,生物学和医学用生理机制、病理机制等概念,表征生命有机体内部生理或病理变化过程中各器官的功能特性以及相互关联、作用和调节方式。"机制"一词,现已广泛应用于自然科学和社会科学各学科研究之中。在自然科学领域,一般用"机制"表示研究对象各组成部分的有机关联性和运转原理。在社会科学领域中,"机制"的引申义非常复杂,综合起来基本包含三种:一是指事物各组成要素的相互联系;二是指事物在规律性的运动中发挥的功能;三是指发挥功能的作用过程和作用原理。

**2. 思想政治教育过程机制的含义**

《辞海》将"机制"引入到教育中,构成"教育机制"一词。《软科学大辞典》是这样解释的:教育机制是指教育活动的构成要素及其相互作用,是教育的动态结构。教育作为一种社会活动,也有自己的机制。一般说来,教育者、教育对象、教育影响以及由此形成的教育关系,就是教育活动的基本要素和基本机制。思想政治教育过程机制,是指思想政治教育运行过程中各构成要素由于某种机理形成的因果联系和运转方式。要理解思想政治教育过程机制,应注意从三个层次去理解它的含义:第一,它是思想政治教育各构成要素(如,主体、对象、思想政治教育目的、思想政治教育动力等)的总和;第二,它的功能是各相关因素功能的耦合,其功能的发挥依赖于构成要素功能之间的相互衔接和协调运转,依赖于各要素功能的健全;第三,它是一个按一定方式有规律地运行着的动态过程。

### (二)思想政治教育过程机制的特征

任何事物都有自己的特点,这既是事物存在的根据,也是一个事物区别于其他事物的标志。事物自身的特点,是由事物内在的本质决定的。思想政治教育作为一种实践活动,同样也具有与其他事物不同的特点。这些特点反映到机制上,有如下表现。

**1. 规律性**

思想政治教育作为一种实践活动,不是由人们主观意志所决定的,而是由其产生和赖以存在的客观条件所决定的,是由物质世界的客观条件决定的。客观物质世界处于一个普遍联系和永恒发展的过程中,是不以人的意志为转移的客观存在,因而带有客观必然性特征。因此,思想政治教育也具有明显的客观必然性特点。客观事物的发展既有偶然的方面,也有必然的稳定的方面,表现为发展的客观规律性特征。思想政治教育过程机制是思想政治教育客观实际的反映,在运行中必然呈现出许多规律性的特点。

**2. 整合性**

思想政治教育过程机制的整合性特征是指思想政治教育过程机制具有整体综合、统一协调的功能。思想政治教育是一项复杂的系统工程,既包括教育过程实施以及教育管理等工作系统内部工程,又包括教育与外部的联系。无论是对其工作系统内部,还是对其与外部的联系,必须进行整体性的统一协调,才能使其处于一种良性运行状态,保证教育目标的实现。思想政治教育过程机制能协调各部分的行为,使之相互关联、相互促进,形成共同的着力点,产生出整体大于部分之和的综合效应。

**3. 动态性**

思想政治教育活动是一个不断发展变化着的实践活动,因此,思想政治教育过程机制同样表现出动态性的特征,思想政治教育过程机制处在不断变化之中,并因此发挥着资源优化和调节功能的作用。一方面,表现为思想政治教育各构成要素自身的不断发展变化,另一方面,表现为思想政治教育系统内部各个要素的自我约束、自我调整的自觉性和主动性。通过各要素之间相互制约与相互作用的关系,思想政治教育过程机制始终处于经常性的变化状态中,表现为在适应—不适应—新的适应的过程中前进。

**4. 目标性**

思想政治教育过程机制的目标性体现了思想政治教育的目的性或指向性。思想政治教育过程机制的目标首先确定了思想政治教育过程机制的运行方向,即做什么,达到什么样的目的。这一目标不仅指示了思想政治教育各项工作的方向,还规定了思想政治教育应达到的效果。思想政治教育目标是由总目标分解而成的不同的具体目标综合而成,各个具体目标统一于总目标之中,思想政治教育过程机制通过实现各个具体目标进而沿着总目标所规定的方向运转。

(三)研究思想政治教育过程机制的意义

列宁指出,如果不先解决一般的问题,就去着手解决个别的问题,那么,随时随地都必然会不自觉地"碰上"这些一般的问题。研究思想政治教育过程机制对于更好地认识和遵循思想政治教育规律,科学地实施思想政治教育方法,实现思想政治教育目标都有重大的意义。

从思想政治教育学学科理论角度看,思想政治教育过程机制在思想政治教育过程中起着重大作用。一方面,思想政治教育过程机制作为中间环节,联系着思想政治教育的规律和方法。另一方面,思想政治教育过程机制要研究思想政治教育过程中思想政治教育现象的各个侧面和不同层次的整体性功能及其规律,包括其运行所依据的原理和原则,运行过程的状况即运行中各个部分之间的相互作用以及与思想政治教育系统之外的其他系统之间的相互作用等。例如,对人的思想政治品德形成发展过程的内在机制的研究,可以使人的思想政治品德形成与发展的规律得到科学的解释。同时,思想政治教育过程机制能为完备地建构现代思想政治教育学科理论体系创造一定条件。通过思想政治教育过程机制的研究,可以弄清楚其结构,揭示和再现思想政治教育复杂生动的过程。这有助于我们研究思想政治教育运行过程中的影响因素,找出这些因素中带有规律性的作用模式,进而运用这些原理推动思想政治教育的良性发展。

从实践方面看,研究思想政治教育过程机制,将能够更好地指导思想政治教育的实践。思想政治教育过程机制中的激励、说服等机制联系着思想政治教育的主体与对象,服从于思想政治教育的目的,同时也成为思想政治教育过程正常运行的有效动力,因此,深入研究思想政治教育过程机制对于有效选择思想政治教育环境,加强思想政治教育过程控制,合理安排思想政治教育的程序具有保障作用。思想政治教育过程机制理论的研究将更好地指导对于思想政治教育过程中的目的因素、人的因素、环境因素、信息因素等方面的研究。

## 二、思想政治教育过程的基本机制

### (一)思想政治教育过程的接受机制

"接受",英文是 reception,在中文词典中通常理解为"接纳""承受"等。从学术角度理解"接受"这一概念,它是指关于思想文化客体及其体认者之间相互关系的范畴,它标志的是人们对以语言象征符号表征出来的思想文化客体信息的择取、解释、理解、整合以及应用的认识论关系和实践关系。据此,我们所谓的思想政治教育过程的接受是指发生在思想政治教育领域中的特殊的接受活动,它是受教育者(或思想政治教育的接受主体)出于自身的内在需要,而对教育者利用各种媒介所传递的思想文化信息加以反映和择取、整合和内化以及外化与践行的、连续的、完整的认识过程。

**1. 反映和择取**

接受主体在社会化过程中以其先天形成的感官系统(感觉、视觉、听觉、触觉等)和发射整合机制将外来教育信息中所包含的理论、观点适时"移入大脑",在主体意识中进行复制与再现,形成与之相关或对应的形象和观念。这就是接受主体的反映活动,它是主体后来一系列活动发生和运行的前提条件。当然,反映活动不是无原则、无目的的反映,它是具有一定选择性的。因此,反映过程是伴随择取过程同时进行的。择取(选择)是接受主体运用一定的思维方法,依据主观的或客观的评价标准,对进入认识领域的各种教育信息进行事实判断和价值判断,从而确定取舍态度,容纳或排斥教育信息的过程。当某一信息客体符合主体需要及其判断标准和价值目标时,主体便与之发生现实的联系,使之进入认识场,与内储信息形成对照。否则,接受过程便自动终止。

**2. 整合和内化**

对于经过反映和择取进入认识场的思想信息,大脑还要对其进行处理,使之与原有思想政治品德结构发生对接,这个过程就是整合。当外来信息与接受主体原有思想政治品德结构中的观念体系具有指向一致性时,整合的力量便会打破原有观念体系的边界。从本质上讲,整合包含着建构和重构两个方面,但在建构或重构过程中形成的新的思想观点并不牢固,其正确与否不以接受主体的主观判断为标准,而是以是否符合客观事物的内在规律和社会规范为标准,也就是说主体获得观念必须投放到社会实践中去进行检验才能使之深化。这一经过社会实践检验后形成的用以指导主体社会行为的主体意识的积淀过程,我们称之为内化。

**3. 外化和践行**

从一般认识活动的角度来说,一旦主体"内化"了外来信息,形成了自己的主体意识,接受过程便完成。但思想政治教育的接受不能仅仅停留在理解认同的知性水平上,内化的最终结果必须由能动的主体意识转化为自觉的社会行为,即外化和践行。所谓外化和践行是指接受主体将自身由内化而形成的思想观念和信念自主地转化为自己的行为,并养成相应的行为习惯。这一过程具体分为三个阶段:首先,接受主体将其由内化形成的思想观念和信念转化为其践行思想政治教育要求的思想行为动机;其次,在行为动机的制约下,接受主体依据自身所掌握的知识,选择恰当的行为方式;最后,行为主体按照正确的行为方式,经过长期的练习与实践,形成良好的行为习惯。良好的行为习惯是践行思想政治教育要求的自动化的行为动作,它是外化的结果,也是思想政治教育最终要达到的目标。

总之,思想政治教育的接受过程是一个不断进行思想斗争和思维整合的复杂过程。如图 7-6 所示。一般而言接受过程都要经过上述几个环节。就客观过程而言,人们对外来教育必须经过认识—实践—再认识—再实践这样多次反复的过程,才能实现最终意义上的接受、内化和提高。

外来信息 —感官刺激→ 反映事实 整合 —建构或重构→ 实践 →

**图 7-6 思想政治教育过程的接受机制**

思想政治教育过程的接受机制构建和优化应注意的问题有以下几点。

思想政治教育的接受活动是一个主客体相互作用的过程,思想政治教育目标能否最终落实,关键还是要看受教育者的思想接受活动效率。因此,首先,思想政治教育过程接受机制的构建必须充分重视接受主体(受教育者)的需要,根据接受主体自身需要的不同和需要的强烈程度设法适应和满足他们合理的、正当的需要。同时,注意及时扭转接受主体错误的或不切实际的需要和动机。其次,要利用各种教育因素陶冶接受主体的情感。创建教育情境,对人们进行感化和熏陶,培养人们积极健康的思想情感,实现提高人们思想感情和品德水平的目的。

### (二)思想政治教育过程的动力机制

"动力"最先应用于机械原理,含义为使机械做功的各种作用力。如水力、风力、电力、畜力等。后来"动力"广泛运用于社会科学,指推动工作、事业等前进和发展的力量。动力源自于需要,人类一切行为都有一定的目的和目标,人的有目的的行为都是出自对某种需要的追求。需要是人类共有的现象,是一种客观存在。心理学认为,需要通过引导"紧张而激奋心情"而产生动机,导致行动,即需要有激发力作用。马克思主义不仅认为人的需要是多层次的,而且也承认需要具有激励性作用。这就为思想政治教育建立科学的、多元的动力机制提供了理论依据。

所谓思想政治教育的动力机制是指思想政治教育的目标确定以后,为了实现目标所制定的政策和采取的各种激励手段。它主要由人格动力发动机制、政策导向机制、物质激励机制、精神激励机制和竞争机制等方面构成。这里仅就以下四个方面的动力机制进行论述。

**1. 政策导向机制**

政策是一面旗帜,它解决的是方向问题、原则问题。思想政治教育的政策导向包含两个方面:第一,以鲜明的政策理论观点引导人们不断提高思想觉悟和认识能力;第二,合理满足和正确引导人们的需要。首先,当人们的需要是合理的、正当的,与目标是相一致的,在现有条件下是可以实现的时候,政策应加以肯定、鼓励,从而调动人们的积极性,以利于目标顺利实现。其次,对于不合理的、与目标相反的需要应加以积极引导。因此,政策导向机制在引导人们不断提高思想觉悟和认识能力的基础上,要努力完善需要的内容和层次,激励和强化高级层次需要,为社会多做贡献。

**2. 物质激励机制**

马克思主义认为,人的需要离不开物质需要,物质需要始终贯穿在人类历史的发展进程中。物质需要的满足,是人生存、交往、发展需要的前提。思想政治教育从本质上讲就是用马克思主义的世界观引导人们正确认识自己的物质利益,并在无产阶级及其政党领导下,团结起来为自己的利益而奋斗。因此,思想政治教育在理论与实践的结合上必须建立物质激励的机制。思想政治教育的物质激励既要解放思想,又要防止走向极端,以免夸大物质刺激的作用。一方面,从思想上坚决清除那种把革命和物质利益对立起来的所谓"精神万能论";另一方面,防止只强调物质激励,把物质激励作用绝对化的"形而上学"的做法。

**3. 精神激励机制**

马克思主义认为,精神需要是人不可缺少的高层次的需要。精神需要主要包括社会交往的需要、尊重的需要、成就的需要、自我发展的需要等内容,思想政治教育实质是做人的精神世界的工作。提高人们的思想政治素质,调动人们的积极性、主动性、创造性,为人们的社会实践活动提供强大的精神动力是思想政治教育的基本职能。思想政治教育的精神激励应从满足需要着手,从而引导人们追求更高层次的需要。一方面,要在平等自愿原则的基础上,建设社会主义社会新型的人与人之间交往关系;另一方面,要解决人们的实际问题,提高人们接受思想政治教育的自觉性,同时为个人创造良好的条件,引导人的自我发展。

**4. 竞争机制**

马克思说过,凡是有共同劳动的地方就可以产生出个人的竞争性。竞争是一种客观存在,也是调动一切潜能的动力,表现在宏观上具有调控功能,微观上具有动力功能。思想政治教育的竞争机制具有重要的意义,一方面有助于增强思想政治教育的活力和权威性,有助于人们观念的更新,以达到解放思想的目的。另一方面,能够强化个体的自我意识,调动人的积极性,挖掘人的潜能。这对于人的个性发展、自我完善以及人的全面发展能够起到很大的推动作用。

思想政治教育过程的竞争机制必须坚持公平原则。为每个人提供和创造均等的竞争机制，是发挥竞争机制功能的根本保证。如果不具备竞争条件，却去抑制竞争或降低竞争自由度，就会导致竞争失效，甚至起负面的作用。

发挥思想政治教育过程的动力机制功能，应注意的问题有以下两点。

第一，思想政治教育的目标要科学、适当，这是决定思想政治教育动力机制发挥作用的前提。动力机制是为目标服务的，如果目标不适当，就失去了激发人们满足需要的动力，动力机制自然就无法从根本上发挥其功能了。因此，目标确定要难度适中，充分考虑个人利益，把长远目标化解为一个个短期的具体目标。

第二，思想政治教育动力机制的具体操作，必须区别不同的教育对象和具体环境。由于每个人的经历、性格、年龄、思想及认识水平是不相同的，因而在一定时期内人们所追求需要的满足方面也呈现出比较明显的差异。这就要求我们因人而异，具体情况具体分析，以适应不同层次激励对象的需要。

### (三)思想政治教育过程的说服机制

"说服"是一个非常重要的概念，不少学科都用它或与它相似的概念。思想政治教育学中的说服概念，是指在一定环境作用下教育者运用充分的道理、语言去开导受教育者，以影响其情感、态度、价值取向、信念和行为并使之心服的教育实践过程。

思想政治教育过程的说服包括三大要素：思想政治教育过程的说服者、被说服者以及说服环境。说服者是说服的主体。说服者必须具备良好的素质、完善的人格才能影响被说服者的价值观、态度或行为的转变。被说服者是说服的对象。说服环境状况包括时间环境、空间环境及社会环境。时间环境指教育者对受教育者进行说服时所把握的时机；空间环境是指教育者对受教育者进行说服时所选择的场地；社会环境包括内部环境和外部环境，内部环境通常指被说服者的团体环境，外部环境指被说服者所在团体的外部环境，包括政治、经济环境等。说服所包含的这三个因素之间相互联系、辩证统一。

思想政治教育应是一项复杂的活动，说服机制在思想政治教育过程中由诸多环节构成。

**1. 确定目标**

目标,就是指在一定条件和环境下说服者对被说服者进行劝说,希望得到对方的赞同和理解并付诸行动进而实现预期效果。说服的每个过程都必须围绕目标进行,因此确定说服目标是关键。思想政治教育说服目标的确定要全面考虑,既要考虑到说服者的能力,又要考虑到被说服者的接受能力。如果一味考虑其中一方的能力,则很难达到预期目的。也就是说目标的大小、高低要合理,既不能过高也不能过低,要与思想政治教育总目标一致。

**2. 分析对象**

思想政治教育说服过程中,说服者要了解对方,分析对方的态度,只有了解其需要才能引导对方分析利弊、舍弊求利。按照说服的心理学和社会学理论依据,说服必须关注被说服者的三种人格需要,有针对性地做好说服教育。一是满足自我防卫的需要,二是关注价值观和表达自己的需要,三是满足被说服者实现社会期待,符合社会理想角色的需要。在了解被说服者的需要后,还要分析被说服者的态度。态度表现为敌对、怀疑和友好三种,只有分析了被说服者目前态度状况,才能有针对性地去实施说服,使之具有实效性。

**3. 实施劝说**

确定目标、了解被说服者的需要和分析了被说服者的态度之后,就进入了实施劝说的关键阶段。由于被说服者的态度不同,因此说服的内容和方法也应有所区别。针对敌对态度,说服者首先要赢得其信任、消除其对立情绪才能有效实施劝说;针对怀疑态度,说服者要着重解释疑团,阐述观点;针对友好态度,说服者要着重引导被说服者实现从态度到行动的转变。

**4. 反复巩固**

实施劝说后,说服者还必须要观察和收集被说服者的反馈信息,从中分析和了解被说服者对自己劝说的接受程度进而为下一步的说服工作做准备。说服工作是一项长期的工作,因此不能一蹴而就,要坚持持久性与巩固性统一,才能收获长期效果。

说服是一门学问,在思想政治教育的说服中要注意以下问题。

首先,坚持平等原则。说服本身含有感化的意味,要使对方心悦诚服。这就要求教育者充分尊重受教育者。在说服的过程中,坚持发扬民主,不以势凌人,不以理压人,不简单粗暴,不横加指责,要与受教育者处在同一平面上,并且给受教育者说话的机会,让他们积极参与说服过程,逐步引导受教育者提高认识。当然,尊重不等于迁就,在发扬民主的基础上,要加以限制。

其次,说服要具有针对性,要选择恰当方法。思想政治教育的说服要从受教育者的思想实际、年龄特点、个性差异及心理状态的实际出发进行说服,并且在说服过程中教育者要及时调查和了解受教育者思想上的新动向、新问题,然后选择恰当的方法进行说服。说服的方法包括说理教育法、典型教育法、感化教育法等。

再次,要准确把握说服的时机,要善于把握受教育者最容易被说服的时间点,在恰当的时候实施说服。例如,在转换环境时、受到表彰时和情绪低落时等最适宜实施说服。

最后,说服者要具有良好的素质。说服者首先要有精深的专业知识,合理的知识结构;其次要具备高尚的道德情操,优良的文明修养。实践证明,教育者的政治素养、品德修养、治学态度、思想作风、仪态举止和生活习惯等都会对受教育者产生潜移默化的影响。教育者行为所展示的思想境界,本身就是重要的教育内容和活的教材。因此,要达到说服的目的,教育者首先要提升自身的素质。

(四)思想政治教育过程的沟通机制

"沟通"是一切社会关系赖以形成的基础,是现代社会进行思想政治教育不可或缺的部分,它贯穿于思想政治教育的全过程。沟通具有多重的含义,《牛津大辞典》指出,"沟通是借着语言、文字形象来传递或交换观念和知识"。思想政治教育的沟通,是指在思想政治教育过程中教育者与受教育者以语言符号为媒介进行的思想信息和情感的双向交流与互动过程。

思想政治教育的沟通具有信息交流、指导、反馈、激励以及心理调适等功能。这些功能的特性在于教育主体与对象的双向互动性,即教育者与受教育者通过情感互动和双向交流的实践活动,在对思想政治品德等方面的信息内容达成共同感受和理解的基础上,避免或消除情感认知上的障碍,促进团结统一,从而实现思想政治教育的目的。因此,沟通机制的正常运行能使思想政治教育从以下几个方面发挥其作用:首先,发挥增进理解的作用,即促成教育者和受教育者双方进行角色的"换位"思考,以消除思想上的隔阂,缩小情感上的差距,从而达成心理相容,形成共同目标;其次,发挥深化认识的作用,即在教育者与受教育者之间架起信任的桥梁,推动双方观念交流,感情融合,从而使双方达到在认识上的统一升华;再次,发挥塑造品德的作用,即通过教育者和受教育者共同营建的人际沟通环境,在为受教育者的思想政治品德的发展提供必要条件的同时,又为教育者职业素养的丰富、人格品位的提升开辟更为广阔的发展空间;最后,发挥心理保健的作用,即教育者与受教育者之间进行思想交流、情感交融,这是满足人们社会心理需求的功能的体现。

思想政治教育过程的沟通机制由传者(即教育者)、受传者(受教育者)、信息、沟通媒介、沟通反馈等要素组成,其运行机理如图 7-7 所示。

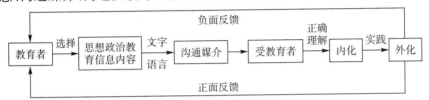

图 7-7 思想政治教育过程的沟通机制

其运行具体分为三个步骤。第一,教育者选择或确立一定的教育内容,通过报告讲座等文字或语言媒介向受教育者发出信息(可能是某种理论、主张、号召等,也可能是就某一问题征询意见、建议等);第二,受教育者在一定沟通媒介的适当作用下注意教育者发出的信息内容,并加以准确理解和接受,表现为受教育者的内化过程;第三,受教育者通过一定的实践方式(言论或行为)把内化了的教育者传递的信息内容反馈出来,将教育者期望了解的信息回送。此时传者和受传者的位置发生了变化,受传者成为传者,而原先的传者则成为受传者。从以上流程可以看出,沟通机制其实就是一个教育者和受教育者之间的互动的往复交替的循环过程。

思想政治教育沟通的有效性对于思想政治教育目标的实现具有重要意义,因此,在思想政治教育的沟通中应注意以下问题。首先,强调沟通过程中教育者与受教育者的地位平等。地位平等是指教育者与受教育者之间人格平等,互相尊重。同时,在沟通的过程中,要充分发挥教育对象的主观能动性,使其达到自我教育目的。在思想政治教育的沟通中,教育对象反映出来的思想观念、政治观点可能与社会要求相一致但有程度上的差别,但也可能不一致,甚至是对立的。在一致情况下,教育者与教育对象可以相互交流与启发,实现教学相长。如果不一致,教育者不是迫使教育对象服从自己,而是双方都阐明自己的看法,将分歧表述出来,在双方交流过程中或达成一致,或求大同存小异,其根本的目的是使教育对象在主动思考、自觉接受的基础上提高思想认识,在面对错综复杂的思想观念、政治观点时保持清醒的认识,能够独立地作出正确的判断和选择。其次,坚持积极倾听原则。这里的倾听是指受教育者经过意义转译、选择、评价、判断等一系列复杂的过程,通过声音、肢体语言和面部表情等听觉、视觉途径接受和理解对方的思想、信息和情感。最后,选择恰当的沟通渠道与方法。沟通渠道一般有正式沟通和非正式沟通两种。非正式沟通主要用于个人与个人之间,表现出不固定、较自由的特征。沟通的方法各式各样,包括谈心沟通法、家访沟通法等,教育者应根据客观需要,灵活地采用恰当的沟通渠道和选用灵活的沟通方法。

### (五)思想政治教育过程的管理机制

所谓思想政治教育过程的管理机制是指在思想政治教育过程中,寓教育于管理之中,按照一定的管理原则,运用各种管理手段,有计划地进行组织、协调、监督和实施,约束人们的行为,促进受教育者的思想政治素质发展,以达到教育目的的一类管理方法系统和原理。

思想政治教育过程的管理机制是以一定管理工作方式作为教育的聚结性要素寓于动态的过程控制之中。它除具有一般教育管理机制的基本属性外,还具有自身的功能。首先,思想政治教育管理机制具有养成教育的功能。思想政治教育过程中的教育与管理机制互相渗透、相辅相成。由于思想政治教育旨在培养人的思想政治品德,这就使得思想政治教育管理机制在一定意义上具备了一般教育机制所具有的品德操行教化的功能。在思想政治教育过程的管理机制的实现过程中,通过建立、健全和执行各项规章制度的方式形成符合社会要求的行为规范体系,并通过动用一整套具有外在约束力的管理方法与手段形成品德操行的控制系统,从而将思想政治教育的"内化"过程和"外化"过程有机结合起来,实现管理功能与教育功能的优势互补。其次,思想政治教育管理机制具有政治方向性的控制作用。思想政治教育总是具有一定的阶级基础和社会背景的,因而思想政治教育的过程及其管理所追求的目标也就必然具有政治意识形态的导向性。作为思想政治教育过程控制系统的思想政治教育管理机制，必须首先保证管理目标和政治方向的高度一致。思想政治教育管理机制由计划、组织、领导、协调等要素构成一个互为条件、共同发生作用的职能体系，控制着系统的各职能要素使其具有共同的目标指向、共同的着力点，以产生出整体大于部分之和的功能倍增的效应，进而最大限度地发挥思想政治教育管理的过程控制作用。

思想政治教育过程的管理机制由目标计划的确立与制订、组织实施、监督检查、总结调整、信息反馈等基本环节组成。

**1. 目标计划的确立与制订**

目标的确立、计划的制订是思想政治教育管理过程至关重要的环节，关系着后几个环节的成效。思想政治教育管理计划必须在对管理对象的思想实际以及管理过程的诸要素作全面的综合分析的基础上制订，并且把总体目标转化为可供选择的系统计划方案，并按照一定的规则筛选最佳方案，继而投入主要力量，最后实现总体目标。计划的制订必须有一定的科学依据，采用科学的预测方法和手段，而且要实行目标责任制。同时计划要建立在丰富的实践基础之上，做到方向明确，内容切实可行，既保证全局又突出重点。

**2. 组织实施**

组织实施是计划付诸实践的第一步。它主要通过组织指导、协调、教育和激励计划落到实处。在组织实施过程中要充分发挥科学管理的能力，发挥周围环境的作用。组织实施要有明确完整的计划，并要建立严密的控制机构，确保组织实施工作顺利进行和管理目标计划的实施。

**3. 监督检查**

监督检查要有一套科学制度，要讲究检查的艺术性、科学性，检查要经常化、制度化。

**4. 总结调整**

在科学管理思想指导下，管理者在检查基础上对实施和检查环节所获得的信息进行系统研究和处理，以实事求是的态度对前几个环节工作做出全面的评定，肯定成绩经验，明确发展方向，科学地调整计划的内容、实施的方法和控制的程度，通过反馈渠道把下一周期的管理过程提高到一个较高水平。

**5. 信息反馈**

信息反馈贯穿于思想政治教育管理的整个过程，渗透在各个环节当中，信息反馈必须做到制度化、社会化,因此,必须畅通反馈的渠道,建立健全高效率的信息反馈系统。实现思想政治教育过程管理机制的正常运行,必须处理好以下几个问题。

首先,坚持教育与管理的辩证统一。思想政治教育的管理要立足于耐心说服教育,以理服人,同时也必须严格行政管理,认真执行纪律。思想政治教育与管理相辅相成,有机结合。其次,思想政治教育的管理要严宽适当,规章制度的制定要符合工作和人们思想行为活动的规律,对于规章制度的执行要严格依据制度的规定和要求。最后,引导受教育者进行自我管理。在思想政治教育管理活动中,努力培养受教育者进行自我管理、自我教育的能力,促进受教育者将外在行为规范内化为思想政治品德的自觉性和积极性,进而促进管理功能的有效发挥。

1. 简述思想政治教育过程的含义及其特征。
2. 简述思想政治教育过程结构分析的理论和实践意义。
3. 简述思想政治教育过程结构优化的必要性。
4. 简述思想政治教育过程机制的含义及其研究意义。

# 第八章 思想政治教育发展

思想政治教育的发展,指的是为了适应社会发展和人的发展的需要,教育者和受教育者采取一定的手段和方式,推进思想政治教育在价值、目标、内容、任务、方法、载体、体制、模式等方面不断改进的过程。这个概念的内涵既是丰富的,但是对其的理解又是有明确界限的。它具有时代性、过程性、社会性、系统性、建构性等特征。对于思想政治教育发展的认识和研究,将有助于更好地彰显思想政治教育的内在品质、更好地推进思想政治教育的现代化、更好地实现思想政治教育的价值。

思想政治教育发展具有鲜明的目标取向,其根本目标就是立德树人,直接目标是为中国特色社会主义建设实践服务,最终目标是实现人的全面发展。同时,思想政治教育的发展是一个需要各种资源相互协同合作的系统性和开放性的工程。立足现实、关注时代这一时代性的特点,决定了它需要时代化;为了不断拓展对客观世界及其自身的认知与行为,它需要在继承中进行创新;为了提升思想政治教育实践的科学化水平,它需要学科化;为了更好地遵循和实践思想政治教育及其发展的规律,它需要科学化;在发展中所表现出来的与社会相关联的特性,促使它需要社会化。

## 第一节 思想政治教育发展概述

### 一、思想政治教育发展的含义

何为"发展",不同的维度有不同的解读。正是其解释的多样性,这个概念近年来在社会许多生产和生活领域被广泛运用,也在许多学科中日益被视为一个重要的研究对象和生长点,如发展经济学、发展政治学、发展社会学、发展伦理学、发展心理学等的出现就是例证。从哲学的维度特别是马克思主义唯物辩证法来看,所谓的"发展",就是指事物从出生开始的一个进步变化的过程,是事物的不断更新。从经济学的维度来看,对"发展"的解释经历了由经济增长到发展即发展不仅仅是增长还包括贫困、不平等和失业的减少或根除,再到社会结构的变迁即一个社会或社会体系向着更加美好的方向的持续前进也是其应有之义的认识过程。从生物学或教育学的维度来看,"发展"指的是人类个体从诞生到死亡的整个生命过程中所发生的身心变化,主要包括生理与心理两方面。

思想政治教育无论是教育教学的实践还是相关的研究实践,都不是处于一个凝固不变的封闭空间中开展的,而是置于动态变迁的外部社会生态环境中的。正如恩格斯所指出的,"当我们深思熟虑地考虑自然界或人类历史或我们自己的精神活动的时候,首先呈现在我们眼前的,是一幅由种种联系和相互作用无穷无尽地交织起来的画面,其中没有任何东西是不动的和不变的,而是一切都在运动、变化、生成和消逝"。[①] 同样,思想政治教育本身也是一个与社会发展和人的发展密切相关的应用性学科。"任何思想政治教育,都是以人为主体的活动,教育者和受教育者是构成思想政治教育的两个基本要素。"[②]这些决定了"必须重视'发展'这个概念及其运用在思想政治教育领域中引发的理论与实践变革",[③]其中一个重要乃至首要的问题就是搞清楚"何为思想政治教育发展";否则就难以理解和解决思想政治教育"为何发展""如何发展"等其他连锁性的问题。

参考和借鉴唯物辩证法对"发展"的理解,同时以马克思主义的社会有机体理论为指导,思想政治教育的发展,指的是为了适应社会发展和人的发展的需要,教育者和受教育者采取一定的手段和方式,推进思想政治教育在价值、目标、内容、任务、方法、载体、体制、模式等方面不断改进的过程。这个概

---

① 《马克思恩格斯选集》(第3卷),北京:人民出版社,1995年,第733页。
② 郑永廷主编:《思想政治教育学原理》,北京:高等教育出版社,2016年,第6页。
③ 张国启、王秀敏:《现代思想政治教育发展研究》,哈尔滨:黑龙江人民出版社,2008年,第33页。

念的内涵既是丰富的,但是对其的理解又是有明确界限的。

首先,从思想政治教育发展的动力来看,思想政治教育的发展是外部动力和内部动力的统一体的产物,单单强调社会发展和人的发展需要,只能说思想政治教育的发展具有了外部条件,而思想政治教育的发展从根本上依赖于教育者和受教育者的实践推进;同样,单单强调教育者和受教育者是推进思想政治教育发展的动力,而不考虑社会发展和人的发展需要,思想政治教育的发展也会迷失方向。

其次,从思想政治教育发展的方向来看,不是所有的变化都可以称之为思想政治教育的发展,只有那种前进的变化或进化即"由一种质态向另一种质态的飞跃,或从一种运动形式中产生另一种运动形式的过程",[1]才能称之为思想政治教育的发展。

再次,从思想政治教育发展的客体来看,思想政治教育的发展涉及思想政治教育的价值、目标、内容、任务、方法、载体、体制、模式等多方面。但是这种发展之所以是思想政治教育而不是其他事物的发展,其中最重要的原因在于发展中始终坚持思想政治教育的"内核",即没有改变以人为本和意识形态性等思想政治教育的根本性特征。

最后,从思想政治教育发展的实践过程来看,它包含了两个主要的方面:一是传统思想政治教育向现代思想政治教育转变发展过程,这是一个复杂而艰难的过程,是一个渐进变革的过程;另一个方面是现代思想政治教育完善深化发展的过程,这是一个渐进整合、系统完善的过程,是伴随社会现代化发展和人的全面发展的协调和深化。[2]

## 二、思想政治教育发展的特征

特征,指的是一事物区别于其他事物或者说之所以成为该事物的内在规定性。思想政治教育发展的特征,不是思想政治教育的特征、实践的特征和发展的特征三者进行简单相加的结果,而是它们相互作用、融为一体后所显

---

[1] 李秀林等主编:《辩证唯物主义和历史唯物主义原理(第5版)》,北京:中国人民大学出版社,2004年,第157页。

[2] 郑永廷:《思想政治教育发展的哲学思考》,载《社会主义研究》,2001年第5期,第31~32页。

示出来新的内在规定性。

(一)时代性

这里的时代性,指的是思想政治教育的发展必须紧跟时代步伐,把握时代脉搏,回应时代呼声。思想政治教育的发展之所以具有时代性,一方面,在于思想政治教育本身是社会现象的一部分,是社会发展的产物,社会的变迁决定了思想政治教育的发展。"思想政治教育活动普遍存在于阶级社会发展的历史进程之中,伴随阶级社会的演进而发展,不断地改变着自身的存在形态和发展方式"。① 另一方面,从思想政治教育所体现和维护的统治阶级或争取统治的阶级的思想和意志来看,体现了鲜明的时代性。"统治阶级的思想在每一时代都是占统治地位的思想。这就是说,一个阶级是社会上占统治地位的物质力量,同时也是社会上占统治地位的精神力量。支配着物质生产资料的阶级,同时也支配着精神生产资料,因此,那些没有精神生产资料的人的思想,一般地是隶属于这个阶级的"。② 当今中国处于中国特色社会主义建设的新时代、国际上面对的是前所未有的大变局,决定了思想政治教育发展的时代性迫切需要解决两个面向问题,即思想政治教育发展如何"时代化"和发展的思想政治教育如何"化时代"。

(二)过程性

这里的过程性,指的是思想政治教育的发展无论是所涉及的由传统思想政治教育向现代思想政治教育转变,还是所涉及的现代思想政治教育自身完善深化发展,都经历一个不断变化的过程或长时间的阶段,不是一蹴而就的。如从上述两个方面的功能实现来看,则将经历"功能取向确立阶段—功能行为发生阶段—功能成果展示阶段—功能成果评估和目标再调适阶段"循环往复、无限发展的过程。如以发展的主体行为实践来看,同样将经历"信息收集阶段—信息的整理分析阶段—方案的制定阶段—实施阶段—评估管理阶段"这样的过程。思想政治教育的发展过程与思想政治教育过程之间的关系,在

---

① 郑永廷主编:《思想政治教育学原理》,北京:高等教育出版社,2016年,第49~50页。
② 《马克思恩格斯选集》(第1卷),北京:人民出版社,1995年,第98页。

于前者只是后者中较小的演变过程,相应地,思想政治教育发展过程的规律是思想政治教育过程的规律在发展阶段的一种具体而特殊性的呈现。

(三)社会性

这里的社会性,指的是思想政治教育发展中所表现出来的与社会相关联的特性。例如思想政治教育发展过程中既要考虑到教育者和受教育者的个人价值,也更要考虑到社会价值;既要考虑到教育者和受教育者的主观能动性问题,也要考虑到特定时期、阶段社会所提供的条件问题,特别是思想政治教育与社会结构的其他成分的关系问题;既要考虑到思想政治教育发展转型的问题,也要考虑到思想政治教育发展成果如何社会化的问题;既要考虑到思想政治教育的发展是一项主观作用于客观的实践性活动,也要考虑到这种实践活动的复杂艰难性,它需要全社会的共同配合、共同努力,在共建中实现成果的共享;等等。对思想政治教育发展社会性的强调,有助于思想政治教育沿着科学的方向发展,从而取得切实有效的成果。当然,强调社会性并不是否认思想政治教育发展中的政治性,政治性是思想政治教育发展中所必须坚持的"内核"之一,"泛社会化"是我们所反对的,社会性是在以政治性作为前提保障下的社会性。"思想政治教育的政治性体现思想政治教育在理论指向、利益导向以及价值旨归上的阶级性。它充分地表明了思想政治教育系统在社会系统中的对于阶级乃至整个系统的保障功能。思想政治教育的政治性总是保障社会性。一旦缺失了思想政治教育这个保障系统,整个社会系统也就不复存在,谈论思想政治教育的社会性也就没有意义"。[①]

(四)系统性

这里的系统性,指的是思想政治教育发展中所体现出来的整体性特征。思想政治教育的发展过程中至少涉及三个大的系统。第一个大的系统就是思想政治教育发展所处的社会环境本身,可以分为独立于思想政治教育系统之外的对思想政治教育发展产生影响的外部环境,以及思想政治教育发展中

---

[①] 叶方兴:《思想政治教育的政治性与社会性之间关系探微》,载《湖北社会科学》,2010年第4期,第183页。

对思想政治教育对象产生直接性影响的内部环境,例如时间环境、空间环境、人际环境、语言环境、人格环境等。第二大的系统就是思想政治教育自身发展中所涉及各个要素之间以及每一个要素方面都构成了一个统一的有机体,例如价值决定了目标、目标决定了任务,任务体现了目标、目标体现了价值;内容决定了方法形式,形式方法服务服从于内容。第三大的系统就是思想政治教育的发展与所处的社会之间构成了一个整体系统,相互联系、相互作用,这就需要我们既要以发展中的社会眼光谋划思想政治教育,也要从发展的思想政治教育维度来看社会。思想政治教育发展的系统性,要求我们在思想政治教育发展的实践中务必注重于整体、全面性和协同性,唯有此才能增强思想政治教育的针对性和实效性。"认识和实现思想政治教育现代化转型,首要的当是思想政治教育思维的转型。在思想政治教育思维转型中最为紧要的思维是系统思维"。①

(五)建构性

这里的建构性,指的是思想政治教育发展的实践是作为积极的建构者而非无为者、破坏者的角色存在着的。毕竟思想政治教育发展实践本身是发展实践的一种类型,不是所有的变化都是发展,只有前进的变化才可称之为发展。如果把当前思想政治教育发展的实质与思想政治教育的现代化转型密切联系起来,那么这就要求积极地建构与这种现代化相适应的思想政治教育的价值、目标、内容、任务、方法、载体、体制、模式等。例如,思想政治教育的价值目标,立足于解决和实现社会实践发展的诉求与促进人的全面发展的诉求,坚持人与社会的统一;思想政治教育的内容,除思想教育、政治教育之外,还应关注道德教育、法制教育、心理教育;思想政治教育的方法载体,注重于新兴媒介的运用以及社会活动方式的开展;思想政治教育的体制模式,侧重于规范化的发展以及大思想政治教育工作格局的构建。

**三、思想政治教育发展的意义**

第一,有助于更好地彰显思想政治教育的内在品质。真善美是思想政治

---

① 孙其昂:《思想政治教育学前沿研究》,北京:人民出版社,2013年,第267页。

教育内在所追求的完美的价值品质。"真"就是思想政治教育的实践一定要遵循科学的规律;"善"就是要求思想政治教育的实践务必满足社会发展的需要和人的发展的诉求;而达到"真"即这种合规律性和"善"即合目的性两者的统一,可以称之为"美"。价值品质的体现和实现最终还是依赖于实践,其中思想政治教育的发展就是重要的实践方式之一。在思想政治教育的发展中,对"理性"给予了大力倡导,即坚持着思想政治教育适应和促进社会发展的规律,以及思想政治素质形成发展与教育引导规律,这实质上就是对"真"的践行。同时,又坚持了"人性"和"思想性",即认为人的本质属性具有"社会、自然以及实践三种既统一又相互制约的特性",[1]既解决现实问题又关注人们的精神世界。这些实质上就是对"善"的践行。而对于"真"和"善"的坚持,就是彰显了对"美"的追求。

第二,有助于更好地推进思想政治教育的现代化。思想政治教育要保持生命力和感召力,其前提和关键就是要实现自身的发展。但是这种发展不是刀断斧劈式、胡乱式的作为,而是要密切联系所处时代的特点,以时代性为根据、以回答时代课题为己任的与时俱进式、有的放矢式的发展。"每一个时代的理论思维,从而我们时代的理论思维,都是一种历史的产物,它在不同的时代具有完全不同的形式,同时具有完全不同的内容"。[2] 当前的中国正处于社会的大变动时期,本质就是社会的现代化,这就要求思想政治教育自身在发展中也要实现从传统到现代的转变。在回应时代呼声的同时,让时代的变迁状况转变成一种倒逼转型的动力,在思想理念、内容、方式、载体等方面构建既符合时代又引领时代的思想政治教育体系。

第三,有助于更好地实现思想政治教育的价值。思想政治教育的价值问题,实质上就是讨论思想政治教育作为一个客体能否满足社会和人这些主体的需求问题。价值问题,攸关思想政治教育的存在意义和发展方向、地位确立和目标选择等问题的回答与解决。由于社会的需要和人的需求是不断变化发展的,思想政治教育要与之相接近、相一致、相结合,就必须通过实践来推动自身的发展,否则将会影响乃至决定着思想政治教育存在的合法性和行

---

[1] 夏天:《思想政治教育的内在品质》,载《人民论坛》,2018 年第 26 期,第 122 页。
[2] 《马克思恩格斯选集》(第 4 卷),北京:人民出版社,1995 年,第 284 页。

为的正当性。思想政治教育价值实现的源泉在于实践,思想政治教育的发展就是科学地认识价值主体的需求和利益,在此基础上判断出现有思想政治教育在目标确定和行为实践等方面的差距,然后通过各种举措和途径的实践来与之接近和一致,最终达到价值客体的主体化。

## 第二节　思想政治教育发展目标

思想政治教育发展具有鲜明的目标取向,其中根本目标是立德树人,直接目标是为中国特色社会主义建设实践服务,最终目标是实现人的全面发展。

**一、根本目标:立德树人**

思想政治教育发展的根本目标,指在思想政治教育实践的过程中所坚持的根本的目标导向,也就是对于思想政治教育的研究对象——人在接受思想政治教育的过程中思想、行为、能力等方面所要达到的根本性的境界或目的。党的十八大提出教育的根本任务是立德树人,这为思想政治教育的发展指明了努力方向,即立德树人是思想政治教育的根本问题,也是根本目标。思想政治教育从根本上讲是做人的工作,而做好人的工作也就事关人的本质,正如马克思在《关于费尔巴哈的提纲》中所指:"人的本质不是单个人所固有的抽象物,在其现实性上,它是一切社会关系的总和。"[①]

（一）立德树人是思想政治教育发展的根本目标

首先,这是思想政治教育对中国传统美德继承和延续的体现。自古以来中国教育就非常重视对人的德育教化,如《左传·襄公二十四年》记载有:"太上有立德,其次有立功,其次有立言,虽久不废,此之谓不朽。"这里就把立德视为基础、放在首位,凸显出立德的重要性。又如儒家的《论语·里仁》云:"朝闻道,夕死可矣。"墨家的《墨子·尚贤》曰:"厚乎德行,辩乎言谈,博乎道

---

[①] 《马克思恩格斯选集》(第1卷),北京:人民出版社,2012年,第139页。

术。"这些都是强调立德与修身,旨在强调立德为先,把任用贤能看作为政之本。可见,各家都在以不同方式强调立德的重要性。所以立德树人是对中国传统美德的继承和发展,也是对人思想道德素质提出的更高要求。

其次,这是由思想政治教育的德育目标所决定的。思想政治教育内容是由思想政治教育的目的和任务以及人的精神发展需求决定的,思想政治教育内容是多方面的,具有广泛性,而立德树人就是思想政治教育的德育目标之一。习近平总书记结合中国的具体国情,做出了中国特色社会主义进入了新时代的判断,并进而提出立德树人是教育的根本任务,多次强调要落实立德树人这个根本任务。贯彻党的教育方针,就是要不断提高教育对象的思想道德素质,要立社会主义之"德",使其做社会主义的合格建设者和可靠接班人,这是对思想政治教育德育目标进行的丰富和发展,也是党的教育理论发展的最新成果。

最后,这是思想政治教育中实现素质教育的保障。"十年树木,百年树人"表明我国新时代教育发展要坚持"以人为本"的教育理念,即对人的教育务必摆在首位,而立德树人这一教育任务的提出,是对如何教育人、发展人的最新诠释,也是由应试教育向素质教育转变的标志之一,教育不再是单纯的知识灌输,重知识轻能力、重分数轻素质。习近平总书记强调"国无德不兴,人无德不立",只有坚持立德树人,推进素质教育,不断提高人才培养质量,才能满足建设现代化强国的人才需求。

(二)中国共产党对于立德树人的高度重视

我们党成立以来,一直高度重视开展思想政治教育工作,明确要从思想上教育人,从能力上培养人,以锻造出一批党的事业合格建设者和接班人。在革命战争时期,毛泽东同志起草了《关于纠正党内的错误思想》,标志着党的德育理论的初步形成。新中国成立以后,毛泽东同志提出思想政治工作是一切工作的生命线,指出思想政治教育必须为无产阶级政治服务。人没有优良的思想品德也就不可能把学到的知识回馈给祖国和人民,也就难以大有作为。在《关于正确处理人民内部矛盾的问题》中,毛泽东同志明确提出:"我们的教育方针,应该使受教育者在德育、智育、体育几方面都得到发展,成为有社会主义觉悟的有文化的劳动者。"①

改革开放时期,在经历了社会主义建设曲折发展后,邓小平同志非常重视人才的培养,他认为社会要发展进步,要靠人才,而人才培养首先要着重做好青年一代的思想政治教育工作,他认为在改革开放的过程中,要通过德育来净化人的思想,他指出,"毫无疑问,学校应该永远把坚定正确的政治方向放在第一位",②进而提出了"四有"人才培养目标,教育全国人民做到"有理想、有道德、有文化、有纪律"。这些育人思想的提出,进一步明确思想政治教育的人才培养要求,明确了具体的培养方向和内容。

20世纪90年代江泽民同志高度重视思想政治教育工作,他提出了"三个代表"重要思想,强调要将以德治国和依法治国结合起来,同时指出各级各类学校务必把德育教育工作放在首位以确立正确的政治方向,认为素质教育的灵魂在于不断增强学生的社会主义理想、爱国主义情怀、集体主义观念。上述表明人才培养不单单是知识的教育,还要加强素质教育,要把素质教育放在首位;同时这也对思想政治教育立德树人方面提出了更高要求,要培养德才兼备、"又红又专"的人才。

进入21世纪,胡锦涛同志着眼于中国特色社会主义的前途和命运,提出"培养什么人、怎样培养人"的重大命题,并提出以社会主义核心价值观为引领,要坚持育人为本、德育为先,把引导青年学生树立正确的"三观"作为教育和工作的重点,又进一步强调了"立德树人"的重要性和地位,要求青年一代努力争做"四个新一代"。

党的十八大以来,习近平总书记在继承党的历代领导人关于思想政治教育相关理论基础上,提出把立德树人作为教育的中心环节,系统回答了"培养什么样的人、如何培养人以及为谁培养人"这一根本问题,为"德智体美劳全面发展"注入了新内涵,充分彰显了党对于教育价值指向的准确判断,丰富和发展了党的教育理论。

(三)坚持和实践立德树人的路径

首先,要更新思想政治教育的理念。一方面,要正确认识"立德"和"树

---

① 《建国以来毛泽东文稿》(第6册),北京:中央文献出版社,1992年,第340页。
② 《邓小平文选》(第2卷),北京:人民出版社,1994年,第104页。

人"之间的辩证关系，"立德"是基础，"树人"是目的。要树立"德育为先"的理念，俗话说成才先成人，成人是成才的基础，这个"成人"并不是单纯的长大成人、培养个人能力，还包含个人养成的思想品德、行为素质要符合社会主义道德的要求。所以"树人"要先"立德"，"立德"的落脚点是"树人"。在社会主义现代化建设过程中，对建设者和接班人的选拔标准不再是"唯才是举"，而是强调要德才兼备。归根结底，离开"立德"谈"树人"就会流于形式，离开"树人"谈"立德"就显得空洞。另一方面，"立德"和"树人"的关系还体现了教育的主客体关系问题，在传统的教育中，往往容易以教育者为中心，教育者有着绝对的权威，对受教育者采取的更多的是灌输式教育，受教育者只能绝对地服从教育者，这就会影响受教育者的能动性、创新性的发挥。所以要转变这种教育理念，在现代教育中，教育者要坚持"以人为本"的理念，教育者和受教育者之间要形成一种和谐的、平等的、互相尊重的关系，双方都可以成为思想政治教育的互动主体，这样更有利于立德树人这一德育目标的实现。

其次，要提高思想政治教育者的综合素质。教育者综合素质的高低将影响着受教育者立德树人这一目标实现的质量，关系着是否能够完成立德树人这一根本任务。要想实现立德树人这个根本目标，首要前提就是育人者首先要对立德树人有深刻透彻的认识，并具备对应的理论知识。教育者的综合素质包含政治素质、思想道德素质、知识素养等。其中坚定的马克思主义信仰是其具备过硬的政治素质的体现，也是教师落实立德树人必备的基本素质。在思想政治教育的过程中，教育者要用马克思主义理论引导学生树立正确的价值观、人生观、世界观，同时要向受教育者传达积极向上的生活观念，使其为把自身培育成"四有"青年而努力；教育者还要积极提高自己的知识素养，尤其是在当今"互联网＋"的时代，教育者不单单要加强自己的专业素养，还要掌握与思想政治教育相关的各学科知识，这样才能更好地融会贯通，才能更好地运用马克思主义的理论和方法教授给受教育者什么是"德"，社会需要什么样的"德"，这样立德的方向才更加明确，也才能更好地践行。

最后，构建"全面育人"的教育体系。立德树人目标的实现受到多方面因素的制约，要求我们要从多个方面通力合作来完成立德树人这个任务。如高校是实现立德树人的主渠道，就要求在高校中建立"三全育人"的机制，即要形成全员、全程、全方位育人的教育理念，立德树人不仅仅是思政课老师和辅导员的主要任务,还是所有的教育者自觉承担的重任,不论是在课堂上,还是在日常生活中,或者是在校园文化建设中,从低年级到高年级,从进入校园到毕业离开校园,都要把立德树人渗透在其中,形成全员参与、全过程监督、全方位渗透的育人格局。立德树人的根本任务的落实,不能单纯依赖学校,还要着眼于家庭,要建立高校与家庭的互动平台,加强学校与家庭的沟通交流,这样学校和家长都可以及时关注了解到学生的思想动态、成长状况,形成家校合力的长效机制,从而使受教育者健康成长,来达到立德树人的目的。同时人生活在社会中,其思想和行为也会受到社会环境的影响,所以立德树人也离不开社会环境的不断优化。在经济全球化发展的今天,国内受到西方价值观的冲击,导致一部分青年群体在对外来文化不了解的情况下出现价值信念的动摇,所以要积极弘扬社会主义核心价值观,努力建立与社会主义市场经济相一致的价值观,营造一个健康积极的社会经济环境,帮助青年群体在多元的价值观中正确认识自己的价值观,并把社会主义核心价值观融入自己生活的方方面面,提高其明辨是非的能力,并坚守自己的核心价值观。总之,只有建立起学校、家庭、社会三位一体的"全面育人"的教育体系,才能更好地实现立德树人。

## 二、直接目标:为中国特色社会主义建设实践服务

### (一)思想政治教育发展直接目标的学理分析

思想政治教育的发展是为中国特色社会主义建设和实践服务的,思想政治教育发展的直接目标要与中国共产党的奋斗目标保持高度一致。离开了党的奋斗目标就难以正确确定思想政治教育的奋斗目标,思想政治教育的发展就会迷失方向。

首先,这是由思想政治教育的指导思想所决定的。马克思主义不仅是思想政治教育的内容,还是思想政治教育的指导思想和理论基础。其中历史唯物主义关于社会历史发展趋势和无产阶级历史使命的理论、关于社会存在和社会意识辩证关系的原理、关于政治和经济辩证关系的原理等,决定了思想政治教育的直接目标就是服务和服从于社会实践的变革,在当下就是要为中国特色社会主义建设实践服务。

其次，这是思想政治教育发挥和实现自身功能价值的重要体现。思想政治教育最基本的功能价值主要表现在满足社会进步和个体发展的需要两个方面。而功能价值的实现有赖于一定目标的达成和一定任务的完成。当前中国特色社会主义建设实践是全党工作大局和中心工作，思想政治教育为其服务，实质上就是明确了思想政治教育发展实践的目标和任务，从而最终促进了思想政治教育社会价值的发挥和实现。中国共产党的奋斗目标反映了社会发展的客观要求，与其说思想政治教育的目标和任务必须依据社会发展要求确定，不如说务必依据党的奋斗目标来确定，思想政治教育的目标和任务与党的奋斗目标具有一致性。

最后，这也是中国特色社会主义建设实践的客观需要。马克思主义认为，社会发展最终是由生产力推动的。生产力的发展，不仅为人的体力、智力以及思想道德素质的发展创造了条件，而且也对人的体力、智力和思想道德素质提出了更高的要求。而思想政治教育，一方面为中国特色社会主义建设实践提供了精神动力、智力支持和思想保证以及创造了良好的社会环境；另一方面，更在于为中国特色社会主义建设实践需要培养了一大批合格建设者和接班人。

### (二)思想政治教育为党所重视和其服务于党的中心工作的历史考察

如果前面是从学理、现实层面分析当前思想政治教育的发展为何要以为中国特色社会主义建设实践服务为直接目标；那么通过对党思想政治教育实践历史的考察，将会充分认识和了解到这一直接目标的定位具有深厚的历史根源，它是党的思想政治教育实践史中所积累的宝贵经验。可以说，思想政治教育是中国革命和建设不断取得胜利的根本保证和重要条件之一，也是中国共产党自身发展壮大的传家宝。党自成立之日起，在重视思想政治教育实践中十分强调思想政治教育为实现党的政治目的的重要手段这一基本职能，注重坚持"以党对未来理想社会的追求和各个历史时期的中心工作为根本指向的"。[①]

革命时期，毛泽东就认为："掌握思想教育，是团结全党进行伟大政治斗

---

① 王树荫主编：《中国共产党思想政治教育史》，北京：高等教育出版社，2016年，第494页。

争的中心环节。如果这个任务不解决,党的一切政治任务是不能完成的。"① 联系这一时期的具体阶段来看,党成立初期和国民革命期间,思想政治教育重点面向工人和农民宣传马克思主义理论和党的政治纲领,为提高工人阶级政治意识和觉悟服务,为北伐战争服务;土地革命期间,思想政治教育的主要内容转变为围绕着组织革命队伍、深化土改和开辟革命根据地来实施;抗日战争期间,思想政治教育紧紧围绕抗日民族大业来进行;解放战争时期,为把旧中国建设成为独立、民主、自由、统一、富强的新中国,党在军队、根据地以及"国统区"开展了形式多样、卓有成效的思想政治教育。革命时期这一宝贵的历史经验在新中国成立后依然被继承和弘扬。例如新中国成立初期,思想政治教育成为了党和国家重要工作领域,其紧紧围绕执政党的党风建设、知识分子的思想改造、土地改革、"三反""五反"、抗美援朝等党的中心任务展开,通过阶级教育、爱国主义和国家主义教育、反对资产阶级思想腐蚀的教育、为人民服务的思想教育、过渡时期总路线的教育和社会主义教育,大大提高了人民群众的思想觉悟。

改革开放初期,邓小平发表了坚持四项基本原则的重要讲话,这既为社会主义现代化建设指明了方向,也为思想政治教育领域拨乱反正的深入进行和新时期思想政治教育的正确开展指明了方向。他强调在建设社会主义物质文明的同时,还要加强社会主义精神文明建设,而作为精神文明建设核心和中心环节的思想道德建设必须紧抓不放松。

20世纪90年代,围绕着建立社会主义市场经济体制这一目标,江泽民强调:"我们的宣传思想工作很重要,大有可为,只能更加重视,不能有任何忽视;只能大大加强,不能有丝毫削弱;只能改进提高,不能止步不前"。② 在中国特色社会主义建设实践中所形成的"三个代表"重要思想,明确要求思想政治教育必须按照始终代表中国先进生产力的发展要求、中国先进文化的前进方向、中国最广大人民群众的根本利益来坚持和实践。

21世纪,思想政治教育坚持以人为本、全面协调可持续的科学发展观,与时俱进、不断创新,为推动全面建设小康社会和构建社会主义和谐社会提

---

① 《毛泽东选集》(第3卷),北京:人民出版社,1991年,第1094页。
② 江泽民:《在全国宣传思想工作会议上的讲话》,载《人民日报》,1994年1月24日。

供了强大的精神动力和思想保证。同样,思想政治教育还把社会主义核心价值体系贯穿到社会生活的各领域,进一步坚定了人们走中国特色社会主义道路的信念。

十八大以来,伴随着中国特色社会主义进入新时代,习近平总书记特别强调"意识形态工作是党的一项极端重要的工作"。思想政治教育在实现中华民族伟大复兴的道路上开创了新局面,如紧紧围绕新时代如何坚持和发展中国特色社会主义这一主题,开展了学习和贯彻十八大、十九大精神和习近平新时代中国特色社会主义思想,全面加强和改进了党和军队的思想政治教育,在全社会加强和改进了社会主义意识形态建设,培育和践行了社会主义核心价值观等。这些促进和增强了人们坚持和实践中国特色社会主义的理论自信、道路自信、制度自信和文化自信。

(三)思想政治教育的发展服务和服从于中国特色社会主义建设的路径思考

从上述的分析和考察来看,思想政治教育的发展必须为中国特色社会主义建设实践服务,无论是学理层面、现实层面还是历史层面都有充分的根据。而要使当前思想政治教育社会价值能够切实有效地坚持和实践工具性与目标性的统一,务必要做到以下几点。

首先,要用习近平新时代中国特色社会主义思想铸魂育人。马克思主义理论的强大生命力在其实践性,即接受实践的检验,并在实践中不断地完善和发展。这就决定了马克思主义重要的理论品质是与时俱进性。十八大以来以习近平同志为核心的党中央坚持以马克思主义为指导,密切结合新时代条件和实践要求,以全新的视野深化对中国共产党执政规律、社会主义建设规律、人类社会发展规律的认识,进行艰辛探索,创立了习近平新时代中国特色社会主义思想。可以说,习近平新时代中国特色社会主义思想,在开辟马克思主义新境界的同时,也开辟了中国特色社会主义新境界,是新时代如何坚持和发展中国特色社会主义的精神旗帜和方向指导,是实现中华民族伟大复兴的行动指南。为此,思想政治教育在发展中务必要对大众开展习近平新时代中国特色社会主义思想的理论教育,通过"内化于心"让大众科学掌握党的基本理论,坚定马克思主义的信仰,最终"外化于行"成为中国特色社会主义事业的建设者和接班人。

其次,要弘扬主旋律和传播正能量来聚集建设的新合力。在当前错综复杂的现实面前,要帮助人们掌握中国特色社会主义理论,引导人们增强中国特色社会主义道路自信、理论自信、制度自信、文化自信,思想政治教育在发展中必须遵循"弘扬主旋律、传播正能量"这一方针。具体来说,思想政治教育在发展中一定要理直气壮地宣传中国特色社会主义、要积极宣传党的路线方针政策和重大决策部署、要加强正面典型宣传等。弘扬主旋律和传播正能量,有助于统一民众的思想认识和行动方向,最终达到凝心聚力的目的。

最后,要有力抵制各种错误和腐朽思想的影响来增强人们的道路自信。在弘扬主旋律、传播正能量的同时,思想政治教育在发展中必须坚持底线思维、强化阵地意识,尤其是对事关大是大非和政治原则的问题要敢于亮剑,对各种错误和腐朽思想的影响要给予有力抵制。在引导干部群众在重大思想理论问题上划清是非界限、澄清模糊认识时,务必针对社会热点难点问题特别是民众最关心最直接最现实的利益问题,从理论和实践的结合上作出有说服力的回答。正如马克思主义经典作家所指出的"理论只要说服人,就能掌握群众;而理论只要彻底,就能说服人。所谓彻底,就是抓住事物的根本"。[1]

### 三、最终目标:实现人的全面发展

思想政治教育发展的最终目标是指在思想政治教育实践的过程中所坚持的最终价值指向,也就是对于思想政治教育的研究对象——人能够达到的最终效果的指向和实现。人的全面发展是马克思主义理论的最终价值旨归。马克思、恩格斯早在《德意志意识形态》中就提出了实现"个人的全面发展"[2]的社会目标。在《共产党宣言》中,他们又把这种人的全面发展的状况称之为未来的理想社会的必然,"在那里,每个人的自由发展是一切人的自由发展的条件"。这就决定了以马克思主义为指导的思想政治教育,其发展的目标尽管是多维、立体、丰富的,但究其根本还是要使人回归到现实生活当中去,实现人的全面而自由发展。简言之,思想政治教育发展的最终目标就是实现人的全面发展。

---

[1] 《马克思恩格斯选集》(第1卷),北京:人民出版社,1995年,第9页。
[2] 《马克思恩格斯全集》(第3卷),北京:人民出版社,1960年,第330页。

### (一)思想政治教育发展最终目标的价值定位

马克思恩格斯曾经指出"以每一个个人的全面而自由的发展为基本原则的社会形式"①是人类未来的理想社会,也是人类追求解放的终极目标。可见,只有全面而自由发展的人,才是真正的人。而这里的全面发展指的是个体可以摆脱外在的束缚条件,克服各种限制从而消除异化的状态,包括人的个性、人的需要、人的能力和人的社会关系等各方面的全面发展。思想政治教育发展的实践最终就是服务和服从于这一目标价值指向。

首先,从思想政治教育发展的内在价值看,思想政治教育是实现人的全面发展的重要途径。人是以其社会性状态而存在,其自身发展与整个社会的政治、经济、文化等因素密不可分。每个人的能力在不同程度上都会受到社会生产力和生产关系的制约,教育恰恰是打破这种约束的途径。通过教育,人们可以提高自己的知识水平,扩展自己的能力,提升自己的精神境界。而发展思想政治教育,可以使人们占有自己的本质力量,帮助人们树立正确的世界观、人生观、价值观,坚定人们实现理想的意志力,最终通向共产主义社会。

其次,从思想政治教育的内在本质看,提升人的主体性是实现人的全面发展的内在要求。主体性问题一直是哲学讨论的根本问题,主体性经历了诞生、死亡和回归的漫长过程。马克思主义认为,唤醒人的主体意识,提升主体的能力,充分发挥人的本质力量,实现人的自由自觉,是人的全面发展的内在要求,也是思想政治教育发展的重要任务。思想政治教育是一个旨在激发人的主体性、创造性的实践过程,要使主体认识到务必通过自我反思、自我调节、自我批评的方式去提升个人的思想境界、政治素养和道德品质。

另外,从思想政治教育目标的结构层次来看,实现人的全面发展在思想政治教育目标体系中处于核心地位。人的全面发展是现代思想政治教育的最终目标。因为社会整体的经济发展、政治发展、文化发展都必须以个人的发展为前提,所以只有个人充分实现全面发展才能推动社会的整体进步,进而实现思想政治教育发展的整体目标。

---

① 《马克思恩格斯文集》(第5卷),北京:人民出版社,2009年,第683页。

## （二）在思想政治教育发展中坚持和践行人的全面发展的路径分析

当代中国，在思想政治教育发展过程中如何坚持和实现人的全面发展，需要联系当前的社会现状，充分了解受教育者的真实需要，针对存在的不足和矛盾，找出一条推进人的全面发展的合适方式和路径。

首先，创新思想政治教育理念。例如正确认识个人的全面发展与个性发展的辩证关系，全面发展与个性发展同是人的发展的两个方面，缺一不可。若离开个性发展谈全面发展，则失去了基本落脚点；若离开全面发展谈个性发展，这样的发展不足以支撑社会现实的考验。因此，在现实生活中，对于个人来说，要制定切实可行的发展目标。

其次，突出思想政治教育对象的主体性。要让受教育对象成为体验者，通过体验、思考、自励、自省等自我教育的方式把自我的感受、体验上升为做人的道理，转化为对真善美追求的内在动力；要让受教育对象成为探究者，在开放的情境中锻炼自我辨别善恶美丑、自主正确选择价值和行为的能力；要让受教育对象成为主动参与者，在主动参与、自主选择中学会自我修养，不断自我激励、自我调控、自我完善、自我超越。

再次，提高思想政治教育对象的综合素质。要认识到提升教育对象的思想政治素质是发展其综合素质的基本保障。思想政治素质包括思想素质和政治素质，高尚的思想素质包括拥有正确的思想观念，掌握科学的思想方法，秉持严谨的思想作风。过硬的政治素质包括正确的政治立场，崇高的政治品质，出众的政治水平，卓越的政治敏锐性。要认识到提高思想政治教育对象的道德品质是重要要求，这包括加强其道德信念的确立，提高其勇于奉献的道德境界以及道德自律的能力。另外，还务必要高度重视受教育者业务素质的提高。总之，思想素质、政治素质、业务素质、道德素质的全面提高，是人的全面发展理论的真实实践。

最后，改变思想政治教育的方式方法。要运用各种现代传媒。科技发展迅猛的时代，要求教育者时刻更新教育的媒介，与时俱进。对于网络世界和网络平台，要保持正确的观念对待，加深与教育对象的交流，了解他们的生活方式。这有利于思想政治教育工作的顺利展开。要拓宽和延展思想政治教育的空间，一方面增加科技文化类活动的开设，另一方面丰富教育环境的建设,在潜移默化中对教育对象产生正面的影响。同样,思想政治教育需要在家庭、学校、社会三位一体的模式中发展,形成促进人的全面发展的合力,任何片面极端的教育方式都会产生一定的弊端。

## 第三节 思想政治教育发展路径

思想政治教育的发展是一个需要各种资源相互协同合作的系统性和开放性的工程。立足现实、关照时代这一时代性的特点,决定了它需要时代化;为了不断拓展对客观世界及其自身的认知与行为,它需要在继承中进行创新;为了提升思想政治教育实践的科学化水平,它需要学科化;为了更好地遵循和实践思想政治教育及其发展的规律,它需要科学化;在发展中所表现出来的与社会相关联的特性,致使它需要社会化。

### 一、坚持时代化

坚持时代化,与思想政治教育发展的时代性特征并不相悖。一方面,如果说"时代性",强调的是思想政治教育的发展要体现出与时俱进的内在品质,那么这种"时代化",则以时代性为根据,既包含又高于时代性,它更注重外在的价值性和时代意义,是时代性要求的外化和拓展;[①]另一方面,如果说"时代性"是思想政治教育发展所呈现出来的一种静态的特征,那么"时代化"则是思想政治教育发展所表现出来的一种动态特征,它是"时代性"的展开和实践。

时代的变化给思想政治教育的发展既带来了机遇,又造成了挑战。改革开放以来,伴随着社会转型的日益深入,思想政治教育的发展也渐显现代化的色彩。如思想政治教育在目标和管理上体现了人本化趋向,在内容上体现了多维体系化趋向,在方式上体现了开放互动式趋向,在评价上体现了价值

---

① 石书臣:《关于推进思想政治教育时代化的思考》,载《思想政治教育研究论丛》,2011年,第 106～107 页。

平衡化趋向。① 特别是进入中国特色社会主义建设的新时代,思想政治教育的地位得到了前所未有的提升,被置于治党、治国和治军以及实现中华民族伟大复兴中国梦的战略高度来把握;思想政治教育内容得到了进一步的深化,明确了思想政治教育的根本任务在于习近平新时代中国特色社会主义思想武装全党,推动习近平新时代中国特色社会主义思想深入人心;思想政治教育领域得到了极大的拓展,思想政治教育与全面加强党的领导、意识形态建设、文化建设密切相连、融为一体;等等。但是,也要认识到社会转型给思想政治教育的发展带来了一些挑战。例如如何消解和超越因市场经济"泛利益化"价值取向所造成的"物本化"倾向;如何抵制和克服科学技术的信息化与网络化所带来的"器本化"倾向;如何消解和克服因科学技术迅猛发展和知识爆炸式增长所导致的"知本化"倾向;如何克服和扫除因社会竞争压力与市场经济物化所带来的信仰"神本化"倾向;等等。② 中国特色社会主义的新时代在给思想政治教育的发展创造一些有利条件的同时,也对其发展提出了新的要求,诸如思想政治教育如何为实现中国"强起来"而持续发挥团结和激励作用,如何引导和疏通人民需要与现实矛盾引起的内心冲突,如何促进人的全面发展和提高人们认识水平;等等。可见,面对这些挑战思想政治教育自身如果不进行深刻性调整和结构性改变,就会被时代的发展所淘汰。

思想政治教育要保持生命力和活力,必须要时代化。时代的变迁转型与思想政治教育发展之间是辩证统一的,前者推进了后者主题的转变、促进了后者内容和方法的丰富多样,开拓了后者的发展空间;而后者为前者的变迁方向提供了一定的规范作用,为前者的变迁转型提供了相当数量的合格的主体力量等。这种辩证统一关系,决定了思想政治教育发展坚持时代化,至少包含两个维度。一是思想政治教育要"化时代",即直面现实问题,在回答和解决现实问题中展现思想政治教育的魅力。联系到当下,思想政治教育就是要回应当今世界以及中国发展中所出现的时代课题和现实问题,在肩负时代使命中引领时代的发展,在回应时代呼声中彰显出时代需要思想政治教育这

---

① 俞光华、黄瑞雄、赵红:《新时代思想政治教育发展趋向探析》,载《广西社会科学》,2018年第8期,第205~206页。

② 张国启、王秀敏:《现代思想政治教育发展研究》,哈尔滨:黑龙江人民出版社,2008年,第93~130页。

一哲理。二是思想政治教育自身要"时代化",即在"化时代"中反观自身,既以此来获取新的实践生长点,又在认识自身不足中寻找到改进和完善的环节和部分,从而最终构建具有时代化气息的思想政治教育体系。如思想政治教育理念的发展上,要重构以人为本的理念、强化"三生"(生命、生存、生活)教育理念、培养全球化理念;思想政治教育方式方法的发展上,要积极探索满足主体多样性发展的咨询辅导方法,发展与现代网络载体相适应的隐性教育方法;思想政治教育管理的发展上,要实现从经验型管理向规范型管理的转变,从事务型管理向素质型管理的转变,从粗放型管理向精致化管理的转变等。①

## 二、坚持创新化

如果将发展视为思想政治教育的第一要务,那么创新则是第一动力。对于创新的重要性,许多名言警句都已论及,例如"苟日新,日日新,又日新""开创则更定百度……守成则安静无为……"等。面对社会实践变革中不断出现的新情况、新问题、新挑战,思想政治教育要增强自身的主体性、实效性和导向性,根本的途径就在于创新。这里的创新,不仅仅是一种意识、态度和毅力,还是一种突破和超越常规的行为实践。

社会实践的变革需要思想政治教育在发展中进行创新。当前中国特色社会主义处于新时代这一历史方位,无论是从现实社会,还是从虚拟社会来看,所出现的新情况、新问题、新挑战,原有思想政治教育中的一些老观念对此无法认识、老办法对此无法解决、老经验对此无法奏效,迫切需要思想政治教育创新发展。如从现实社会来看,以"四个全面"战略布局作为分析对象,如何科学认识全面建成小康社会的内涵和目标要求以及调动人们的积极性、主动性和创造性以赢得全面建成小康社会的最后胜利;如何在全面深化改革中坚定正确的改革方向、坚持明确的改革目标、掌握正确的改革方法、凝聚广泛的改革共识;如何坚持和实践中国特色社会主义法治道路;如何正确认识当前全面从严治党的重要性和必要性,坚定广大党员和群众的理想信念;等

---

① 廖启云:《现代化视域下思想政治教育发展研究》,北京:中国社会科学出版社,2015年,第119~196页。

等。这些需要思想政治教育在创新发展中发挥其特有的功能,以满足和实现社会实践发展的诉求及由此所引发的人的全面发展的诉求。同样,从虚拟社会来看,如何正确认识和处理多元价值观与坚持社会稳定必须坚持的社会主义核心价值观之间的矛盾和冲突、如何正确认识和处理虚拟与现实之间不同社会角色与行为规范之间的矛盾和冲突、如何正确认识和处理虚拟与现实社会交往方式和秩序的矛盾和冲突、如何正确认识和处理信息膨胀与现实中人们处理信息能力有限的矛盾和冲突、如何正确认识和处理虚拟社会中安全风险与人们活动与发展安全性需要的矛盾和冲突等,[①]这些都是思想政治教育在创新发展中迫切需要解决的新情况和新问题。同样,在推进和倒逼思想政治教育创新发展时,社会实践变革中所取得的一些成就也为思想政治教育的创新发展提供了有利条件。如提供了中国特色社会主义理论体系这一科学的理论指导、开辟了中国特色社会主义现代化实践这一广阔的道路、形成了一支政治立场坚定和业务精湛的思想政治教育队伍等。

思想政治教育要保持进步的灵魂和发展的不竭动力,唯有创新。而要创新,必须做到以下几点。首先,思想认识务必从那些束缚思想政治教育发展的不合时宜的观念、做法、体制、机制中解放出来。具体来说,就是以中国特色社会主义理论体系为指导,坚持在思想政治教育基本属性、核心价值、基本精神不变的前提下,从传统政治思维(即只重视思想政治教育的政治性,而忽视其社会性和人本性)中解放出来,从传统定位(即过分强调思想政治教育的统治功能,而忽视其激励、育人功能)中解放出来,从活动思维(即单纯把思想政治教育视为一项活动方式,而忽视其也是一种谈心的方式)中解放出来,从犹豫摇摆中解放出来,[②]通过思想解放这一突破口来创造思想政治教育的崭新局面。其次,要认识到思想政治教育的创新是一项全面的实践,涉及思想政治教育的内容、话语方式、方法载体、管理评估体制、队伍建设、运行机制等诸多领域的改进、创造或变革。如在思想政治教育话语方式的创新上,按照体现政治语言特质、吻合民族文化心理、符合时代要求、回归现实生活的话语要求,从语言运用的基本规律中寻求方法、从鲜活的语言案例中学习方法、在

---

① 郑永廷主编:《思想政治教育学原理》,北京:高等教育出版社,2016年,第291~294页。
② 孙其昂:《思想政治教育学前沿研究》,北京:人民出版社,2013年,第281~291页。

具体的思想政治教育实践中提炼方法。① 在思想政治教育的方法创新上,遵循"宏观驾驭、战略制导"的价值理念,通过优化思想政治教育方法体系的内容要素以及重组思想政治教育方法体系的系统结构,从而建构一个以信息方法为纽带、以决策方法和调控方法为支柱、集基本方法和特殊方法于一体的现代思想政治教育方法体系。② 另外,在创新实践中还要处理好虚与实、破与立、快与慢、宽与严、继承与发展的关系。例如继承与发展的方面,特别要正确认识和对待中国传统文化以及国外思想政治教育实践中所形成的一些思想理论观点,要继承和弘扬中国共产党自身思想政治教育实践史中所积累的宝贵经验,要借鉴和吸纳其他学科中有价值性的研究成果等。

### 三、坚持学科化

思想政治教育学科经过 30 多年的发展取得了长足进步,但也存在着一些亟待解决的问题。自 1984 年思想政治教育学开始成为一门应用性科学以来,在"适应社会发展需要、党中央高度重视、专家学者共同努力"③等多种因素综合作用下,思想政治教育学科持续健康发展,成就显著,有学者将其表现概括为四个方面:思想政治教育学科专业体系形成,为思想政治教育科学化研究、学科建设和专门人才的正规化培养提供了依托平台、制度保障与合法性依据;思想政治教育专业的创建和发展,培养了一大批思想政治教育的专门人才;思想政治教育学科体系的形成和发展,促进了马克思主义理论一级学科的增设、马克思主义整体性研究的加强和高校思想政治理论课改革;思想政治教育学科专业的建设和发展从多方面为社会提供服务,为巩固马克思主义在意识形态领域的指导地位和道德领域突出问题的教育治理提供了重要支撑。④ 在看到这些成就的同时,也要看到思想政治教育学科自身建设上

---

① 马忠:《以话语创新提升思想政治教育亲和力的深层思考》,载《思想理论教育导刊》,2018 年第 11 期,第 136～140 页。
② 刘新庚、罗雄:《思想政治教育方法体系创新探索》,载《中国青年政治学院学报》,2008 年第 4 期,第 58～62 页。
③ 王树荫:《思想政治教育学科发展的主要原因和重要意义》,载《思想教育研究》,2008 年第 11 期,第 32 页。
④ 张耀灿:《思想政治教育学科专业创建 30 年的回顾和展望》,载《思想理论教育》,2014 年第 1 期,第 26～29 页。

依然还存在着一些不足,这说明思想政治教育学科的发展远远未达到完全成熟化的状态。例如,学科定位和学科边界尚存在争议,缺乏共识;学科研究范式上依然是以传统人文科学研究为主导,尚未转向综合取向的研究;学术共同体方面的发展尚不够成熟,尤其是学科建设的协同创新性不强;学科有效知识供给还存在不足,尤其表现在学科知识回应与解决一些现实和理论问题上明显滞后或无力;学科建设还存在一些泛化现象,如研究主体泛化、专业研究人才数量远远不足,研究领域和功能泛化导致学术争鸣、学术批评开展还不够;等等。上述问题如果不加以重视和解决,将极大降低和削弱思想政治教育学科为思想政治工作和思想理论教育提供有力支撑和服务这些功能的发挥,从而最终影响到思想政治教育实践的科学化和有效性。

推进思想政治教育学科化建设,有利于为思想政治教育科学化提供理论先导和智力支持。固然思想政治教育的实践是思想政治教育学科产生的前提条件、基础和源泉,但是思想政治教育学作为思想政治教育的知识体系,则为思想政治教育实践的科学规范和有效开展提供了指导作用,例如可以指导主体自觉地按照思想政治教育客观规律去开展实践活动;可以使主体在实践活动之前,运用思想政治教育学相关知识确定符合自身需要以及客观实际的目标、方案、步骤和措施;可以使主体根据变化了的情况和对自身的认识及时调整思想政治教育的行动计划、方案等。而要充分发挥好理论先导和智力支持的功能,在推进思想政治教育学科化中务必做到:明确"一个坚持",服从"五个职能",实施"四个重点",处理"六对关系"。明确"一个坚持",就是毫不动摇地坚持以马克思主义为指导。马克思主义的基本理论不仅是思想政治教育的宏观指导思想而且也是思想政治教育的直接理论依据,只有马克思主义才能给予思想政治教育学科建设正确的政治导向;另外,在思想政治教育中开展马克思主义的理论教育本身就是其必不可少的一项基本内容。正如习近平总书记所指出的"以马克思主义为指导,是当代中国哲学社会科学区别于其他哲学社会科学的根本标志,必须旗帜鲜明加以坚持"。[①] 服从"五个职能",指思想政治教育学科化要服务和服从于人才培养、队伍建设、科学研究、服务社会、思想引领这五个职能的实现来开展。思想政治教育实践归根

---

① 习近平:《在哲学社会科学工作座谈会上的讲话》,北京:人民出版社,2016年,第8页。

结底就是培养什么人的实践,这就决定了思想政治教育学科建设中人才培养是核心目标,队伍建设是人才培养的主体力量,科学研究是人才培养的重要途径,服务社会、思想引领最终依靠人才培养来实现。实施"四个重点",指思想政治教育学科建设要围绕着系统化建设、规范化建设、内涵化建设、实践化建设四个重点来谋篇布局。系统化建设指思想政治教育学科建设不是"单打一"而是系统性的,涉及学位体系、专业体系、课程体系、教材体系、教学体系、人才培养体系等各个方面,一定要将其视为一个系统、整体。思想政治教育学科自身也是一个有机的整体,包含着思想政治教育学原理理论体系、思想政治教育发展史、比较思想政治教育、思想政治教育学方法论体系等多个学科方向,要围绕这些学科方向系统地、整体性地推进思想政治教育学科建设。规范化建设,指思想政治教育学科建设中要做到总体规划、统筹安排、逐次推进,要以制度和规范建设为重点,着力在学术研究、专业(人才)培养、课程体系、教材教学体系规范、评估体系、师资队伍建设等方面构建科学有效的规范制度。内涵化建设,指思想政治教育学科建设中一定要注重内涵式发展而不是外延式扩充,尤其要以人的全面发展为宗旨,以立德树人为教育目标,以质量提升、效率提高为核心。实践化建设指思想政治教育学科建设中一定要将知识生产和实践活动密切结合起来,要将科学研究与社会现实密切结合起来,从而能够为认识和改造社会提供有效的知识供给。处理"六对关系",即思想政治教育学科化中一定要处理好学科与专业和课程、学科与学科、学科与队伍建设、教育教学与科学研究、日常教育和课堂教育、学科建设经验的传承和发展等关系。

### 四、坚持科学化

从广义层面而言,思想政治教育的科学化包括学术研究科学化、人才培养科学化、教育实践科学化三个维度。[①] 而这里所谈论的思想政治教育科学化,更多地指教育实践的科学化,强调思想政治教育实践中必须以遵循思想政治教育的规律为前提,是通过采取一定的手段和方式来实现思想政治教育

---

[①] 张耀灿:《在新的历史起点上推进思想政治教育科学化》,载《思想理论教育》,2011年第21期,第5页。

目标的活动过程,其实质就是要达到合规律性与合目的性相统一的状态。如果说之前的"学科化"彰显的是知识生产和理论研究层面;那么"科学化"突出的是实践操作和展开层面。思想政治教育发展中强调坚持科学化,一方面是适应时代变迁和社会发展的客观需要;另一方面是提高实践行为效率和实现思想政治教育价值的内在要求。一定意义上,思想政治教育科学化程度高低是判断其实践行为是否成熟的重要标志。

改革开放以来,思想政治教育实践在迈向科学化的进程中取得了显著成就,但是尚未达到那种合规律性与合目的性相统一的理想状态,只能说是处于以经验型实践为主向以科学化实践为主的转变过程中,行为实践中还存在着一些迫切需要解决的问题,而这些问题则极大地阻碍了思想政治教育实践的进一步科学化。例如,在思想政治教育行为实践的思想理念方面,出现了理论科学化与实践科学化相脱节的"两张皮"现象,滋生了唯科学主义倾向而将科学化与经验化、政治化、人性化、艺术化等相对立起来。在思想政治教育实践过程规律的认识和实践上,还是更多地将其等同于思想政治教育规律,没有对两者进行科学区分。在思想政治教育实践主体的认识方面,存在着思想政治教育实践活动中主客体定位能否简单套用哲学上的主客体范式等争论,教育者和受教育者这"双主体"在思想政治教育过程中究竟以怎样的关系形态存在着还处于过于抽象的认识中。在思想政治教育内容的认识和实践方面,不同内容之间的衔接性做得不够,整体性建构较差,内容的创新性有待加强,内容的层次性不清晰等。在思想政治教育方法的运用方面,方法的针对性和交叉性不强、方法创新性不足,甚至出现了只注重方法形式而忽视内容的形式主义现象。在思想政治教育过程机制构建方面,职责不明确、配套制度不完善、协同性不强、常态化不够等现象依然存在。上述问题的滋生,原因是多方面的,有的是遗留下来的老问题,还有的是转变过程中出现的新问题。但是无论是老问题还是新问题,最终还是需要通过思想政治教育自身的发展来解决,依靠深入推进思想政治教育科学化来破解。

科学化进程中出现的问题要在进一步科学化的实践中解决。如何进一步推进科学化,不同的视域有不同的答案,例如前面所述的坚持时代化、创新化、学科化就与思想政治教育科学化密切相关,其中时代化为进一步推进思想政治教育科学化提供了现实依据,创新化为科学化提供了动力源泉,学科化为科学化提供了理论和智力支撑;但是事物发展的根本原因还是在于事物内部的矛盾运动,这就要求我们必须从思想政治教育实践过程的本身来思考科学化的问题,而思想政治教育实践的科学化涉及实践理念和规律认识的科学化、实践对象认识的科学化、实践内容认识和运用的科学化、实践方法方式选择和采用的科学化以及实践体制机制构建的科学化等诸多方面。为此,首先,实践理念和规律认识方面必须科学化,这在于实践理念为实践的展开提供了先导作用,实践规律则是实践展开的依据。要做到这点,要求我们务必坚持以马克思主义的实践论为指导,树立正确的科学观,既反对唯科学主义又反对伪科学主义,辩证理性地看待科学化与经验化、政治化、人性化、艺术化之间的关系;要加强对思想政治教育实践过程规律的认识,但是在对实践过程规律"解蔽"中要认识到其并不是对思想政治教育基本规律的否定,实践过程的规律是基本规律的具体化,是在特定时空条件下对基本规律的具体体现和反映。其次,实践对象的认识方面必须科学化,这在于从一定意义上说思想政治教育实践过程的规律就是对实践对象的思想政治素质形成发展规律的认识和运用,要增强思想政治教育实践过程的针对性和实效性务必要正确认识和对待实践对象。而要做到这点,则要求我们必须坚持以人为本和客观公正的原则,通过深入调查、换位思考等来全面了解理解实践对象,注重及时沟通、正面引导来增进与实践对象的情感,积极主动地与实践对象建立密切的交往关系。再次,实践内容的认识和运用方面必须科学化,这在于内容是思想政治教育实践目标和任务的具体化。要做到这点,要求我们必须全面把握实践内容并根据对象的不同特点给予层次性的选择,要将内容的形式合理性与实质合理性有机统一起来,要注意结合时代要求不断推进内容整体构建的创新性。从次,实践方法方式的选择和采用方面必须科学化,这在于方法方式是实现思想政治教育目标的重要手段、是教育者与受教育者互动的纽结、是增强思想政治教育成效的重要条件。要做到这点,要求我们在选择和采用方法方式时一定要与实践对象和实践内容的特点状况密切结合,切不可唯方法论,同时要注意方法的融合和创新性。最后,实践体制机制的构建方面必须科学化,这在于体制机制的健全完善确保了思想政治教育实践过程中各要素处于相互联系、相互作用的运行状态中,从而最终保证了思想政治教育目标的实现。要做到这点,要求我们必须在构建一种系统性、协同性、常态性的思想政治教育体制机制上下功夫。系统性,就是指思想政治教育体制机制不是"单打一"的,而是包括接受机制、动力机制、说服机制、沟通机制、管理机制等在内的一个有机体;协同性,就是指各体制机制之间要打破制度壁垒、结构束缚、区位限制等,从而建立良性的共生、共轭和共振机制;常态性,就是指思想政治教育实践过程中领导重视要常态化、管理服务要常态化、发挥作用要常态化、保障投入要常态化等,切不可短期化、特殊化。

### 五、坚持社会化

所谓思想政治教育的社会化,如从思想政治教育与社会发展之间的关系来看,指的是思想政治教育在适应和满足社会发展诉求时又对社会进行积极能动性改造;如从思想政治教育与人的发展之间的关系来看,在培养和塑造相关政治人格的同时,思想政治教育又不断地推进人的社会化;如从思想政治教育自身运行机制来看,它强调思想政治教育是一个需要各个主体共同参与的社会实践活动。思想政治教育的发展之所以坚持社会化,一方面,它是促进社会发展和人的全面发展的必然要求,可以说,它既是思想政治教育较为理想的存在状态,又是思想政治教育发展的未来趋向;另一方面,它有助于思想政治教育理念的创新和内容的丰富,相应地能够增强思想政治教育的实效性和针对性,促进思想政治教育目标的完成。

坚持社会化,是无产阶级思想政治教育的应有之义,也是党的思想政治教育实践史中所积累的宝贵经验。前者在于无产阶级思想政治教育以马克思主义为指导,而马克思主义中的唯物辩证法、系统理论、社会有机体理论以及人学理论等为坚持和实践社会化提供了世界观、方法论的指导。以马克思主义人学理论为例,其中关于人的本质的学说、关于个人全面发展的学说以及关于人的主体性学说为思想政治教育社会化"何以可能""何以必须"和"何以实现"提供了合规律性、合目的性和合能动性的基础。[①] 后者,可以从不同时期、阶段党的领导人在这一问题上的高度重视并给予深刻论述方面获得充

---

① 宋劲松:《马克思主义人学观照下思想政治教育社会化探析》,载《思想政治教育研究》,2011年第6期,第39~43页。

分佐证。如毛泽东指出"政治工作是一切经济工作的生命线",①"思想政治工作,各个部门都要负责任。共产党应该管,青年团应该管,政府主管部门应该管,学校的校长教师更应该管";②邓小平强调"教育一定要联系实际。对一部分干部和群众中流行的影响社会风气的重要思想问题,要经过充分调查研究,由适当的人进行周到细致、有充分说服力的教育",③"我们政治工作的根本的任务、根本的内容没有变,我们的优良传统也还是那一些。但是,时间不同了,条件不同了,对象不同了,因此解决问题的方法也不同";④江泽民认为"党的思想政治工作,是经济工作和其他一切工作的生命线,是团结全党全国各族人民实现党和国家各项任务的中心环节",⑤"党的思想政治工作本质上是群众工作,是宣传群众、教育群众、引导群众、提高群众的工作";⑥胡锦涛提出了思想政治教育工作要以科学发展观为指导,着力培养"理想远大、信念坚定的新一代,品德高尚、意志顽强的新一代,视野开阔、知识丰富的新一代,开拓进取、艰苦创业的新一代";⑦在新时代,习近平总书记更是要求把立德树人作为根本任务,把思政工作贯穿全程,加强领导和指导,形成党委统一领导、各部门各方面齐抓共管的工作格局。可以说,某一时期、某一阶段坚持和开展好了思想政治教育的社会化,这个时期和阶段思想政治教育的实践效果就比较显著;反之,思想政治教育的实践就会遭受挫折。

坚持和实践社会化,以推进思想政治教育朝着理想化的趋势前进。当前在各方高度重视下思想政治教育社会化实践取得了一些成就,但是由于思想政治教育活动本身的特殊性和复杂性,社会化的实践远远未达到完美的状态,依然存在着一些问题,例如思想政治教育社会化实践中对"社会化"的理解还存在一些错误甚至是极端化的倾向,思想政治教育的覆盖面上还出现一些空白点或盲点,对社会资源的利用率和整合程度还不高,一些思想政治教

---

① 《毛泽东文集》(第6卷),北京:人民出版社,1999年,第449页。
② 《毛泽东著作选读》(下册),北京:人民出版社,1986年,第780页。
③ 《邓小平文选》(第3卷),北京:人民出版社,1993年,第144页。
④ 《邓小平文选》(第2卷),北京:人民出版社,1994年,第119页。
⑤ 《江泽民文选》(第3卷),北京:人民出版社,2006年,第74页。
⑥ 《江泽民文选》(第3卷),北京:人民出版社,2006年,第95页。
⑦ 胡锦涛:《致中国青年群英会的信》,载《人民日报》,2007年5月5日。

育实践还游离现实社会生活等。为此,思想政治教育社会化任重道远,目前至少要做到以下几点。首先,务必要树立正确的思想认识。思想政治教育的社会化如前所述至少涉及思想政治教育与社会发展之间的关系、思想政治教育与人的发展之间的关系以及思想政治教育自身运行机制三个方面,只重视一个方面而忽视其他方面都不是完整性的思想政治教育社会化。同时,强调社会化有助于克服和避免过去"去社会化"现象的滋生,但是也要防止走向另一个极端即"泛社会化",一定要将"政治性"与"社会化"有机地统一起来。另外,强调人的社会化并不是主张"个人本位",而是彰显个人的个性化与社会化的统一,更加关注个人社会关系的全面生成、个性的自由发展、个人能力的统一发展。其次,务必要加强对思想政治教育社会化规律的认识。尊重客观规律与发挥主观能动性是辩证统一的,固然思想政治教育的社会化最根本的还要依靠发挥主观能动性的实践,但是尊重客观规律是发挥主观能动性的基础和前提,不按照客观规律办事主观能动性也难以取得积极的效果。而目前对思想政治教育社会化的把握却还停留在经验层面、停留在感性认识阶段,特别是对其中的特征、矛盾乃至与之密切相关的规律的研究和认识还非常滞后,这不可避免地影响了思想政治教育社会化的科学性和有效性。最后,务必要把"社会化"内嵌到思想政治教育实践的各要素和全过程中。如思想政治教育内容务必要与时俱进、丰富多样;思想政治教育教育对象务必以人为本、平等相待;思想政治教育的方法要显隐结合、体现多元;思想政治教育的话语方式务必要大众化和生活化;思想政治教育运行机制务必要构建全员参与、全过程育人、全方位育人的格局;等等。

1. 简述思想政治教育发展的内涵及其特点。
2. 简述思想政治教育发展的目标。
3. 试述新时代如何推进思想政治教育的发展。

# 参考文献

[1] 马克思恩格斯选集(第1—4卷)[M].北京:人民出版社,1995年.

[2] 马克思恩格斯选集(第1—4卷)[M].北京:人民出版社,2012年.

[3] 马克思恩格斯文集(第2卷)[M].北京:人民出版社,2009年.

[4] 列宁.哲学笔记[M].北京:人民出版社,1993年.

[5] 毛泽东选集(第1—4卷)[M].北京:人民出版社,1991年.

[6] 邓小平文选(第1—3卷)[M].北京:人民出版社,1994年.

[7] 江泽民文选(第1—3卷)[M].北京:人民出版社,2006年.

[8] 胡锦涛文选(第1—3卷)[M].北京:人民出版社,2016年.

[9] 习近平谈治国理政[M].北京:外文出版社,2014年.

[10] 习近平谈治国理政(第二卷)[M].北京:外文出版社,2017年.

[11] 习近平.决胜全面建成小康社会夺取新时代中国特色社会主义伟大胜利——在中国共产党第十九次全国代表大会上的报告[M].北京:人民出版社,2017年.

[12] 习近平关于全面深化改革论述摘编[M].北京:中央文献出版社,2014年.

[13] 中共中央宣传部编.习近平新时代中国特色社会主义思想三十讲[M].北京:学习出版社,2018年.

[14] 中共中央宣传部编.习近平新时代中国特色社会主义思想学习纲要[M].北京:学习出版社、人民出版社,2019年.

[15] 中国共产党第十八次全国代表大会文件汇编[M].北京:人民出版社,2012年.

[16] 十八大以来重要文献选编(上)[M].北京:中央文献出版社,2014年.

[17] 十八大以来重要文献选编(中)[M].北京:中央文献出版社,2016年.

[18] 十八大以来重要文献选编(下)[M].北京:中央文献出版社,2018年.

[19] 十九大以来重要文献选编(上)[M].北京:中央文献出版社,2019年.

[20] 新华通讯社课题组.习近平新闻舆论思想要论[M].北京:新华出版社,2017年.

[21] 平易近人——习近平的语言力量[M].上海:上海交通大学出版社,2018年.

[22] 陈秉公.思想政治教育学原理[M].沈阳:辽宁人民出版社,2001年.

[23] 陈秉公.思想政治教育学原理[M].北京:高等教育出版社,2006年.

[24] 刘书林.思想政治教育学原理专题研究纲要[M].北京:人民出版社,2018年.

[25] 张耀灿,郑永廷,吴潜涛,骆郁廷等.现代思想政治教育学[M].北京:人民出版社,2006年.

[26] 张耀灿等.思想政治教育学前沿[M].北京:人民出版社,2006年.

[27] 张耀灿.思想政治教育学科建设研究[M].北京:中国人民大学出版社,2017年.

[28] 张耀灿,陈万柏主编.思想政治教育学原理[M].北京:高等教育出版社,2001年.

[29] 郑永廷主编.思想政治教育学原理(第2版)[M].北京:高等教育出版社,2018年.

[30] 郑永廷主编.思想政治教育方法论[M].北京:高等教育出版社,1999年.

[31] 郑永廷.现代思想道德教育理论与方法[M].广州:广东高等教育出版社,2000年.

[32] 邱伟光,张耀灿主编.思想政治教育学原理[M].北京:高等教育出版社,1999年.

[33] 陈万柏,张耀灿主编.思想政治教育学原理(第3版)[M].北京:高等教育出版社,2015年.

[34] 邱柏生,董雅华.思想政治教育学新论[M].上海:复旦大学出版社,2012年.

[35]陈义平主编.思想政治教育学原理[M].合肥:安徽大学出版社,2008年.

[36]罗洪铁,董娅主编.思想政治教育原理与方法基础理论研究[M].北京:人民出版社,2005年.

[37]陈立思主编.比较思想政治教育(第二版)[M].北京:中国人民大学出版社,2018年.

[38]罗洪铁.思想政治教育学原理[M].重庆:西南师范大学出版社,2009年.

[39]王树荫主编.中国共产党思想政治教育史[M].北京:高等教育出版社,2016年.

[40]沈壮海.思想政治教育有效性研究(第2版)[M].武汉:武汉大学出版社,2008年.

[41]宋锡辉.思想政治教育学元理论研究[M].北京:中国书籍出版社,2017年.

[42]钱广荣.思想政治教育学科建设论丛[M].北京:中国书籍出版社,2015年.

[43]孙其昂.思想政治教育学前沿研究[M].北京:人民出版社,2013年.

[44]苏振芳主编.思想政治教育学[M].北京:社会科学文献出版社,2006年.

[45]鲁洁,王逢贤主编.德育新论[M].南京:江苏教育出版社,1994年.

[46]马万宾.现代思想政治教育主体间性转向研究[M].开封:河南大学出版社,2009年.

[47]徐志远.现代思想政治教育学范畴研究[M].北京:人民出版社,2009年.

[48]陈振明,陈炳辉主编.政治学——概念、理论和方法(修订本)[M].北京:中国社会科学出版社,2004年.

[49]廖启云.现代化视域下思想政治教育发展研究[M].北京:中国社会科学出版社,2015年.

[50]张国启,王秀敏.现代思想政治教育发展研究[M].哈尔滨:黑龙江人民出版社,2008年.

[51] 江晓萍. 思想政治教育基本规律研究[M]. 北京:中国社会科学出版社,2018年.

[52] [英]维克托·迈尔-舍恩伯格,肯尼思·库克耶. 大数据时代[M]. 盛杨燕,周涛译. 杭州:浙江人民出版社,2013年.

[53] 夏一璞. 互联网的意识形态属性[M]. 北京:首都经济贸易大学出版社,2015年.

[54] 孙爱春,牛余凤主编. 思想政治教育原理与方法[M]. 北京:光明日报出版社,2018年.

[55] 李晓莉. 思想政治教育协同论[M]. 北京:中国社会科学出版社,2019年.

[56] 粟国康. 思想政治教育功能研究[M]. 北京:中国社会科学出版社,2019年.

[57] 王丽主编. 思想政治教育价值结构研究[M]. 北京:中央编译出版社,2019年.

[58] Wilson, John: A New introduction to Moral Education, 1990.

[59] Edward J. power: Philosophy of Education, Prentice-Hall, inc., 1982.

[60] Chazan Barry. Contemporary Approaches to moral Education. New York: Teachers College Press, 1985.

[61] Ronald C. Arnett. Dialogic Education. Southern Illinois University Press, 1992.

# 第①版后记

《思想政治教育学原理》是高等学校思想政治教育专业的基础课程。为了促进学科发展和满足教学的需要,我们特组织编写了这本教材。

2006年8月,由安徽大学政治学系陈义平教授、许华讲师发起,后得到来自8所本科院校的12位相关教学研究人员的积极响应,历经近2年时间共同完成了这本教材的组织编写工作。参与编写的人员全部来自专业教学第一线,有着丰富的教学经验和较为丰硕的研究成果。在编写过程中,我们力求突出两条原则:一是按照思想政治教育学的内在逻辑演绎进程将全书分为导论篇、内涵篇、关系篇、过程篇、管理篇、方法篇六个板块进行系统研究,突出教材体系的系统性和教材内容的逻辑性;二是注重吸收国内外学术研究和同类教材编写的前沿成果,删繁就简,特别注意按照与本门学科的内在结构体系的紧密程度以及与本门科学的内在逻辑关联程度对编写内容进行取舍、进行精心设计,力求凸显思想政治教育学作为一门科学的独特性,突出教材内容的科学性与前沿性。

需要特别指出的是,本教材已通过安徽省教育厅专家组评审于2007年10月被列入安徽省高等学校"十一五"第一批省级规划教材,并同时列入安徽省高等学校教学质量和教学改革工程项目立项建设。

本教材由陈义平教授进行结构设计、篇章安排,拟定和编写了各篇章节的写作提纲,组织召集编写人员反复讨论,并进行多次统稿和最终定稿。安徽师范大学陈义兴老师在本教材编写过程中提出了宝贵意见。安徽大学的许华、王建文两位老师在教材编写和统稿过程中做了大量细致的工作。本教材的完成是全体作者共同劳动的结晶,各章节执笔如下:陈义平(安徽大学,序言,各篇引言,第二章第一节,后记);程新桂(淮北煤炭师范学院,第七章,第八章,第九章);丁慧民(合肥工业大学,第一章第一节、第三节,第二章第一节、第二节,第四章,第五章,第六章);卢少求(阜阳师范学院,第十二章);孙耀斌(皖西学院,第一章第二节、第三节);孙永玉、毛豪明(安庆师范学院,第三章);孙志娟(淮南师范学院,第十五章);许华(安徽大学,第十一章,第十三章,第十四章,参考文献);王建文(安徽大学,第十六章);周琴(合肥师范学院,第十章)。

  本教材在写作过程中,得到了吉林大学陈秉公先生等专家的热忱指教,在此表示深深的感谢!在本教材的编写过程中,我们参考和借鉴了国内外学界的多项相关研究成果,在此谨向各位著者表示感谢!

  本教材的出版得到了安徽大学政治学系、安徽大学教务处和安徽大学出版社的支持和帮助,在此一并表示感谢!

  思想政治教育学原理博大精深,其所属在我国尚是一门新兴学科,国内学术界对其还远未形成一个成熟完备的理论体系。对其研究和探索将是一个永无止境、永不停歇的过程。本教材编写中尽管作了一些有益的尝试,但缺陷和不足在所难免,衷心期望得到读者的回应和批评。

编写组
2008 年 6 月

# 第②版后记

《思想政治教育学原理》初版成稿于2008年初，于2008年6月首次出版发行，至今已逾十年。初版时，被安徽省教育厅评审为安徽省高等学校"十一五"第一批规划教材，同时列入安徽省高等学校教学质量和教学改革工程项目立项建设。基于新时代思想政治教育学科建设的新进展、相关研究的新突破和思想政治教育实践中的一些新体会，我们决定在原版教材基础上进行适度修订，以期推陈出新，更好地适应当前思想政治教育发展的需要。

此次修订，一是在既有体系上，对原版教材的分析框架进行了优化，使结构更为严密、内容更为精练。例如，将原版教材六篇十六章的叙事结构，压缩为八章，以利于更直观、更简洁地凝练思想政治教育学的基本理论架构。二是根据时代变化，对原版教材中的相关内容，进行了充实。例如，结合新媒体时代思想政治教育新载体的出现，在第五章专辟第三节，予以论述。三是结合学界研究的新成果，对相关内容进行了话语创新和内容整合。例如，增设第七章，并以此为统领，对原版教材相关内容进行有效整合，以充分展现新时代思想政治教育学基本理论研究的最新成果。

本教材可作为高等学校思想政治教育专业的必修课教材，也可作为马克思主义理论学科学位点研究生使用教材。

由于各方面原因，初版教材的部分作者未能参加此次修订工作。在此，对参加本教材初版各章节写作的各位作者表示衷心的感谢。本教材的修订由陈义平教授进行总体筹划和最终的统稿、定稿，顾友仁教授协助进行了大量的文字统稿工作，李瑞瑞对各章文字做了一些必要的技术处理，协助完成了修订稿的引文和文字排对工作。修订版各部分执笔如下：绪论：陈义平、李瑞瑞（安徽大学）；第一章：丁慧民（合肥工业大学）；第二章：卢少求、武峥

(阜阳师范大学);第三章:严仍昱(安庆师范大学);第四章:刘庆炬(淮南师范学院);第五章:王建文(安徽大学)、武峥(阜阳师范大学)、李瑞瑞(安徽大学);第六章:许华、王建文、钱宝平(安徽大学);第七章:周琴(合肥师范学院)、许华(安徽大学);第八章:朱庆跃(淮北师范大学);后记:陈义平、顾友仁。

  本教材的修订过程中,我们参考和借鉴了国内外学界的一些相关研究成果,在此谨向各位研究者表示感谢!

  本教材的出版得到安徽大学马克思主义学院固本强基学科经费资助,教材的修订同时还得到了安徽大学教务处、安徽大学社会与政治学院和安徽大学出版社的支持和帮助,在此一并表示感谢!

  此次修订仍然存在缺陷和不足之处,衷心期望得到读者的批评与指正。

**编写组**
**2019 年 9 月于翡翠湖畔**